胡宇辰

深度投资分析丛书

高股息投资笔记

实现稳健收益的策略与实践

胡宇辰 著

清华大学出版社
北京

本书封面贴有清华大学出版社防伪标签，无标签者不得销售。
版权所有，侵权必究。举报：010-62782989，beiqinquan@tup.tsinghua.edu.cn。

图书在版编目(CIP)数据

高股息投资笔记：实现稳健收益的策略与实践 / 胡宇辰著. --
北京：清华大学出版社, 2025.1. -- (深度投资分析丛书).
ISBN 978-7-302-67967-7

Ⅰ. F830.91

中国国家版本馆 CIP 数据核字第 2025UE4708 号

责任编辑：顾　强
封面设计：周　洋
版式设计：方加青
责任校对：王荣静
责任印制：宋　林

出版发行：清华大学出版社
　　　　　网　　址：https://www.tup.com.cn，https://www.wqxuetang.com
　　　　　地　　址：北京清华大学学研大厦 A 座　　邮　　编：100084
　　　　　社 总 机：010-83470000　　　　　　　　邮　　购：010-62786544
　　　　　投稿与读者服务：010-62776969，c-service@tup.tsinghua.edu.cn
　　　　　质 量 反 馈：010-62772015，zhiliang@tup.tsinghua.edu.cn
印 装 者：三河市科茂嘉荣印务有限公司
经　　销：全国新华书店
开　　本：170mm×240mm　　　印　张：19.5　　　字　数：346 千字
版　　次：2025 年 1 月第 1 版　　　　　　　　　印　次：2025 年 1 月第 1 次印刷
定　　价：98.00 元

产品编号：108606-01

前言 | PREFACE

2021年以来，受到海外加息的高利率环境和国内疫情的影响，A股市场承压，总体回报不尽如人意。在这一背景下，以高股息风格为代表的避险类资产获得了持续的超额收益，特别是在2024年上半年，高股息资产的区间绝对回报率达到了10%~15%，在境内大类资产中堪称"一枝独秀"。

从长期投资逻辑来看，红利高股息资产确实有一些稳定的超额收益来源。

首先，能够持续分红的企业一般具有较好的"盈利现金含量"。在A股市场，投资者对利润的增速非常关注，但对于现金流的研究则明显不足。但事实上，会计利润本身具有极强的可调节性，它并不是一种"结论"，充其量只能算是一种"意见"。因此短期利润的快速增长并不鲜见，而真正能把利润最大化转换为现金的能力，反而A股上市公司中是比较稀缺的。如果上市公司最终无法有效把利润转化为现金，分红和股息自然也就无从谈起。

其次，高股息特征的股票，一般都具有合理偏低的估值水平。不管分红能力多强的企业，如果不能以合理的估值买入，都无法获得理想的股息回报。这就决定了从静态估值的角度看，高股息策略可以让投资者"远离"估值较高的股票，不会轻易陷入"资产泡沫"的麻烦，这也意味着在投资中获取了更多的安全边际。

不过，选择高股息资产也意味着投资者要做出一些必要的妥协。

一是对股票成长性的妥协。在不进行外部融资的前提下，较高的分红率水平势必会导致企业的内生增长动能不足，无法有效地进行大规模的项目投资或产能建设（当然这可能本身就是企业基于市场需求和经营计划做出的决策）。对于红利股息的投资者而言，如果想兼顾成长性，更合适的是选择当前低股息，但具备较高股息增长潜力的公司。

二是对高股息投资存在天然的机会成本问题。作为典型的绝对收益类资产，高股息的风险收益特征和传统固定收益证券比较接近，在投资中存在一定的替代效应。与后者相比，高股息的静态收益虽然占优，但波动率更大，研究和跟踪耗费的精力可能也更大。因此投资高股息的另一个现实问题是其可能会挤占固收类资产的投资空间。

即使考虑到这些局限性，高股息投资未来依旧大有可为。

从资产供给的角度看，随着中国经济从高速发展转向高质量发展，高增速和高资本开支的上市公司逐渐减少，而在改善公司治理和提升股东回报的政策大背景下，越来越多的行业和企业倾向于提高分红比例，因此高股息选股的空间非常广阔。

从资产需求的角度看，一方面，保险机构的新会计准则使其投资高股息资产可以采取"类成本法"估值，进一步提升了高股息资产对长期配置资金的吸引力；另一方面，境内利率的持续下行和高股息资产良好的回报表现，也让越来越多的传统固定收益类投资者开始关注红利高股息的投资机会。

我便是关注高股息策略的固收从业人员之一。2020年年初，我在个人公众号发表了《类债券股票是红利潜力还是价值陷阱？》《银行股本与债务的估值分化隐含了怎样的预期差？》《固收增强工具：漫谈利率敏感型股票》等文章，彼时也获得了不错的反响。市面上关于高股息投资领域的书很少，现存的出版物几乎全部为海外投资人的译作，立足本土投资实践的研究成果相对较少，因此作者决定弥补这个空白。

本书在内容上也效仿了《固收＋策略投资》和《可转债投资笔记》的结构，从高股息投资的策略框架开始，在第一章到第三章，我们对其风格特征、收益来源、历史行情等基本问题进行讨论，然后进一步拓展到选股策略、行业比较和估值方法，并基于跨资产比较视角解析高股息资产。在第四章到第六章，我们以案例的形式对高股息资产进行分析，从最简单的个股基本面，到行业内的公司对比，再到大类行业的整体性分析。第七章和第八章相对独立，分别记录了量化视角的历史回溯和投资分析，以及作者从业期间的一些观点和心得。

毋庸讳言的是，本书内容尚有一些不足之处：一是主要内容由作者日常的投资笔记整理归纳而成，理论体系可能不够完备，内容完整性也有待提高；二是对市场、行业和个股的分析并非基于最新的宏观或财务数据，结论可能缺乏时效性；三是考虑篇幅限制，省略了股息率基础的概念介绍，对市场新手可能不够友好。凡此种种，还望读者朋友们给予批评指正，以便日后修订时能有更多改进。

本书在写作过程中得到了家人和朋友的大力支持，特别感谢我的伴侣李昂女士，她不但为书稿的总体结构和具体内容提供了专业意见，还为本书设计了封面；同样感谢我的同事程越楷博士，他为本书贡献了非常有价值的内容和洞见；还要感谢范逸菲同学，她全程参与了书稿的数据整理和图表绘制工作。

最后，我想以此书献给我的父母、舅舅和兄长们，他们都是我生活中的英雄。感恩一切无私的爱。

目录 | CONTENTS

第一章　对高股息投资的再认识 / 001
第一节　高股息资产的风格特征 / 001
第二节　高股息投资赚的是什么钱 / 011
第三节　高股息资产相对收益行情复盘 / 017

第二章　高股息选股、行业比较和估值 / 020
第一节　高股息策略如何选股 / 020
第二节　从商业模式看行业比较 / 033
第三节　从估值方法看高股息资产 / 038

第三章　大类资产视角的高股息资产 / 048
第一节　股息率和债券收益率的对比 / 049
第二节　从利率定价看类债券红利资产 / 052
第三节　高分红属性的REITs资产 / 060
第四节　红利高股息和可转债的对比 / 070
第五节　基于绝对收益的股票策略 / 083

第四章　高股息资产的案例分析 / 094
第一节　海澜之家：现金牛打造分红确定性 / 094
第二节　广汇能源：股息率和成长性的平衡 / 101
第三节　双汇发展：高分红构筑投资防御力 / 107
第四节　焦点科技：来自科技股的稳定收益 / 114
第五节　伟星股份：持续派息的纽扣龙头 / 120

第五章　高股息资产的对比分析 / 126

第一节　教育出版行业：凤凰传媒、南方传媒、中南传媒 / 126
第二节　中药行业：济川药业、江中药业、羚锐制药 / 135
第三节　大宗供应链：建发股份、厦门象屿、厦门国贸 / 143
第四节　植物蛋白饮料：养元饮品、承德露露 / 151
第五节　水务公用事业：洪城环境、首创环保、重庆水务 / 158

第六章　高股息行业的投资分析 / 166

第一节　泛金融行业：银行和保险 / 166
第二节　泛周期行业：煤炭和水电 / 189
第三节　泛消费行业：家电和纺服 / 203

第七章　量化选股对高股息策略的启示 / 218

第一节　高股息策略的历史表现分析 / 218
第二节　基于 ESG 评价体系的策略 / 236
第三节　基于盈利质量的选股策略 / 253
第四节　传统估值法改良的选股策略 / 269

第八章　高股息投资的随笔漫谈 / 281

第一节　再论公司价值判断与个股选择 / 281
第二节　新"国九条"对证券市场和公司分红的影响 / 286
第三节　保险资产配置行为对股息资产的影响 / 291
第四节　对高股息和超长债行情怎么看 / 297

参考文献 / 300

第一章 对高股息投资的再认识

在投资的浩瀚海洋中，高股息策略宛若一座灯塔，为寻求稳健回报的投资者提供了一条明亮的航道。本章，我们将深入探讨高股息投资的本质，解析其背后的逻辑与实践，以及它如何在多变的市场中展现出独特的魅力和价值。

起源于20世纪90年代的"狗股策略"，高股息投资策略以其简单直观的选股方式，迅速在全球投资者中流行开来。它不仅是一种投资技巧，还是一种对公司价值深度挖掘的体现。本章我们将重新审视这一策略，从A股市场的实际出发，探讨高股息资产的风格特征、价值股与成长股的区别，以及高股息资产在不同市场环境下的表现。

我们将分析高股息资产的低估值特征，探讨为何高股息往往与低估值如影随形，以及这种特征如何成为投资者决策的重要依据。同时，从企业生命周期的角度，我们将审视高股息资产在不同发展阶段的表现，以及如何识别和把握那些具有高股息潜力的投资机会。

此外，本章还将对比高股息与高成长的投资方法，揭示两者在投资理念、市场表现和操作策略上的差异。通过对历史数据的复盘，我们将展示高股息资产在不同宏观经济周期中的表现，并探讨影响其相对收益的关键因素。

在这一过程中，我们不仅希望为读者提供一种投资思路，还希望引导大家思考如何在复杂多变的市场中，通过高股息投资策略实现资产的稳健增长。让我们一同开启这段对高股息投资再认识的旅程，探索其深层价值与实践智慧。

第一节 高股息资产的风格特征

一、高股息资产的价值股特征

在A股市场的风格划分中，最常见的分类方式莫过于区分"成长股"和"价值股"。一般情况下，我们习惯于把利润增速显著高于净资产收益率（ROE）

的公司称为成长股，而把利润增速低于资本回报率的公司称为价值股。对于留存利润的处理，成长股天然倾向于用于企业经营的进一步扩张，因此实际分红会比较少见，有时不但利润全部留存，还要通过再融资方式增厚净资产；而价值股由于没有太多增量的投资方向，天然倾向于将大比例利润进行分红，自然就更容易成为高股息资产。

例如我们都很熟悉的高股息银行股，平均的ROE水平在8%左右，而利润增速一般也就5%，这就是典型的价值股。ROE的8%和利润增速5%之间的差值3%，大概相当于投资者以1倍每股净资产买入时获得的股息率。

从A股的实际情况来看，高股息资产的总市值虽然不低，但可选标的其实并不太多，主要集中在大金融、大周期和大消费三个领域。下面我们通过股息率的公式来分析其价值稀缺性的特征。

图1-1为某公用事业企业的资本回报、业绩增速和分红情况，也是典型的内生增长低于ROE的价值股特征。在2倍PB（市净率）的估值下，其股息率为2.5%，基本和长期国债收益率持平。而对于定价比较苛刻的投资者，可能股息率4%以上才比较有吸引力，而如果要实现4%的收益率水平，要么需要在1倍左右的PB水平买入，要么需要将公司的分红比率提高到80%。当然，前提都是10%的ROE具有持续性。这些条件即使在广义价值股里也是不容易同时满足的。

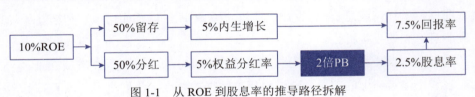

图1-1 从ROE到股息率的推导路径拆解

当然更关键的是，多数A股上市公司的现金流状况根本不支持现金分红，根据作者观察，处于成长期的企业，其利润往往低于经营现金流。换言之，利润的现金含量是制约企业分红的更根本原因。目前证券监管层之所以考虑暂停IPO（首次公开募股）和再融资，而鼓励分红派息，某种意义上就是对历史上A股市场融资量远大于分红量这一畸形状态的纠偏举措。

那么，是否就可以认为"高股息投资"约等于"泛价值投资"了呢？作者认为并不尽然。本质上两者并不是同一个层次的概念。价值投资并不是说一定要重仓价值股，而是强调以低于企业内在价值的市场价格买入高质量公司的股票，同时长期持有以减少换手频率。因此价值投资描述的是一种投资理念或者操作风格，而不是单纯的持股结构。而高股息投资更多描述的是投资者的持股特征，它更多的时候是一个结果,而不是原因。专业的投资者并不一定是基于股息率从高到低排序选择买入,而是买入质地较好、估值合理且现金质量优秀的公司股,这样的公司一般分红能力都不差,所以从持股结果上来看,具有明显的高股息特征。

二、高股息资产的低估值特征

在股票的概念板块中,"低估值"几乎是与"高股息"出现频率相同的标签了。确切地说,高股息可以被视为低估值风格的子集,即低估值股票未必能实现高股息,但高股息的资产大概率估值不算高。

从逻辑上很容易理解,以我们前文介绍的股息率公式来看,依然设定 4% 股息率为标准,如果对应股票的估值在 3 倍 PB 以上,这意味着该公司即使盈利的现金含量为 100% 且完全分红不留存任何利润,同时还要保持 12% 以上的 ROE 水平。

对估值比较敏感的读者应该能够意识到,以上标准几乎是不可能实现的。在 A 股市场上,基本上 50% 以上的分红比例凤毛麟角,30% 的分红比例就算是良心企业了。另外,在当前经济环境下,能同时兼顾盈利的高现金含量和较高的资本回报率,估计只能是半垄断型(维持 ROE 的前提)的大众消费(C 端客户对应较好的现金流特征)企业了。或许历史上的白酒在某些阶段符合,但其二级市场估值近 10 年来只有 2014 年曾经短暂地到过 3 倍以下 PB。不过 2024 年来随着 PB 估值的逐渐下行调整,白酒行业的股息率水平又再度回到了有一定吸引力的位置。关于白酒行业 PB 运行区间和分红统计情况,参见图 1-2、图 1-3。

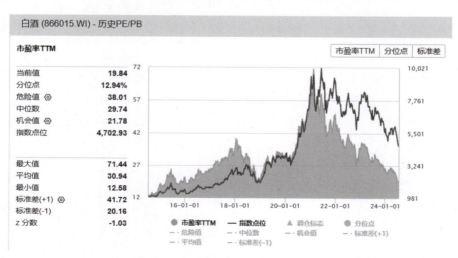

图 1-2 白酒行业市净率变化统计

资料来源:Wind

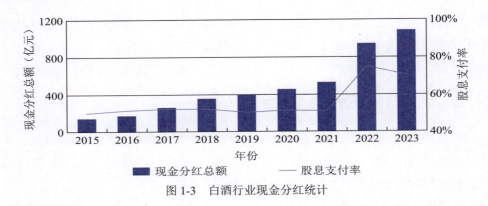

图 1-3　白酒行业现金分红统计

资料来源：Wind

　　这至少足以说明，高股息对应的大概率是相对低 PB 的个股。如果以 PE（市盈率）来衡量，情况可能更复杂一些。因为很多周期类股票在其景气度阶段性底部时，由于市场预期其盈利未来迟早会回到上行通道，一般会给予其较高的 PE 估值，但同时股息率可能也不低，因此短期可能会出现"高 PE、高股息率"的情况。除此之外，大多数情况下，高股息率同样也对应相对低 PE 个股。

　　但是反过来看，低估值股票却未必有高股息。

　　例如券商行业（Wind 分类：投资银行与经纪业），与银行和保险等红利高股息特征明显的金融同行相比，券商的行业格局和商业模式都更差一些。从行业格局来看，券商各项业务的年度排名非常不稳定，"强者恒强"和"马太效应"没有那么明显，除了一枝独秀的中信证券，其他各家券商处于"捉对厮杀"的竞争态势。从商业模式来看，券商缺少银行和保险的稳定资金来源，银行可以吸收存款，保险可以吸纳保费，而券商缺乏面向大众的融资方式，主要依靠公司债、收益凭证和短期融资券，平均的负债成本在 3% 左右，基本随行就市，且长久期的负债来源偏少，余额仅有净资产的 1 倍。另外，券商 6 倍的杠杆上限约束，也显著低于银行和保险。由于融资上的短板，券商的分红倾向天然比银行保险弱很多（见图 1-4），同时，因为更差的基本面情况，同样处于低估值状态（见图 1-5）。

　　又如建筑装饰行业，由于行业格局更分散且上游大宗原材料和下游地产企业的行业集中度都偏高，导致其在产业链的议价能力极弱，反映为应收账款占收入的比例偏高，盈利的现金质量很差，因此并没有多余的现金可以分红。同时，较低的成长性和行业的基本面也注定了其低估值的常态。

图1-4 券商行业现金分红统计

资料来源：Wind

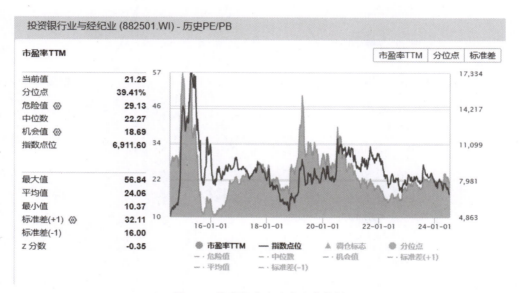

图1-5 券商行业市净率变化统计

资料来源：Wind

总结来看，股票低估值的原因可能有很多，如基本面存在瑕疵、行业景气度下行、成长性较弱等。而最符合高股息资产标准的其实是"成长性较弱"这一特征，即上市公司处于"低成长、高现金含量、行业格局稳定、没有扩产需求"的阶段。而不符合这些标准的低估值股票，则更可能是价值陷阱。

三、从企业生命周期看高股息风格特征

从A股风格指数的历史回测来看，成长股相对价值股表现更好的时期，以及中小盘相对大盘蓝筹表现更好的时期，也是红利高股息指数相对收益跑输大盘的

时候。原因也很简单，样本股没有交集，且从风格上来看基本就是"互斥"的。

其原因可以用企业生命周期曲线解释，见图1-6。

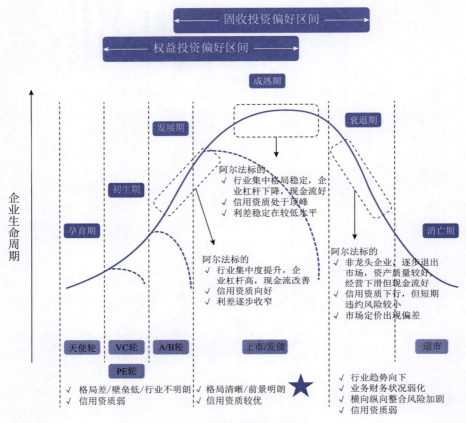

图1-6　企业生命周期的特征

资料来源：《固收＋策略投资》

对于中小盘股票而言，大多数公司处于企业生命周期的初级阶段，即图1-6中的孕育期、初生期和发展期。在这个阶段，行业格局一般不太稳定，竞争非常激烈甚至伴随着高频的价格战。主动扩产占据更多的市场份额，是一般企业在这个阶段的战略。因此很难进行大比例的现金分红，留存利润进行产能进一步扩张才是"正道"。

当然也有例外，因为中小盘毕竟只是从市值规模来衡量的，市场上也不乏一些细分赛道的"隐形冠军"，虽然其所在行业比较小众，导致市场份额和市值的天花板较低，但也可能已经进入图1-6中的成熟期，因此虽然公司规模不大，但依然可以维持一定的分红能力。

而为什么成长股与高股息互斥？正如我们上文提到的，资本回报率低于利润增速是成长股的显著特征，而这种财务特征意味着成长股需要更多地通过融资手段增厚净资产，在这种情况下自然没有多余的"闲钱"进行分红了。从股东的视角来看，公司不分红的前提是留存利润能找到更多潜在增厚资本回报率（ROE）的项目，进而实现企业价值的内生增长，如果没有合适的投资方向，那么选择较高的分红比例是维持现有 ROE 水平最常规的方式。下面我们来观察不同分红水平下，公司维持 ROE 所需要的增长率，见表 1-1。

表 1-1　在不同分红水平下公司维持 ROE 稳定所需要的增长率

情形一			情形二			情形三		
ROE	分红比例	维持 ROE 所需增长率	ROE	分红比例	维持 ROE 所需增长率	ROE	分红比例	维持 ROE 所需增长率
10%	100%	0	16%	100%	0	25%	100%	0
10%	90%	1.0%	16%	90%	1.6%	25%	90%	2.6%
10%	80%	2.0%	16%	80%	3.3%	25%	80%	5.3%
10%	70%	3.1%	16%	70%	5.0%	25%	70%	8.1%
10%	60%	4.2%	16%	60%	6.8%	25%	60%	11.1%
10%	50%	5.3%	16%	50%	8.7%	25%	50%	14.3%
10%	40%	6.4%	16%	40%	10.6%	25%	40%	17.6%
10%	30%	7.5%	16%	30%	12.6%	25%	30%	21.2%
10%	20%	8.7%	16%	20%	14.7%	25%	20%	25.0%
10%	10%	9.9%	16%	10%	16.8%	25%	10%	29.0%
10%	0	11.1%	16%	0	19.0%	25%	0	33.3%

资料来源：天风证券

从表 1-1 中的计算结果我们不难看出，如果企业保持较高的分红水平，则即使利润增速较低甚至不增长，依然可以维持现有的资本回报水平；而如果分红比例较低，则维持 ROE 水平所需要的增长率要高得多。当然，如果企业能实现 30% 以上的内生增长，则意味着即使完全不分红，基本也能维持 25% 左右的 ROE 水平，而这已经是全市场上市公司的天花板了。

在投资实战中，很多现在的高股息公司，可能曾经也是典型的成长股。从企业生命周期的角度看，多数股票最赚钱的两个阶段分别是：①成长性持续兑现期，即市场对公司的认知从低成长确定性的"黑马"逐步转为高成长确定性的"白马"，此时股票容易获得更高的成长性溢价；②所在行业从竞争洗牌期转向产能出清末期，多见于部分产能过剩行业，例如 5 年前的煤炭、水泥等行业，在经过了激烈的价格战后淘汰了大量落后产能和中小企业，煤炭和水泥的总产量下滑（见图1-7），进而行业格局也会得到优化，龙头的利润率、盈利质量和现金流都会得到改善（见图1-8），分红能力也会相应提升。从这个意义上看，在高股息投资中，我们也需要密切关注那些当前从产能过剩期逐步转向产能出清期的上市公司和行业，这些都可能是未来的"潜力高股息资产"。

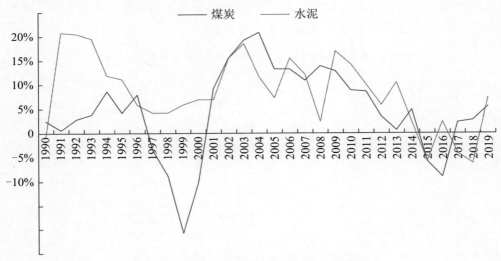

图1-7　1990—2019年水泥与煤炭产量增长率

资料来源：Wind

图1-8　1999—2019年煤炭水泥行业利润率变化

资料来源：Wind

其实，企业生命周期理论对于高股息的解释，我们也可以类比到人类的成长周期来看。一个处于成长初期的企业就像是刚进入职场的新人，虽然未来具有无限的可能性，但同时也有极大的不确定性，在这个阶段他没有任何现金流的积累，可能需要贷款买房、信用卡消费等，甚至要不断对自己进行"投资"；而一个在职场中摸爬滚打几十年的老前辈，可能更像是成熟期的企业，虽然没有太多增长潜力，但已经完成资本的原始积累，个人的花销可能很少，更多是反哺和支持子女，把现金分给更需要的利益相关人。

对于前者的情况，资本市场一般会使用 PE 估值甚至 PS（市销率）估值；对于后者，才能使用 DCF（现金流折现）或 PB 估值。应该说，高股息资产或多或少都可以用 DCF 相关方法和 PB-ROE 框架去估值，关于估值方法我们在第二章会具体展开。

由于高股息资产在企业生命周期的中后段较为集中，其同样呈现出了显著的行业特征，见表 1-2，即以银行、煤炭、钢铁、公用事业等顺周期行业为主。从中证红利指数的一级行业口径权重来看，能源、材料、工业、消费、金融、公用事业和房地产是占比最高的行业（近年来，房地产行业占比持续下降而金融行业的占比在不断提升）。因此对高股息资产的投资，不可避免地会出现一定的行业偏离，这也是投资者需要关注和平衡的。对于不同行业差异的对比，我们将在第二章展开讨论。

表 1-2 中证红利指数行业权重变化情况

行业	2015 年	2016 年	2017 年	2018 年	2019 年	2020 年	2021 年	2022 年	2023 年	2024 年 1—6 月
银行	27.1%	29.4%	24.6%	17.5%	15.1%	18.6%	18.3%	19.7%	22.8%	25.9%
煤炭	3.7%	1.8%	4.8%	4.3%	3.7%	12.9%	13.6%	15.2%	24.1%	22.8%
交通运输	10.5%	7.3%	9.8%	8.8%	15.8%	12.9%	10.9%	17.9%	17.5%	16.9%
钢铁	4.6%	1.1%	3.7%	4.9%	15.5%	10.8%	6.6%	11.1%	9.9%	9.5%
纺织服饰	3.1%	1.7%	—	6.5%	4.4%	3.8%	3.1%	5.4%	5.5%	6.5%
传媒	—	—	1.2%	—	—	—	1.9%	5.4%	6.5%	6.3%
建筑材料	—	1.6%	3.2%	3.4%	4.7%	3.8%	—	3.5%	3.3%	3.1%
石油石化	3.1%	3.5%	1.5%	4.5%	4.8%	3.6%	2.0%	2.7%	2.5%	2.4%
非银金融	—	3.2%	9.8%	12.2%	—	—	—	—	2.0%	1.8%
房地产	6.3%	6.5%	41.4%	37.9%	12.7%	11.6%	13.1%	7.6%	1.9%	1.5%
其他	41.6%	44.0%	—	—	23.2%	22.2%	30.4%	11.6%	3.9%	3.3%

资料来源：广发证券

四、高股息和高成长的投资方法对比

典型的成长股往往具备如下特征：①主营业务属于某一个或某几个强势的概念板块，与概念相关的板块行情呈现出"鸡犬升天"的特征；②短期可能有一定的催化剂加持，例如政策的边际变化，行业的技术革命，需求弹性的快速释放等；③预期的收入和利润增速显著高于全A平均水平，一般40%起步，维持三年一阶段高增速；④卖方分析师预期非常乐观，一年股价翻倍基本属于"起步价"；⑤公募基金持仓不高，也就是说短期还有一定的预期差可以讲，增量资金或许还在路上，有进一步上涨的空间。

以上的情况短期内一般是"无法证实也无法证伪"的，但我们无法否认其高速成长的可能性，在巨大的赔率加持下，投资者对胜率的要求也会有所放松，因此"尽早上车"可能是更理性的选择。同时，由技术变革带来的成长股行情（如2023年AI板块的牛市），投资者的学习效应往往较慢，如果等基本面完全看懂了再下手，可能会错过投资机会，这也倒逼很多考核相对收益的基金经理更倾向于选择跟随"市场先生"的"动量节奏"。

当然，买入的节奏如此，卖出时也不例外。对于成长股的卖出决策，很少有人单纯在基本面预期没有发生变化时因为"估值过高"选择卖出，但如果成长逻辑被破坏或者之前讲的故事被"证伪"，资金才可能会选择不计成本地"出逃"。总之，对于成长股投资而言，如果没有领先市场的超额认知，那么跟风操作可能是最稳妥的。

如果说高速成长股投资的重点在于"跟"，那么高股息价值股投资的重点在于"等"。

和成长股相比，高股息价值股的特点是：①基本面具有较高的稳定性，即行业格局、技术和市场需求短期不存在较大变动；②收入和盈利的确定性较高，这也是持续分红的基础；③市场分歧少，表现为一致预期的离散程度较低，"惊喜"和"惊吓"都比较少；④相对偏低的增速水平，一般在8%~10%，因此也没有太多竞争性的资本愿意新进入行业；⑤估值长期隐含的增长预期较少，更多的是反映市场对大类资产的整体偏好和资金供需格局的情况，一般每股净资产在2倍左右。

以上特点决定了高股息价值股具有一定的类债券属性，投资决策的关键不在于"能不能超预期"或者"景气度有何边际变化"，而是"价格合不合适"，合适了就买，不合适了就卖。至于价格的判断，一方面和投资者自身的资金成本和风险偏好有关，另一方面也要看其他可投资的同类型资产的估值。因此，投资高股息，必然比投资高成长股更需要耐得住寂寞；我们可能不需要每天学习新的行业概念或到处打听小道消息，而是等待合适的买点或卖点。"姜太公钓鱼，愿者上钩"，可能就是这种状态的真实写照吧。

第二节 高股息投资赚的是什么钱

从最朴素的角度看，股票投资的秘诀被总结为"低买高卖"，这本质上是一种基于时间序列的价差套利，而二级市场其实还有很多其他的赚钱模式，如打新股和转债申购这类一二级市场的套利，通过金融衍生品复制证券或构造组合证券的套利，对低流动性资产进行双边交易，做市商赚取为投资者提供流动性的钱等。

具体到高股息资产的投资中，微观视角下我们能够获取以下几种收益。

一是赚取公司分红的现金流，以及股息红利再投资之后的收益。这一点自不必多说，多数高股息投资者的"初心"就是如此。这也使红利类股票成为稳定现金流资产，和传统固定收益证券具备较好的可比性。

二是赚取股息自然增长的钱。上市公司可能会逐步增加分红的比例，特别是在当前的政策环境下，这一举措更加具有意义。从分红增长的衡量方式来看，主要可以考虑分红总金额、每股分红的金额、分红金额占净利润的比例，以及分红金额占净现金流的比例等。

三是赚取高股息资产估值修复的钱。较高的股息率一般也对应着低估值属性，如果投资者风险偏好或风格发生了变化，对确定性给予更高溢价，高股息资产则有估值上涨的可能性。根据作者观察，2022年以来的高股息行情主要赚的就是这个钱。

四是赚取折现率下行的钱。这与上一条有点相似，只是原因不同。随着越来越多的投资者把高股息资产当成传统固定收益证券的"平替"，利率下行势必带来机会成本的降低，以DCF估值视角来看，股权风险溢价对应的折现率可能会下滑，进而导致股票价格上行。

五是赚取业绩改善的钱。这种情况相对较少，一般而言，困境反转的股票很难派发股息，不属于我们讨论的范围；而价值型股票虽然能派息，但一般业绩增速较慢，超预期的情况很少。不过在一些特定情况下还是有可参考的案例，如近年来煤炭股的行情，便来源于供需格局改善后大宗商品价格上涨；又如前几年的水泥行业因为供给出清而改善了竞争格局；等等。简单来说，如果时间合适，

"大象也能起舞"。

如图1-9所示,从中证红利指数的具体收益拆解来看,其累计收益包含了来自估值、盈利、分红和股本稀释的贡献。从长期的视角看,估值和股本稀释有一定拖累,这主要是由市场未给予成长性溢价(估值负贡献)和A股上市公司回购案例少且再融资较多(股本稀释负贡献)的情况导致的。

图1-9 中证红利指数收益拆解

资料来源:民生证券

从宏观视角来看,高股息资产还存在一些值得关注的催化剂。例如长期利率的持续下行和保险机构投资者的估值方法迭代等因素。

一、长期的利率确定性下行的趋势

从理论上看,名义利率取决于经济增长与通货膨胀。随着长期经济增速的降低,利率作为资本/资金的回报率同步下降,而这也是美日等国家走过的"老路",根据发达经济体的历史经验,经济增速放缓后利率将持续下行。

此外,目前中国正处于新旧动能的转换期,以传统的房地产和基础设施建设为代表的固定资产投资部门及相关行业对GDP的贡献边际趋弱(见图1-10),取而代之的是消费和服务业。而投资主导型和消费主导型经济体重要的差别便在于商业模式对融资的依赖程度,前者需要大量的外部融资来支撑其持续的业务扩张,后者却不必如此。这样的结构改变让实体部门资金供需的格局发生变化(融资需求下降,供给变化不大),而利率作为资金的价格则可能变得更"便宜"。

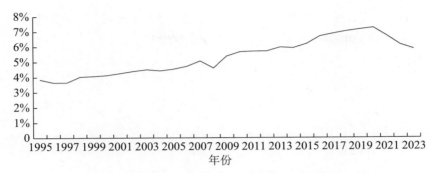

图 1-10　1995—2023 年房地产业占 GDP 比重

资料来源：Wind

经济增速的持续下行和产业结构的调整，是利率长期下行的第一重"结构性变化"；而人口老龄化，则是第二重"结构性变化"。当然，二者本身存在因果关系。

二胎、三胎政策虽然在一定程度上缓解了出生人口压力，但仍无法阻止一胎出生率的趋势性下滑。如图 1-11、图 1-12 所示，目前主流研究观点倾向于：①育龄女性数量和占比下降；②受教育程度提高、劳动参与率提高的影响，女性结婚和生育年龄推迟；③生活成本高、育儿成本高，导致生育意愿下降。

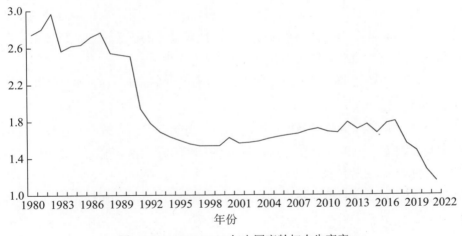

图 1-11　1980—2022 年中国育龄妇女生育率

资料来源：Wind

从历史统计规律来看，育龄女性数量下降对新生儿数量有显著的影响（周期性因素）。通过比较育龄人口与新生儿的数量，不难发现两者有较为显著的相关性。而生育年龄的推迟似乎也与直观感受吻合，除了受教育程度上升外，生活成本（尤其是房价）的上升同样也是男女婚育年龄推迟的重要原因。从这个角度看，经济增长对房地产市场的依赖，所导致的结果不仅是对其他产业和居民消费的挤出，还为更长期的结构性矛盾埋下了隐患。

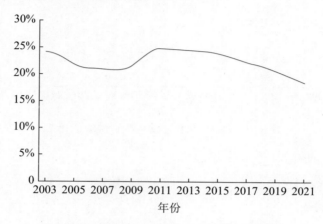

图1-12　2003—2021年20~34岁育龄女性占比

资料来源：Wind

根据发达国家的经验，老龄化对利率的影响路径主要有：①影响劳动年龄人口和劳动参与率，进而拉低经济增速。②养老的刚性需求降低了预防式储蓄的资金供给弹性，从而有利于资金需求方。虽然从短期视角看，决策层持续的稳增长政策和库存周期波动可能会使经济出现阶段性弱复苏的迹象，但从更长期的结构性视角而言，长期利率下行趋势几乎成为定局。

而从中期视角来看，央行通过适度宽松的货币政策引导利率维持在相对低位也有其必要性。

一是基于化解地方政府隐性债务的考虑。虽然我国地方政府隐性债务规模并无官方数据披露，但根据IMF（国际货币基金组织）、BIS（国际清算银行）等的测算，2020年年末我国地方政府隐性债务规模约为20万亿~40万亿元，由于该部分债务发行人均为城投平台，融资成本相对地方债更高，如按照5%的发行利率假设则对应每年1万亿~2万亿元的付息压力，这已经超出相当一部分区域自身造血能力可以覆盖的范围，因此配合低利率环境，可以通过债务置换、延期或续贷等方式缓慢降低付息成本，从而实现隐性债务的"软着陆"。

二是基于建设消费型经济体的产业转型需求。长期以来，我国主要的产业结构为相对低附加值的工业制造业，而欧美日等发达经济体则占据了"微笑曲线"的两端——产品设计、品牌营销、消费服务等领域，对应的是更高的产业附加值、高利润率和从业人员高收入等社会状态。近年来，拉动经济的"三驾马车"

(投资、消费和出口)中,消费的占比在逐步提高。根据 2021 年上半年国家统计局的数据,最终消费支出对经济增长的贡献率为 61.7%,而资本形成总额、货物和服务净出口对经济增长的贡献率分别为 19.2% 和 19.1%。从理论的储蓄函数和消费函数关系来看,相对较低的利率环境可以降低居民的储蓄意愿,增加边际消费倾向,从而维持消费服务对经济增长持续的高比例贡献度。

二、保险会计准则的"类成本法"估值红利

长期以来,尽管高股息资产在 A 股市场中表现出相对稳健的特性,但相较于传统的固定收益证券,其波动性较大,甚至在风险调整后的收益上,长期来看可能不如可转债。即便是最稳健的高股息资产,历史上也曾经历约 20% 的回撤,这对于固收投资者而言几乎是不可接受的。

然而,新推出的保险会计准则,即《企业会计准则第 22 号——金融工具确认和计量》为股价波动问题提供了一种有效的解决方案(见图 1-13)。根据这一新准则,金融资产被分类为 FVOCI(以公允价值计量且其变动计入其他综合收益的金融资产)。在此分类下,如果股票持有期足够长,并且被视为长期投资,那么股票价格的波动将不会影响利润。这不仅意味着持有期间的股价波动不会影响利润,甚至在股票出售并确认实际盈亏时,也不会影响利润。此外,根据新准则,收到的现金股息是可以直接计入利润的。这种安排在一定程度上解决了红利资产的股价波动问题,类似于债券的摊余成本法估值,使得投资者能够真正从长期的角度来享受股息收益。

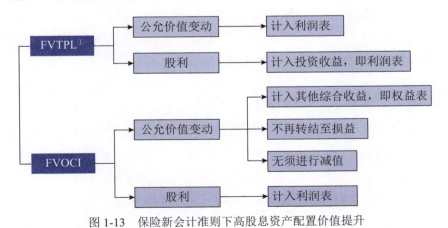

图 1-13　保险新会计准则下高股息资产配置价值提升

资料来源:国金证券

---

① FVTPL 指以公允价值计量且其变动计入当期损益的金融资产。

自 2023 年起，随着新会计准则的实施，上市保险公司开始表现出对红利资产的购买兴趣。这一新准则为保险公司提供了一种更为稳健的资产评估方式，使它们能够更加积极地参与到红利资产的市场中。事实上，在过去一年中，保险公司已成为红利资产市场的主要买家之一。

保险行业目前管理着超过 30 万亿元的资产（见表 1-3），其中寿险公司占据主导地位。在上市公司层面，资产总额超过 10 万亿元，中国人寿一家公司就拥有 5 万亿元资产。由于中国人寿同时在 A 股和 H 股市场上市，因此其财务报告需要遵循两种会计准则。尽管 A 股市场的会计准则有所变化，但这对中国人寿的实际业务行为影响有限，因为其需要编制符合港股市场要求的财务报告。整体来看，2023 年新会计准则可能影响大约 7 万亿元的保险资产。

表 1-3　2024 年 3 月末保险资产规模及变化

公司类别	人身险公司	财产险公司	再保险公司	资产管理公司	总计
总资产 / 亿元	286 367	28 806	7714	1221	329 204
环比变化	0.26%	−0.15%	−0.49%	1.02%	0.19%
同比变化	17.47%	2.18%	11.68%	14.07%	15.76%
占比	86.99%	8.75%	2.34%	0.37%	—
占比环比变化	0.06%	−0.03%	−0.02%	0	—

资料来源：金融监督管理总局

保险公司在权益资产上的配置通常不会超过总资产的 30%，这是由于偿付能力的季度考核要求。股票市场的大幅波动可能会影响保险公司的偿付能力，因此它们通常只会配置大约 10% 的资产到股票市场，相当于约 7000 亿元的资金。考虑到现有保险资产的原有投向，并非所有资产都会转换为新会计准则下的资产配置。然而，考虑到每年新增的约 2 万亿元资产，以及新会计准则可能影响的 6000 亿元资产和权益配置的 600 亿元，这为红利资产提供了确定性的买入增量。

除了保险行业，其他上市公司也已经开始采用新会计准则。对于有意购买股票的上市公司，只要持股期限超过半年，就可以使用 FVOCI 科目进行会计处理。随着 2023 年股票市场预期收益率的下降，社会对红利资产的接受度提高，拥有富余现金流的上市公司也可能成为红利资产的长期重要买家，这被视为一种替代现金和理财产品的重要投资方向。

总体而言，FVOCI 科目为投资者提供了一种新的投资视角，允许他们像投资债券一样投资股票，而不必担心短期股价波动。这种会计处理方式可以显著降低由于股价短期回撤（而长期投资逻辑未变）造成的风险溢价。这使投资者能够用购买债券的心态去购买股票,这也是中短期高股息资产价格上涨的关键驱动因素。

第三节 高股息资产相对收益行情复盘

从高股息相关的红利类策略风格指数成分股来看,行业偏离具有较强的金融类和周期类风格,因此其相对大盘全A的相对收益水平和宏观经济周期的位置相关性较强。

从美林时钟四阶段划分的角度看,在经济周期的复苏和过热期,高股息资产的相对收益较好。此时,金融类股票特别是银行的资产质量得到修复,从而实现估值提升;同时,资源品价格一般也会有比较好的表现,进而带动周期股的利润率改善和业绩增长。从库存周期的角度看,高股息资产的超额收益主要出现在主动去库存阶段,这与美林时钟反映的复苏逻辑类似。

具体复盘来看,高股息资产相对收益占优的历史区间包括以下几个阶段。

2006年9月—2007年10月(见图1-14):2007年伴随经济过热通胀快速上行。2007年二季度GDP同比增速达到15%,在过热的总需求拉动下,CPI同比快速上行至6%以上。同时在2006年10月1日至2007年11月1日,央行9次升准、5次加息,流动性大幅收紧。受益于经济过热,以有色金属、煤炭为代表的周期股表现亮眼,金融地产亦涨幅居前。同时,在股市持续上涨的驱动下,非银金融在2006年10月1日至2007年11月间涨幅第一。

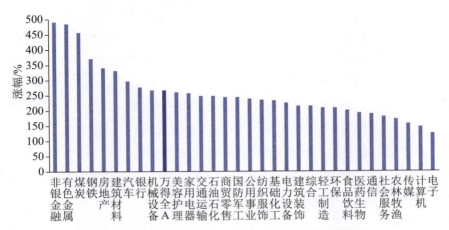

图1-14 2006年9月—2007年10月股票行业涨幅统计

资料来源:Wind

2008年1月—5月：多利空导致市场大幅调整，情绪面恐慌蔓延，上半年估值收缩幅度大，其间高股息占优。自2008年1月16日至4月23日，A股重要宽基指数下跌幅度均超30%。从指数走势上看，以中证红利&高分红为代表的高股息指数在走势上与大盘和全A相似，但整体回撤幅度更小，更显韧性。2008年上半年的大幅调整同样带来了风险偏好的回落，相对稳健的高股息策略在这一历史背景下更受青睐。

2009年7月—2009年12月：在4万亿元人民币刺激下的经济复苏进入后半程，但经济高增+通胀回升仍处于低位。2009年宏观经济触底反弹，进入7月后，房价出现了明显上涨，同时通胀出现回升迹象，因此货币政策开始微调收紧。此时流动性预期转向收紧，2009年8月5日《货币政策执行报告》中首次提出动态微调货币政策，流动性边际收紧得到确认。而在流动性预期转紧前也即2009年8月前，受益于政策刺激，以煤炭、有色金属为代表的资源类周期股表现亮眼。随着流动性边际收紧，叠加"汽车下乡""家电下乡"等政策刺激，具备一定防御属性的汽车、家电等消费行业涨幅居前。

2011年8月—2013年2月（见图1-15）：整个2012年，板块差异分化很大，其中上证指数上涨3%，全A上涨5%，整体风格偏向大盘&主板蓝筹（上证50、沪深300涨幅更高），高股息策略受益于市场风格，在这个阶段表现强势。2012年第四季度在政策刺激下经济出现弱复苏，CPI低位回升。在持续全年的货币政策刺激和地产政策刺激下，2012年第四季度至2013年第一季度宏观经济维持弱复苏态势。2012年8月制造业PMI（采购经理人指数）触及49.2的底部后，在9—11月连续3个月回升，同时工业企业利润累计同比也由2012年9月的-1.8%快速回升至2013年2月的+17.2%。央行于2012年6月和7月两次分别降息25BP，市场流动性环境维持宽松。从行业表现来看，经济复苏预期下银行、地产涨幅居前，带动高股息组合持续跑赢全A。

2016年8月—2019年1月：2016年起经济持续复苏，2018年经济有所回落。工业企业利润同比由2016年7月的6.9%快速上升至2017年2月的31.5%以上，同时制造业PMI持续维持在50的荣枯线水平以上。2018年，较2017年回落，全年工业企业利润总额同比增长10.3%。2017年流动性相对收紧，随着2018年经济回落，货币政策转向宽松。从行业角度看，2016年起，大消费持续跑出超额收益，与此同时，金融股与周期股也有出色表现。在此背景下，高股息公司享受金融+周期行业β和大盘龙头α共振，持续跑赢全A。

2021年1月—2023年9月：2021年第二季度起，PPI（生产价格指数）快速上行，宏观经济由复苏进入类滞胀环境，后续随着地产行业回落，2022年经济有所回落。从2021年第二季度开始，央行连续降息降准，利率持续下行，流动性维持宽松。受资源品价格上涨影响，煤炭、有色、石油石化等资源股表现突出，为高股息组合跑赢提供了一定的行业β催化。

图1-15　2011.8—2013.2 股票风格相对收益统计

资料来源：Wind

如果以欧美日等海外市场高股息策略超额收益表现为参考，可以发现其表现较好的时期存在一些共性因素。

第一，利率处于持续下行周期。这意味着股息率相对债券收益率的投资价值在上升，投资者为了维持收益率水平存在进一步拉升资产久期和提高权益类资产占比的倾向。

第二，宏观经济环境处于长期低速增长状态，企业扩大再生产的意愿不强，反映到财务行为上便是减少融资，并提高留存利润的分红比例。

第三，高成长股票的确定性和稳定性下滑，即预期增速的业绩兑现度下降，这让投资者对于高赔率资产的追逐倾向变弱，转而追求基本面胜率较高的资产，特别是现金流质量较好的上市公司。

第四，投资者结构有所变化。例如，美国的居民资金和养老金入市，为股票市场提供了稳定长期的增量资金，对稳定分红的股票需求量逐步增长，同时带动了高股息资产的阶段性行情，提升了企业分红意愿。

第二章 高股息选股、行业比较和估值

在股市的纷繁复杂中,高股息策略以其稳健的收益特性和较低的风险敞口,成为众多投资者青睐的选股法宝。本章将引领读者深入高股息投资的核心,从选股逻辑到行业比较,再到估值技巧,逐一剖析高股息资产的内在价值与市场表现。

首先,我们将重新审视高股息选股的基本逻辑,与传统成长股选股策略相对照,强调稳定性、现金含量和分红意愿的重要性。在股息率的表象之下,隐藏着怎样的投资机会与陷阱?我们如何辨识并规避价值陷阱、周期性陷阱、低成长陷阱,以及高杠杆和公司治理陷阱?

其次,本章将探讨股息率作为选股策略的局限性,分析行业集中度问题,以及分红质量与股东回报的多维视角。我们不仅关注股息率的高低,更关注股息增长的潜力与可持续性。

再次,我们将根据高股息个股的具体情况,分类讨论不同类型高股息资产的特点与投资策略。从"高 ROE 高分红"的垄断行业龙头,到"潜力高股息"的成长型公司,再到"现金牛"和低估值资产,每一种类型都对应着独特的投资逻辑与市场表现。

从次,本章还将从商业模式的角度,对不同行业进行比较分析,探讨各行业高股息资产估值的来源与差异,探索如何从研发投入、销售费用、管理费用等商业模式中,识别高股息投资的机会。

最后,本章将深入讨论估值方法,从绝对估值法到相对估值法,从 DCF 模型到 PE、PB 估值,分析它们在高股息资产投资中的应用与局限。我们将探索如何利用这些工具,更准确地评估高股息公司的价值与预期回报。

第一节 高股息策略如何选股

在深入探讨高股息策略选股的细节之前,让我们先来搭建一个框架,以便于

更好地理解这一策略的核心要素和实施步骤。高股息策略作为一种稳健的投资方法，旨在通过选择那些能够提供持续且较高现金回报的股票来实现资产增值。这种策略不仅要求投资者对公司的财务报表有深刻的理解，还需要对市场趋势和宏观经济环境保持敏感。接下来，我们将从基本逻辑出发，逐步解析高股息策略选股的关键步骤，包括但不限于对资本回报率稳定性的评估、现金含量的考量、分红意愿的分析，以及估值的合理性判断。通过这些步骤，投资者可以更加系统地识别和选择那些具有高股息潜力的股票，从而在风险可控的前提下，实现投资收益的最大化。

一、红利高股息策选股的基本逻辑

作为对比，我们先简单谈一下传统意义上成长股的选股逻辑：

1）对收入和利润的历史增速和预期增速要求较高，一般底线是20%，同时希望收入和利润增速有环比提高的短期趋势，即"加速成长"。

2）资本回报率环比提升，关注的财务指标包括ROE、ROIC（投资回报率），杜邦公式拆解后的利润率、周转率和杠杆率等。

3）成长逻辑能讲出比较大的"故事"，至少是能看5年维度的增长时间，匹配一个相对低的产品渗透率，对应极高的销售收入天花板。

而对于红利高股息选股，虽然也关注这些指标，但侧重有所不同：

1）首先关注资本回报率，第一章我们提到过，高ROE是高分红的基础。不过在高股息投资中，我们更关注资本回报率的稳定性，即ROE波动率。

2）其次关注"现金含量"，主要代理观测指标包括现金等价物资产占比、经营现金流占收入/利润的比例、每股自由现金流/EPS的比例、应收账款占收入比例、营运资本占用比例等。从这些财务指标和趋势变化基本可以较快地评估上市公司的现金创造能力。

3）再次关注企业的分红意愿。企业对自由现金流的支配，通常有5种方式：现金分红、股份回购、债务偿还、兼并收购和再投资。把分配重点放在现金分红领域的公司更容易成为高股息资产，核心指标是分红比例及环比变化的趋势，以及历史上股票回购的操作案例。同时关注公司治理层面的情况，对于有多元化投资倾向的企业，应该尽可能规避。

4）最后考虑股票的估值。即使以上三项都满足，如果资产的估值较高，也会在一定程度上降低股息率回报。就好像债券的票息虽然高，但买入价格显著高于发行价格，那预期收益率就会比票息低。比如，贵州茅台的ROE超过30%,

分红率超过 50%，但因为估值偏高，实际股息率只有 2.5% 左右。

总结来看，以上四类选股要素是层层递进的关系，即首先满足高资本回报率，才有可能有更高比例的留存利润可供分配；但投资者期待的毕竟是现金分红，不可能把公司的实物资产或欠款账单分给投资者，因此需要进一步关注盈利的现金含量，是否有和会计利润规模相匹配的现金可分配；在前两个条件都满足的前提下，再考虑公司对股东的分红力度，是分 30% 的利润还是分 60%，未来这一比例如何变化；最后考虑是不是能以更便宜的估值对高分红资产进行投资，以更合适的价格去买入从而获得更高的股息率回报。这都是高股息选股需要研究的重点。

二、股息率选股需要规避的"价值陷阱"

正如我们第一章谈到的，股票组合呈现出的"高股息"特征，很多时候是基金经理选股的"结果"，而不是选股的依据。如果投资者单纯依据股息率从高到低进行选股操作，则可能落入"价值陷阱"。常见的情况主要包括：

1. 低估值陷阱

低估值陷阱指表观意义上的高股息，实际是由更低的估值导致的。典型的情况就是近年来的银行股，从股息率的角度看，截至 2024 年 6 月，银行板块的股息率达到 5% 左右，从历史同期来看属于较高水平，但其基本面实际上是在变差的，一方面净息差持续收窄，另一方面资产质量问题逐渐暴露，也因此二级市场会给一个更低的估值，从而"被动抬升"股息率（类似低等级信用债收益率上行的情景）。如图 2-1 所示，银行股的 ROE 只有 5%，选择 50% 分红，但二级市场 PB 估值只有 0.5 倍，则表观股息率也能有 5%。但这种情况下我们需要考虑几个问题：一是低估值的来源是什么？有可能公司的质地和基本面存在瑕疵，如高额的商誉潜在减值导致的资产质量问题，公司治理存在缺陷等，而这些问题会影响长期持续的分红能力。二是股价的动量效应是否指向持续下跌？毕竟在趋势性较强的单边市场行情中，依据高股息率去"捡下落的刀子"似乎并不是明智之举，逆向投资同样需要考虑股价持续下跌的可能性。

2. 周期性陷阱

部分股票的股息率较高，可能是由于分红时所对应的净利润处于自身周期的顶部或股息支付率处于历史较高位置，随后其盈利水平与分红水平可能存在波动，难以维持较高的股息率。国内与地产强相关的行业，大多具有典型的周期性特征，在其景气度阶段性顶点的分红水平，确实难以延续。同时在投资实战中，很可能"赚了股息率钱,亏了估值的钱",但显然后者给投资业绩带来的拖累更大。

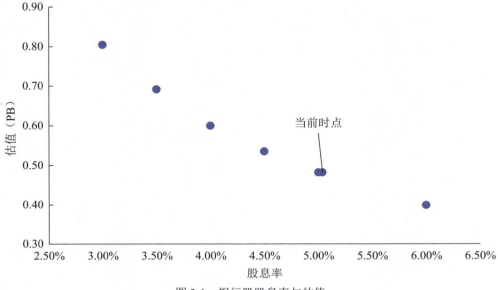

图 2-1　银行股股息率与估值

资料来源:Wind

例如,某钢铁上市公司在 2017—2018 年,净利润从 20.61 亿元增长到 33.24 亿元,而现金分红总额从 2.28 亿元增长到 3.19 亿元。这表明在这一时期,该公司实施了较高水平的股息分红政策。但从 2018 年到 2020 年,该公司的净利润有所下降,分别为 33.24 亿元、4.06 亿元和 -7.3 亿元。然而,在这段时间内,该公司没有进行现金分红。这便是因为公司盈利下降,无法继续维持以前的高水平股息支付策略。因此尽管在某些年份中公司实施了较高水平的股息分红政策,但整体来看,公司的股息支付相对较少。因此,如果投资者仅仅冲着高股息率而购买该公司的股票,可能会面临利润不可持续和高分红陷阱的风险。

从历史复盘来看,周期性陷阱比较容易出现在产品价格波动大的行业中,例如煤炭和铁矿石等大宗商品行业(见图 2-2、图 2-3),因为较高的固定资产占比导致其经营杠杆极高,产品价格的波动会同时影响收入和利润率,进而导致相关企业的景气度波动和起伏过大。

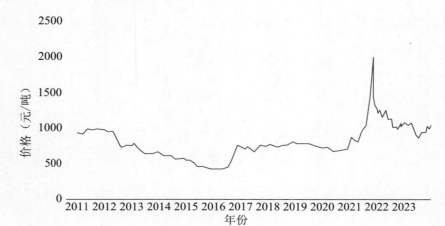

图 2-2 煤炭价格历史走势

资料来源：Wind

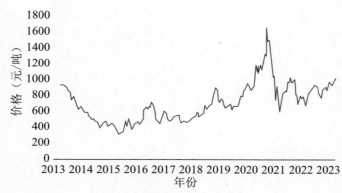

图 2-3 铁矿石价格历史走势

资料来源：Wind

3. 低成长陷阱

虽然高股息投资者一般对所选股票的预期增速和市场空间的要求较低，但这并不意味着完全放弃对"成长性"的追求。股票市场的波动率显著高于债券市场，从风险调整后收益的视角看，5% 左右的股息率对传统固定收益投资者可能并无太多吸引力，因为这意味着他们为了获得 3% 左右的超额固定收益，需要承受 10 倍的波动率或最大回撤空间。而一定的成长性才能弥补这一点，正如固定收益投资者可以容忍可转债只有 1% 左右的票息，那很可能是因为其向上的弹性空间和赔率（盈亏比）比纯债更好。而高股息的弹性来源，离不开一定水平的"成长性"，或许不用太高，5% 左右的内生增长就足够让投资者平衡自己的机会成本。但如果没有增长甚至长期负增长，那就真的是投资者需要规避的"低成长"陷阱了。

4. 高杠杆陷阱

某些公司可能在高杠杆条件下实施高分红政策,将大部分利润用于股息支付。然而,当面临下行的经济周期或业务挑战时,这些公司可能面临现金流压力和债务偿还的困境,难以继续维持高水平的股息支付。

以某房地产上市公司为例,在过去地产的上行期,依靠激进的拿地策略和高杠杆模式,公司急速扩张,短短数年成为国内房产行业的翘楚。可伴随着房地产周期的下行,公司在 2021 年因为高额债务暴雷,2021 年归母净利润为 -390 亿元。而通过财务分析可以看出,地产类上市公司近年来有息负债率一直处于高位,同时融资环境也呈边际恶化的态势,因此更容易陷入高杠杆陷阱。

5. 公司治理陷阱

随着上市公司市值管理专业能力的提升,越来越多的公司管理层认识到在资本市场"打造人设"的重要性,而短期提高分红水平不失为一种吸引投资者的方式,但基于市值管理目的的分红必然不持久,一旦股价达到了上市公司自身的诉求,分红行动便可能停止。比较常见的情形包括:公司存在存量的可转债,有偿还压力,需要推高股价以促使债券投资人转股;存在转移资产的需求,需要股价配合;等等。

总之,企业超出自身能力的不合理分红难以维系,投资者更应关注分红的可持续性。

三、股息率作为选股策略的局限性

1. 行业集中度的潜在偏高问题

股息率的计算公式为:

$$股息率 = 过去一年分红总金额 / 当前总市值$$

从分母角度来看,股价的波动直接影响股息率,这与市净率 (PB)、市盈率 (PE) 等估值指标存在相似性。股价的快速下跌可能导致股息率异常升高。如果某一行业股价普遍下跌,但企业基本面并未显著变化,那么该行业内的个股股息率可能会异常集中上升。从分子角度看,不同行业的分红政策差异可能导致高股息率股票在某些行业过度集中。例如,煤炭、电力等成熟行业,由于技术发展相对稳定、行业集中度高,企业可能会选择将大量现金用于分红以保持现金流的合理性。而成长型行业则可能倾向于将部分现金流用于再投资,以促进业务发展。因此,成熟行业的股息率普遍高于成长型行业。

2. 高股息率并不等同于高分红质量

上市公司进行分红可能出于多种动机,并非完全为了股东回报。例如,根据上交所和深交所的再融资监管要求，企业在进行再融资时必须满足一定的现金分红比例。此外，新版"国九条"（《国务院关于加强监管防范风险推动资本市场高质量发展的若干意见》）也规定了对分红不足的公司实施风险预警。这可能导致某些公司出于再融资需求或避免风险预警而进行异常分红。虽然股息率随着分红金额的增加而上升，但这种低质量的分红可能会对股东造成损失。

3. 分红并非股东回报的唯一途径

在美股市场，除了分红，股票回购也是企业回报股东的重要方式。以汽车地带（AZO）为例，该公司自2000年以来已大幅减少其股票数量，尽管历史上并未持续进行大额分红，并且年报中明确表示暂无现金分红计划，但通过股票回购和业务稳定增长，其股价实现了持续稳定上涨，为长期投资者带来了丰厚的回报。尽管A股市场对股票回购有较严格的约束，但随着公司法的修订和回购约束的放宽，一些上市公司如通策医疗开始选择通过股票回购而非分红来回报股东。如果仅依据股息率进行选股，可能会忽略这类通过其他方式增厚股东回报的优质公司。

从高股息策略分组的历史回测也能在一定程度上印证股息率选股的局限性，即业绩回报和股息率水平并非单调递增关系。从实际统计结果的角度看，"股息率最高"的一批股票实际表现并不如"股息率中等偏高"的股票。根据主流卖方分析师统计，如果采用股息率TTM从2010年至2023年分五组选股（即顶部20%的股息支付最高的股票为第一等份，底部20%的股息支付最低的股票为第五等份），相较于沪深300指数的表现，次二分位股票的胜率最高。而这种情况在美股市场中同样成立，依据股息率选股还需要结合其他的财务质量和公司治理的补充指标，才能获得更好的投资效果。

四、高股息选股的分类与策略应对

从高股息这一"现象"出发，按照个股具体情况的差异，按照资本回报率和分红比率可以将高股息个股分为四种类型。

1）高ROE 高分红：多见于垄断行业的龙头企业。这些企业因为行业垄断能够长期获得超额经济利润，因此能维持一个超越市场平均的资本回报水平。但较少比例的留存收益也决定了其成长性偏弱，所在行业难以获得超过平均水平的利润增速。

2）高ROE 低分红：多见于新兴的科技成长型行业。短期较高的行业景气度使其能够获得较为可观的资本回报率，而作为成长期公司，资本开支较高，倾向于将较高的留存收益用于再经营，留存比例较高，分红比例一般较低。但由于ROE非常高，同时估值相对合理，这类公司也会呈现出阶段性的"高股息"特质。

3）低 ROE 高分红：这类公司虽然没有太多的成长性，同时资本回报水平也一般，但管理层的分红意愿较强，因此投资者有望获得一个接近 ROE 水平的股息率。

4）低 ROE 低分红：这种情况的公司能成为高股息资产，一般是因为其极低的估值水平，但需要投资者具体甄别，以免落入"价值陷阱"。

对于四种类型的高股息资产，我们在投资研究中的侧重点也会有所不同。

第一种属于相对稳态的高股息资产，其经营的稳定性和持续性都比较高，也是真正意义上的"类债券资产"，因此其股息率估值与债券利率市场的联动性较强，投资中需要关注利率变化对其股息率和估值隐含折现率的影响。最典型的代表就是水电行业。近年来供给侧格局优化之后的煤炭、公路铁路和运营商行业也具备类似的特点。在资产荒背景下，稳态高股息的稀缺性将继续带来这类资产估值的提升。

第二种我们可以称之为"潜力高股息"资产，即随着行业从成长期逐渐过渡到稳定增长期，资本开支可能会下降，进而带来分红比例的提升。因此需要更关注行业竞争格局，以及公司现金流质量和管理层分红意愿的变化。潜力高股息资产挣的是两部分钱：一是行业格局优化、基本面出清之后，盈利估值企稳回升；二是现金更充裕、分红习惯改善之后，股息率提升。典型的代表如纺织服饰行业，其全行业的股息支付率从 2007 年的 35% 左右增长到 2023 年的 73% 左右，实现了分红率的翻倍增长。以申万（SW）行业分类统计来看，纺织服饰 2020—2022 年累计归母净利润总额达 413 亿元，累计现金分红总额达 529 亿元，测算累计现金分红比例为 128%，位居所有行业第一（见图 2-4）。

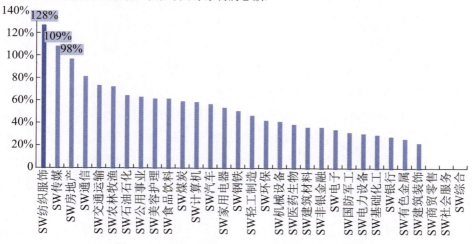

图 2-4　2020—2022 年行业累计现金分红比例

资料来源：申万宏源证券

第三种可以称之为"现金牛"资产，虽然公司整体的竞争优势和质地平庸，但其商业模式具有较高的净现金流特征，加上管理层比较清醒，不会做太多盲目多元化的投资，因此留存收益采取全部分红的政策，甚至会考虑回购股票等操作。对于这类资产需要关注其现金流的可持续性和业绩的稳定性，避免陷入负增长的价值陷阱。典型的代表如植物蛋白饮料等小众食饮消费行业。

第四种为低估值资产，则要重点关注导致其低估值的原因、基本面的瑕疵、潜在的改善空间，以及是否具备升级成"现金牛"或者"潜力高股息"的可能性。最典型的就是近年来的银行业，由于资产质量问题其估值一直处于底部，因此虽然10%左右的ROE只是中规中矩，分红比例也没有提升空间，但在极低的估值加持下仍然能成为绝对高股息资产。反过来看，具有一定分红能力但估值太高的资产，如果估值重新回归合理区间，则可以成为"潜力高股息"资产。

五、如何挖掘潜力高股息资产？

股息率投资的常见策略，一方面是寻找已经有成熟商业模式和分红传统的"显性高股息"资产；另一方面需要储备一批"隐性高股息"资产，并进行持续的跟踪和研究，以期在这类资产基本面和估值发生变化从而进入真正高股息资产行列时尽早介入投资。从我们之前对高股息选股标准的四类指标分析来看，一般潜力高股息公司可能在至少一个或若干个方面不满足标准，因此只能暂时放到"观察名单"中，主要包括以下几种情况。

1. 高估值的高分红资产

最容易从潜力股升级的情况，即同时满足高股息选股的资本回报率、盈利现金含量和公司分红意愿等标准，唯一的问题就是估值贵所以股息率不高。我们前文提到的白酒就是典型的代表，与之类似的其他终端需求偏稳定的消费板块天然具备稳态高股息的潜力，问题在于2019年之后的核心资产提估值透支了他们的潜力。如果有行业未来成功消化高PE估值，则有望运用稳态高股息逻辑投资框架。

对于这类资产，投资中主要的策略还是"等"，等短期利空和负面舆情导致的股价调整，等"市场先生"偶尔给出一些离谱的报价，等高股息的机会成本变化。在这个过程中可能投资的实际操作并不多，更多时候是在不断权衡利弊，随时准备出击。

2. 低分红的现金牛

低分红的现金牛即公司有高分红的能力，但可能没有高分红的意愿。对于这类公司，自然应关注分红比例的提升趋势。

2023 年证监会发布《上市公司监管指引第 3 号——上市公司现金分红（2023 年修订）》（简称《现金分红指引》），表示相比成熟资本市场，A 股分红的均衡性、稳定性、及时性和投资者的获得感仍有待提高。我国多层次中国特色资本市场体系的建设进入新发展阶段，提高上市公司分红是重要任务之一。同时，央企考核指标也强化了对分红的具体要求。在这一背景下，基于政策催化而提高分红率可能会成为未来潜力高股息投资的重要方向，在政策指导范围内的公司分红意愿有望边际改善，值得投资者关注。

3. 现金流较弱但趋势改善

这种公司可能因为财务现金流紧张，暂时不具备足够的分红能力，因此投资中需要重点关注现金流的趋势变化。

一般现金流改善的信号可能包括：①企业资本支出开始趋势性下降，从而提高自由现金流量；②企业的商业模式正在转变，如制造商转型成品牌商，客户由以 B 端企业为主转变成以 C 端个人为主，因此收入的现金占比提升；③企业在产业链中的地位提升，对上下游的占款比例提升，同时应收账款减少，进而提升现金创造力；④企业信用资质改善，从而降低融资成本，可以更低的利率进行债务融资，表现为筹资现金流持续净流入；⑤行业景气度提升，经营性现金流随利润增长而增长。

因此在投资中需要紧密跟踪这类公司的现金创造能力相关指标，并结合调研把握前瞻性的基本面信息，同时在分红能力逐步提升的过程中，关注上市公司分红意愿和估值情况。

4. 资本回报率进入稳定期

从行业生命周期的视角来看，在企业进入成熟期后，其 ROE 的波动率会出现明显的下降，进而使其基本面和盈利预期趋于稳定，从而具备分红能力的基础。多数从高成长周期切换到低成长或稳定周期的上市公司都会呈现出这种特点。

以宁德时代为例，其上市以来至股价高点（2021 年年末）股价涨幅近 10 倍，公司净利润从 2014 年的 0.56 亿元增长至 2022 年的 334.57 亿元，增长近 600 倍。然而，公司在 2021 年之前的平均股息支付率约为 9.95%，平均股息率也仅为 0.47%。背后的原因在于宁德时代处于行业高速增长期，再投资能创造出更高的收益。而过去 3 年宁德时代由于内外部原因增速逐渐下滑，宁德时代遂逐渐加大分红力度，目前股息率已超过 2.5%，未来还有进一步提升的空间。

另外，根据申万研究统计，A 股上市公司的 ROE 波动率每下降 10%，对应的隐含折现率能够下降 0.4%，预期的经营存续时间能够增长 5.5 年。这意味着按照国内"市场先生"的"审美"，进入资本回报稳定期的企业，虽然难以获得更多成长性溢价，但却可以收获"确定性溢价"。

和本节最开始四层选股标准的逻辑类似，以上四种情况也存在一定的递进关系。从反向顺序来看，基本上可以体现一只低分红成长股逐步转变成高分红价值股最典型的"心路历程"：第一阶段，行业增速看到天花板，成长逻辑逐步消失，与此同时伴随着行业的产能出清和格局优化，资本回报率逐步向稳态回归；第二阶段，随着企业新增产能的意愿下滑，资本开支下降，同时格局的优化带来了龙头行业地位的提升，反映在财务绩效上最直观的就是现金质量改善；第三阶段，企业找不到新的增长点，对外投资的预期回报不高，因此可能会选择逐步增加分红比例，回馈原始股东；第四阶段，随着市场逐步认识到企业的新定位，按照低增长价值股去给估值，从而使 PB 或 PE 水平回归到较低的状态。

当然，现实中的情况往往更复杂，四个阶段实际上也可能交替出现，不一定存在必然的先后次序，而投资者真正需要把握的是储备更多的潜力高股息资产，并对变化保持敏感，努力拓展投资的"可行域"。

总结来看，潜力高股息投资在一定程度上超越了传统高股息的范畴，实质上更接近股息增长策略。而挖掘潜力高股息的关键在于对股息增长做出预判。

六、从红利类指数编制看选股规则

由于红利高股息资产往往以流动市值较高的大盘蓝筹为主，其指数化投资具有天然的策略深度和广度，目前 A 股市场中高股息相关的系列指数已有上百个，虽然大多指数的历史业绩曲线有一定的"事后拟合"倾向，但其编制方法和选股规则仍然值得主动管理型的高股息投资者借鉴。下面我们分别选取传统高股息策略和股息增长策略中的两只代表性指数进行简要分析。

1. 中证红利全收益指数（代码：H00922）

中证红利全收益指数选取 100 只现金股息率高、分红较为稳定，并具有一定规模及流动性的上市公司证券作为指数样本，以反映高股息率上市公司证券的整体表现。

其样本成分股入选的基本规则需要满足：过去一年日均总市值排名在前 80%；过去一年日均成交金额排名在前 80%；过去三年连续现金分红且过去三年股利支付率的均值和过去一年股利支付率均大于 0 且小于 1。

在满足以上三个前提的基础上，按照过去三年平均现金股息率由高到低排名，选取排名靠前的 100 只上市公司证券作为指数样本成分股，并根据既定规则定期进行调整，如果过去一年时间样本成分股的现金股息率小于 0.5%，则将其从样本成分股中剔除。

从指数的业绩表现来看，中证红利全收益指数相对沪深 300 取得了稳定的超额收益（见图 2-5），并且在 2022 年以后两者的收益差出现了显著的抬升，也反映了市场投资者对高股息风格的追逐。

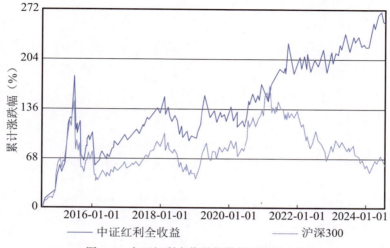

图 2-5　中证红利全收益指数相对收益走势

资料来源：Wind

从动态股息率的表现看，近年来也是"水涨船高"，截至 2024 年上半年末，中证红利全收益指数的股息率超过了 5.5%（见图 2-6），在历史同期来看也属于较高水平。这也意味着红利类资产相对固收利率类资产仍然具有一定的吸引力。

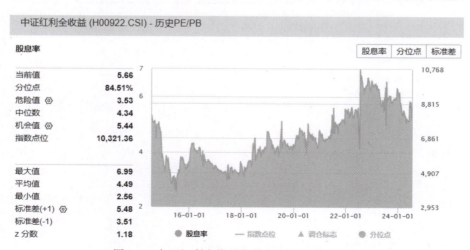

图 2-6　中证红利全收益指数的平均股息率走势

资料来源：Wind

2. 红利增长全收益指数（代码：932309）

红利增长全收益指数选取 50 只流动性好、分红总额连续增长、红利支付水平相较三年前没有下降且股息率高的股票作为指数样本股，采用股息率加权，以反映 A 股市场分红连续增长股票的整体表现。

如图 2-7 所示，从红利增长全收益指数的历史表现来看，与沪深 300 的走势更为趋同，波动率略高一些。笔者认为原因在于，其成分股选择更看重"分红总额连续增长"，使得该指数具有一定的成长股特征。由于股息增长策略更倾向于选择那些具有更高股息增长潜力的公司，在某种意义上更类似于红利和成长风格的"中和策略"。

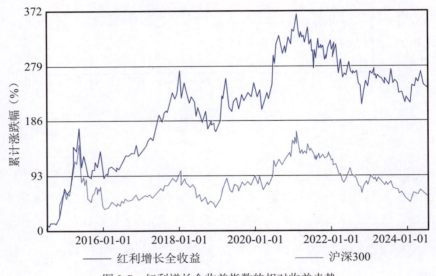

图 2-7 红利增长全收益指数的相对收益走势

资料来源：Wind

从指数的股息率表现来看（见图 2-8），红利增长全收益指数在 2024 年上半年末的动态股息率在 3.1% 左右，由于其隐含了股息增长的溢价，估值水平高于红利指数（红利增长指数 PB 在 2.2 倍左右，红利指数 PB 仅为 0.73 倍），因此股息率水平更低。

对比两只指数近年来的表现，能看出在近 1 年、近 3 年和近 5 年的时间跨度下，中证红利全收益指数较红利增长全收益指数的年化回报更高，年化波动率更低，整体表现更加优秀。

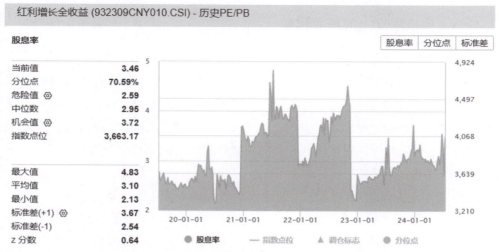

图 2-8 红利增长全收益指数的平均股息率走势

资料来源：Wind

这种差异可能部分归因于两个指数的投资策略和风格：中证红利全收益指数主要选取现金股息率高、分红稳定的股票作为成分股，并采用股息率加权的方式。这意味着该指数更加注重高红利股票的表现，而这些股票通常属于相对稳定的行业，如公用事业、能源和消费品等。过去几年中，这些行业的表现相对较好，所以中证红利全收益指数的回报率较高。

红利增长全收益指数则更注重分红连续增长的股票，采用股息率加权的方式。这意味着该指数更关注股息增长的潜力，通常会包含一些成长性较好的公司。然而，最近几年，A 股市场的成长风格回撤，这可能对红利增长全收益指数的表现产生了一定的影响。这也是为什么在 2019—2021 年成长风格上行的区间内，股息增长策略较高股息策略的超额亦同步上行。

第二节 从商业模式看行业比较

行业比较，这一投资分析中不可或缺的一环，不仅能够帮助我们识别不同行业间的发展差异，更能指导我们在复杂多变的市场中做出明智的决策。本节将从商业模式的视角切入，透视行业比较的深层逻辑，探索不同行业间高股息资产估值的内在联系。

一、传统意义上的行业比较

1. 为什么要做行业比较？

1）收益分布的显著差异：年度收益的统计数据揭示了不同行业间的巨大涨幅差异。即便是在非典型的熊市年份，如 2008 年、2011 年和 2018 年，行业间的年度收益率差异也是显而易见的。以申万一级分类的 28 个行业为例，2021 年表现最佳的行业与表现最差的行业之间的收益差距高达 87%，而表现前三的行业与后三的行业之间的差距为 72%。

2）行业间收益差距的进一步放大：当我们深入到申万二级分类的 102 个行业时，这种行业间的收益差距变得更加显著。2021 年，表现最佳的行业与最差的行业之间的收益差距达到了 136%，而前 10 个行业与后 10 个行业的平均收益差距为 90%。

3）行业配置对基金收益的贡献：从主动偏股基金的超额收益归因分析来看，行业配置对基金收益的贡献极为显著。此外，个股选择对基金收益的影响呈现出一定的周期性，而风格配置往往会拖累对基金收益的贡献。

4）投资决策的指导作用：行业比较不仅帮助投资者识别不同行业的增长潜力和风险特征，而且对于制定投资策略和优化资产配置具有重要的指导意义。通过深入分析行业趋势和比较行业表现，投资者可以更好地把握市场机会，实现风险与收益的平衡。

2. 比较什么？行业景气度

1）长期、中期与短期景气度：行业景气度的评估通常基于不同时间尺度的财务指标，包括净利润和营业收入的增长率，以及 ROE（净资产收益率）的绝对值和变化趋势。历史数据回测显示，T+2 期的景气度指标对 T 年的实际收益率具有较高的解释力，这反映出市场对未来预期的持续时间大致为两年；在财务指标的解释力度上，净利润增速的影响力大于收入增速，而收入增速又大于 ROE。

2）财务指标的重要性：在解释行业超额收益方面，净利润增速通常具有最高的解释度。这表明投资者在评估行业表现时，应特别关注净利润的增长情况。

3）估值指标的局限性：从 PE（市盈率）和 PB（市净率）分位数等估值指标来看，它们的数值大小与行业涨幅之间的关系在统计上并不总是显著的。在某些年份，如 2010 年和 2015 年，估值指标与涨幅表现出正相关性；而在其他年份，如 2017 年和 2018 年，这种关系可能是负相关的。在大多数年份，估值与涨幅之间的关系并不明显。尽管估值指标在长期内显示出均值回归的特征，但其短期内的有效性相对较弱。

4）投资决策的考量：尽管估值指标在短期内可能不是决定性的，但它们在长期投资决策中仍具有参考价值。投资者在评估行业景气度时，应综合考虑财务指标和估值指标，以形成全面的行业分析。

3. 怎么比较？基于优化的分析师盈利预测

优化的分析师盈利预测相较传统的分析师盈利预测的改善之处在于，从预测准确性、前瞻性和独立性三个维度对分析师进行重新评估，筛选优秀分析师的观点构建优化版的盈利预测。实操主要关注以下几个方面。

1）预测准确性：优化的分析师盈利预测首先关注预测与实际值之间的误差。理想的预测应具有较小的相对误差，即其误差应小于市场一致预期与实际值之间的误差。

2）预测前瞻性：当市场分析师的预测存在较大分歧，且整体误差较高时，优化预测模型会特别关注那些在这种情况下仍能准确预测的分析师的观点。

3）预测独立性：在市场分析师预测分歧较小但整体误差较大的情况下，优化模型会筛选出那些独立于市场共识但仍能提供准确预测的分析师。

4）盈利预测的分布规律：盈利预测的分布具有特定的模式。财报发布后，市场一致预期往往与真实值存在较大偏差。随着下一年财报发布日期的临近，这种市场偏差会逐渐缩小。在重大事件发生后，盈利预测会进行整体调整，此时市场分歧度较大。然而，随着时间的推移，市场分歧度会逐渐缩小。

5）盈利预测的动态调整：优化的盈利预测模型能够捕捉到市场对重大事件的反应，并在预测中体现这种动态调整。这种调整有助于提高预测的适应性和准确性。

4. 行业比较结论的输出形式

在实际比较中推荐使用申万 2021 版新行业分类，其相对于 2014 年版改进的地方：①行业细分增加，beta（指特定行业涨跌幅与大盘涨跌幅表现的相关性）更集中。1 级行业增加至 31 个，2 级行业增加至 134 个，3 级行业增加至 346 个。②全球化、多市场聚合。新版申万行业全面覆盖 A 股、港股通成分股和部分美股中概股，旨在形成一套全球化的行业分类体系。从上市公司市值和股票数量分布来看，其覆盖的主要上市公司集中在 A 股和港股，占比约 90%。

综合景气度由长、中、短期景气度加权构成。每月底，根据各维度景气度最近 12 个月对收益率解释程度的大小动态复权，即近 12 个月对收益率解释度越高的景气维度权重越大。将长、中、短期景气度标准化后，加权得到综合景气度打分。

5. 景气度比较的行业局限性与改进方向

1）行业局限性：部分行业的投资框架中，景气度有效性偏弱。例如：政策属性偏强、市场属性偏弱的行业，如大金融中的银行、房地产，政策周期是行业 beta 的主要因素；绝对低估值和防御板块，包括公用事业、银行、地产、建筑等，行业 beta 除了来自政策周期，很多时候也来自避险需求。

2）对于突发性机会不敏感：政策、主题、事件类的偶发机会，无法及时准确反映盈利预测。

3）对于长期机会不敏感：如对 5~10 年维度的行业比较偏弱，基于宏观视角确定性更强。

4）对于行业供给侧的机会不敏感，即竞争格局优化带来的机会，如周期或需求稳定行业中供给侧结构性改革的机会。

5）盈利预测覆盖有限，暂时未纳入港股和中概股。

二、基于高股息的行业比较

从传统行业比较的范式来看，基本上仍然延续 PEG 估值的思路，其核心是对企业中短期的景气度进行预测，并以此来指导投资。而高股息投资中虽然也关注景气度，但更侧重的是资本回报率而非利润增速，同时对于行业盈利的稳定性、确定性和持续性有更高的赋权判断。

那么问题来了，从底层逻辑出发，决定高股息资产估值的这些因素，其来源在哪里？或者说不同行业间的差异是怎么产生的？作者认为主要源于不同行业和赛道的商业模式，而商业模式的差异，本质上是企业收入的类型。所有企业的收入都对应其下游客户的支出，支出的类型在会计分类上主要有六种：研发投入、销售费用、管理费用、财务费用、固定成本和可变成本（见表 2-1）。

表 2-1 不同客户支出类型对应的商业模式

客户支出类型	代表行业 / 产品	特　点
研发投入	教育培训类、高校科研院所、独立实验室、AIGC 等领域	客户基于其长期竞争力提升的开支，可以对研发费用资本化，本质上是卖铲子的生意，但容易遭遇"破坏性创新"
销售费用	广告业、高端白酒、医美、奢侈品、定制类礼品等	帮助客户实现销售，产品价格很容易跑赢通胀，品牌溢价的积累具有可持续性，"强者恒强"
管理费用	企业端的办公用品、办公软件（如 Wind、QB）；居民端的衣食住行和医疗	提高客户生产效率，产品的客户黏性较强，有一定的议价能力

续表

客户支出类型	代表行业/产品	特　点
财务费用	金融类企业：银行、保险、券商、信托、租赁	客户优化财务结构或融资的帮手，但各家产品差异化不显著，beta特征强
固定成本	厂房设备、重卡、工程机械、汽车、住宅等	主要是设备类生产资料，折旧周期普遍偏长，需求周期性强
可变成本	钢铁、煤炭、水泥、有色金属、农产品等	主要是工业原材料，产品价格波动大，并且没有任何差异化

资料来源：《投资有规律》

下面我们具体分析这六种商业模式与高股息资产估值的关系：

1. 研发投入型行业

在作者看来，研发投入型属于议价能力最强的商业模式，因为站在客户的角度来看，研发投入是保证其持续竞争力的基础，特别是在中国经济发展的转型过程中，随着越来越多的技术密集型行业逐渐取代劳动力密集型和资本密集型行业，核心技术已经成为企业竞争的"第一生产力"。这类行业的特点是利润率比较高，属于美国微软的"一本万利"商业模式。但由于行业的技术变革非常快，往往没有稳定的竞争格局，盈利预测的难度也更大，因此站在高股息投资的角度看可能并不是最合适的选择。

2. 销售费用型行业

议价能力和研发投入型非常接近，从客户的角度看，如果说研发开支提升的是产品力，那么销售费用提高的就是"渠道力"和"品牌力"了。虽然作者认为优秀的产品力是市场认可的前提，但毕竟"酒香也怕巷子深"，因此在销售费用的投入上，客户企业一般也是不遗余力的。典型的行业如国内的高端白酒，不管是商务宴请还是人情往来，都属于请客送礼的"标配"，也因此具有极高的利润率。同时这类行业往往技术变革比较慢，行业竞争格局稳定，在估值合理的情况下能够保持稳定的股息率。

3. 管理费用型行业

对客户的议价能力弱于前两种商业模式，但客户更换供应商可能会导致额外的学习成本，因此也有一定的客户黏性。典型的例子如国内金融机构使用的Wind数据终端，虽然每年都在涨价，但如果完全改用更便宜的同花顺或东财Choice，还存在历史数据库迁移和新的数据终端使用培训的问题，一来二去，可能就不换了。这类行业我们可以当作弱化版的研发投入（毕竟曾经同属于一个会计科目），利润率低一些，行业竞争相对稳定一些。客户是居民端的行业，由于其盈利的现金质量较好，也比较容易成为高股息行业。

4. 财务费用型行业

大多数金融细分行业都在这个类型里，大家提供的产品和服务基本是同质化的，区别可能在于服务的效率、质量，机构股东带来的额外资源等。我们可以从两个维度去观察行业内分红能力的等级：一是金融牌照的相对稀缺性。牌照获取更困难的领域，竞争相对不激烈，利润率容易更高，如寿险。二是客户中企业和个人的占比，个人客户占比多的，现金流更好，客户集中度更低，稳定性也更好，因此分红能力更强，如零售银行。国内的金融行业普遍具有较高的股息率，是高股息投资需要重点关注的行业。

5. 固定成本型行业

这类行业的主要产品是客户企业的生产资料，相对财务费用行业有一定的技术壁垒，但和管理费用、研发支出相比就属于相对同质化的行业了。当然也有特殊情况，例如房子对于大多数人而言是固定成本，从买入当天就开始"计提折旧"，大家当然希望买得越便宜越好。但如果是个别区域的豪宅，可能购买者不只有居住需求，还有主动融入特定圈子的社交需求，此时住房就具备了一定的"费用"特征，这在某种程度上能够解释为何在近年来房价普遍下跌的行情下，一线城市核心区跌幅最小。这类行业一般处于企业生命周期的后端，有一定的分红能力，但由于折旧效应带来的经营周期性，稳定性和确定性不足。

6. 可变成本型行业

对客户议价能力最弱的行业，其同质化程度和财务费用型可能差不多，同时产品价格不受生产企业控制，例如大宗商品基本是根据全球供需格局来定价的。这类行业的盈利呈现出较强的周期型特征，虽然行业格局可能比较稳定，但收入和利润的预测成功率极低，几乎就是稳定性和确定性的反义词。另外，随着新能源对旧能源的替代趋势，部分细分行业可能还面临经营持续性存疑的问题，这些因素决定了该行业在景气度顶点的时候或许可以实现"超额分红"，但难以给投资者稳定和持续的派息预期。

第三节　从估值方法看高股息资产

估值作为投资决策的核心环节，不仅关系到我们对资产价值的判断，更直接影响到投资的盈亏结果。本节将从理论和实践两个层面，对高股息资产的估值进行细致的剖析。

一、绝对估值法：理论很丰满，现实很骨感

1. 会计恒等式与账面价值介绍

首先我们来看会计恒等式"资产＝负债＋所有者权益"，等式左边描述公司有多少资产，等式右边描述资产属于谁。会计记账以账面价值计量为主，以公允价值为辅（主要是有公开市场价格的金融资产）。

其次，所有者权益＝归属于母公司所有者的权益＋归属于少数股东的权益；归属于母公司所有者的权益＝归属于母公司普通股东所有者的权益＋优先股及永续债所有者的权益。需要注意的是，优先股/永续债属于明股实债，虽然归类在"所有者权益"里，但是从普通股所有者的角度看属于债务。

最后，归属于母公司普通股东的权益（账面价值）＝本期资产－本期负债－少数股东权益－优先股/永续债余额。会计计量基于审慎原则，账面价值属于历史价值，反映资产的历史投资成本。而所谓的估值，指归属于母公司普通股东权益的内在价值，属于未来价值，反映对未来盈利的估计。内在价值与账面价值的比值即为PB，反映企业的价值创造能力。

价值创造能力反映在利润表上，归属于母公司普通股东的权益（账面价值）＝本期期末资产－期末负债－期末少数股东权益－优先股/永续债余额＝上一期普通股东权益的账面价值＋本期发股＋本期归属于母公司普通股东的净利润－本期分红。需要注意的是，此处应该为归属于母公司普通股东的净利润，A股和H股对"归母净利润"的定义不同：A股"归母净利润"指归属于母公司所有者的净利润，包含优先股/永续债利息，不能直接使用；H股"归母净利润"直接指归属于母公司普通股东的净利润，已经扣减了优先股/永续债利息。

2. 现金流折现模型原理

所有者权益账面价值的增长来自净利润，但是体现内在价值的是现金流，只有到手的钱才是真的钱。一切估值模型的基础都源于未来现金流折现。账面价值可作为参考，但是内在价值与账面价值无关。现金流折现（DCF）的定价模型下，股价的影响因素主要还是折现率和现金流在近期和远期阶段的分布（见图2-9）。

归属于母公司普通股东的现金流＝资产产生的现金流－归属于债权人现金流－归属于优先股及永续债所有者的现金流，由此，估值模型有两种思路，统称DCF（Discounted Cash Flow）法，按照实现路径的差异又可分为FCFE法和FCFF法。

图 2-9　DCF 定价模型下股价影响因素

FCFE 法下，普通股东的权益价值＝对归属于母公司普通股东的现金流折现＝对（资产产生的净现金流－债务利息支出－偿还债务本金支出－永续债支出－少数股东分红）折现。

FCFF 法下，普通股东的权益价值＝对归属于公司的现金流整体折现－不属于普通股东的部分＝直接对资产产生的净现金流折现－债务余额－永续债余额－少数股东价值。

在摊余成本下，债务余额＝未来债务本息净支出的折现值，因此理论上上述两种方法等价。

主流的三种绝对估值法（即 DCF、FCFE、FCFF）的本质区别在于：FCFE 法是对归属于母公司普通股东的现金流折现；FCFF 法是对归属公司的整体现金流折现－非普通股价值折现；DDM 法则等价于对分红折现。另外，FCFF 使用加权资本成本 WACC 折现，FCFE 和 Dividend 使用股权成本折现（WACC=权益占比×股权折现率＋债务占比×债务综合利率）。

3. 为什么 FCFF 的适用性最高

在实际应用中，FCFF 模型的适用性远高于 FCFE 模型和 DDM 模型，后两者有什么缺陷？FCFF(firm)=经营性现金流量净额－资本开支，使用加权资本成本 WACC 折现；FCFE=经营性现金流量净额－资本开支－偿还利息支出－偿还本金净支出，使用股权成本折现；Dividend=净利润×分红率，使用股权成本折现。

对比两种 DCF 模型与 DDM 模型，DDM 模型暗含的假设为不分红的部分就是资本开支及应收应付变化，但是企业重大资本开支往往不是连续的，分红率也并不恒定，但分红率变动对内在价值影响不大。

对比 FCFF 与 FCFE，FCFE 减去了付给债权人的现金，包括本金和利息，除了利息兑付较为刚性外，企业可以在一定程度上自由选择偿还多少债务本金，提前偿还债务的同时减少资产和负债，对权益部分的内在价值影响很小，但是对 FCFE 影响较大，因此 FCFE 的稳定性不如 FCFF。

WACC 和股权折现率就像先有鸡还是先有蛋。虽然通常计算 WACC 时用股权折现率和债务利率加权，但是本质上，WACC 是对企业产生的现金流折现，是企业层面经营活动稳定性与风险大小的评价，与资本结构关系较小。因此是先有 WACC 再有股权折现率，反而股权折现率与资本结构存在内生性。

4. DCF 模型指导意义大于实际意义

各种折现率中：债务利率最容易计算，最好采用公司预期的长期债务利率，缺乏预期可以用利息费用除以总有息债务。股权折现率最不容易计算，反映股权投资者的预期回报，可以按照 CAPM 模型计算。但是也需要注意，通过历史股价数据计算 β 值是有重大缺陷的，折现率是对未来现金流折现，历史不能代表未来。

同样，WACC 所需要的资本结构也只能是未来的资本结构，而且未来资本结构可能发生动态变化，准确地说应该用未来每一期的预期资本结构算出一个 WACC，对每一期现金流分别折现。

如用定性分析，股权折现率 = 无风险利率 + 风险溢价 − 市场风险偏好。

风险溢价是公司股权现金流的固有风险。风险溢价并不是一个恒定值，如果资产负债率升高，股权现金流风险也会提升，所以股权折现率和 WACC 并非线性关系，反而 WACC 应该稳定。

市场风险偏好就是市场情绪，如果一个公司风险很高，但是"市场先生"说我不介意，那估值也可以起飞。判断市场风险偏好是一种艺术，由于在估值分母上对估值影响非常大，所以它也是市场波动的根源。

典型的 DCF 模型分为稳定无增长模型（公司价值基本等价于债券，股价可根据合理股息率倒推）、永续增长模型（现实中基本不存在，估值结果对永续增长率极其敏感）和三阶段增长模型。目前投资者最要参考的是三阶段增长模型。在三阶段增长模型中，三阶段指显性预测期、半显性预测期和稳定期，而估值最重要的决定变量是半显性预测期的长度。

对于三阶段 DCF 模型而言，第三阶段稳定期的价值占比远远大于前两阶段，显性预测期的价值占总估值的比例很小，而真正决定第三阶段价值的，是第二阶段半显性预测期的增速持续时间，即长期稳增长 > 短期高增长。之所以说 DCF 模型的指导意义大于实际意义，是因为 DCF 估值结果对折现率、半显性预测期增速、增速持续时间及稳定期的永续增长率非常敏感：比如增速好预测，但持续时间很多时候难以预测；折现率则是见仁见智；计算 FCFF 时容易低估未来经营期内的必要资本开支，导致 FCFF 高估。万物皆有周期，任何企业都会有衰退期，永续稳定甚至永续增长的假设过强，容易高估 DCF 结果。但是除了业绩着实难以预测的周期股外，对大部分公司而言，DCF 的估值结果是有参考意义的，如果一个估值很贵的公司，连 DCF 各种假设都算不出来它值这么多钱，那它大概率是被高估了，当然也可以根据现有股价倒算 DCF 假设，判断核心假设是否合理。因此，DCF 并不一定是一个买入理由，但一定可以是一个卖出理由。

二、对敏感性的妥协：从绝对估值法到相对估值法

1. PE（市盈率）估值

DCF 模型可以简化为：

$$P = \frac{E}{r-g}$$

式中，g 可以理解为全生命周期加权平均增速；长周期看，净利润 E 与权益现金流大致相等。DCF 估值的本质是自己跟自己比，自身假设又过强，不妨将上述等式两边同时除以 E，可得：$P/E=1/(r-g)$。

PE 估值的暗含假设是，增速（g）大致相当、风险（r）大致相当的两个企业，应该有大致相当的 PE。PE 是最常用的估值方式，只要不是亏损或处于盈亏平衡点的公司，基本可以套用。由 PE 进一步延伸出的估值方法是 PEG，即在既定市场偏好下，每一档增速对应一个"合理"PE。但是 PE 估值有一个重大缺陷，式中的 g 是全生命周期加权平均的增速，并不是短期几年的增速，DCF 模型中 3 年 50% 的增速远远不如 20 年 10% 的增速，增长的持续性才是决定估值的关键。

除此之外，PE 估值方法的缺陷还包括：对于周期类公司、亏损公司、盈亏平衡点附近公司，PE 大幅波动，严重失真；用净利润代替现金流，而净利润具有较高的可调节性，未必代表真实的现金流，因为影响净利润的因素包括折旧、财务费用等，都有比较大的调节空间。此外，两个经营情况一样的公司，现金流也一样，可能仅仅因为折旧政策不一样，导致净利润不一样。

根据 DCF 模型推导可得，如果股价定价是公允的，股价增长与利润增速无关，股价增长严格等于折现率。事实上，利润增长和股价增长并没有必然联系。

例如：某公司股价隐含假设是以 20% 的增速增长 10 年，折现率是 6%，如果定价完全公允且预期完全兑现，那么过了一年后，公司的隐含假设将变成以 20% 的增速增长 9 年，全生命周期加权增速降低，PE 减少，DCF 模型推导可得股价涨幅严格等于折现率 6%，而利润增速是 20% 还是 200%，与股价涨幅没有任何关系。但是现实中往往不是这样的，过了一年后，隐含假设是 20% 继续增长 10 年，股价随业绩一路高歌。但是向前滚动的次数越多，风险积累得越大，低于预期后风险瞬间释放，估值业绩双杀，腰斩起步。

2. PB（市净率）估值

PB估值是公司市值或内在合理价值与净资产的比例，价值高出净资产的部分是企业资源整合能力的溢价。理论上，除了传媒等极度轻资产行业，PB对周期股、稳定股和成长股都适用，但是方法论完全不同。

如果两个公司有大致相同的风险（r）、增速（g）和盈利（ROE），两个公司应该有大致相同的PB。PB-ROE框架就是假设风险和增速大致相同，一档ROE对应一档PB，这个假设本身是偏强的；PB-ROE框架只适用于稳定类永续资产，如水电、资产偏重的消费公司等。如果公司是由一个个寿命有限的项目构成的，需要警惕ROE陷阱，ROE和现金流走势可能背离。

虽然周期股ROE波动起伏不适用于PB-ROE体系，但DCF更难以准确定价，因此PB仍是最合理的估值方式。周期股PB有相对稳定的内在逻辑：一笔资产趴在那，有亏钱的时候也有赚钱的时候，大家都知道，股价就price in[①]了。

那么结合DCF模型来看，PB的溢价来源于哪里呢？

$$PB=ROE\times 1/(r-g)$$

一个公司由若干个项目构成，项目是有生命周期的，但是公司的假设默认是永续经营的。

单个项目PB=全生命周期现金流折现值/初始投资成本，单个项目PB取决于项目IRR（内部收益率）和折现率；单个项目PB高于1的部分，体现项目参与者的劳动价值。与单个项目相比，公司可以用老项目产生的现金流投资新的项目，实现增值与扩张。只要新的项目IRR继续高于折现率，扩张就是有价值的，公司PB就应该高于项目PB，高出的部分体现公司发展价值。发展价值是公司层面的，是企业家精神的溢价，是单个项目不具备的，因此单个项目的估值理论上就应该低于公司。通过"低价收购项目"获得业绩增长，是否"低价"不应该用公司自己的估值为标尺。

在纯内生增长、ROE稳定的情况下，企业长期理论最高增速就是ROE，短期增速取决于权益现金流，受应收应付及折旧等非付现成本影响，短期权益现金流不等于净利润，长期基本等价。除非ROE持续扩张，突破ROE的内生增长不可长期持续，超过ROE的增长就需要股权融资，摊薄股本。

三、相对估值和绝对估值视角下的高股息资产

对于股息的估值模型，最被投资者熟知的便是前文提到的DDM股利折现模

[①] price in 指某些消息已经被市场消化而导致的价格不动或反弹，在股票、外汇、期货等领域频繁使用。

型，其思想与 DCF 模型基本一致，都属于绝对估值法的范畴。一个典型的股利折现模型如下：

$$P_2 = \sum_{i=t_0+1}^{t_0+t_1} \frac{D_i}{(1+R)^i} = \sum_{i=t_0+1}^{t_0+t_1} \frac{D_0 \times (1+G)^{t_0} \times \prod_{k=t_0+1}^{i}\left[1+G-\left(\frac{G-g}{t_1}\right)\times(k-t_0)\right]}{(1+R)^i}$$

式中，t_0 为第一增长阶段年限；t_1 为第二增长阶段年限；D_0 为年化每股红利；D_i 为第 i 年的红利；R 为预期回报率，此处用股权资本成本；G 为第一增长阶段预期红利增长率；g 为稳定增长阶段预期红利增长率。

如果我们将其简化，即不考虑二阶段或三阶段增长的话，可以得到：

$$PE = \frac{分红比例 \times (1+g) \times (1-f(r,g)^T)}{r-g}$$

$$r = R_f + \text{beta} \times R_m$$

$$f(r,g) = \frac{1+g}{1+r}$$

式中，T 为公司持续经营的时间；g 为分红的潜在增长率，同时由分红比例和利润的增长决定；r 为折现率（股东要求回报率）；R_f 为 10 年期国债收益率，R_m 为沪深 300 的股权风险溢价。

从 DDM 到 PE 的公式变换我们不难看出，A 股中影响企业相对估值的几个重要因素：一是分红比例，即在其他条件类似的情况下，公司更强的分红意愿可以获得更高的估值溢价；二是代表分红潜力的因素 g，即未来公司分红水平持续提高的程度，这是由企业自身的成长性、现金质量及资本回报率共同决定的；三是折现率 r，即投资者的要求回报率，从债券利率的视角看，更低的折现率 r 往往意味着更低的信用风险溢价，对应到股票上，更低的股权风险溢价一般意味着更高的业绩稳定性和确定性；四是代表持续经营能力的时间 T，这反映了企业的商业模式的可持续性。

与 A 股市场上传统的基于景气度的 PEG 估值体系对比来看，基于 DDM 分红逻辑的估值体系更关注业绩的稳定性和持续性，而对成长性的分析更侧重于对股息率提升的判断，资本回报率比盈利增速更值得关注。

在高股息资产的投资分析中，无论是分析行业还是个股，在给定的盈利预测下，我们都可以重点从以上几个方面来分类观察基本面信息。例如行业竞争格局不明朗、龙头集中度低这类基本面信息本质上影响的是确定性；企业的 ROE 和 ROIC 等资本回报指标影响的是未来的分红增长潜力；企业经营对宏观经济或地产周期的敏感性，影响的是盈利的稳定性；ESG 评价、研发投入则可能影响的是企业的持续经营能力。在本书第四章和第五章的案例部分，我们将会重点围绕这几个因素展开讨论。下面我们进一步讨论基于估值方法对高股息公司隐含经营预期和期望收益率的分析。

1. DCF 逻辑下的高股息公司

从最简单的 DCF 估值计算方法来看，主要涉及的 5 个核心参数包括首期现金流、现金流增长率、可增长年限、永续增长率、折现率。在给定的公司市值下，已知 4 个参数，则可以对另外 1 个参数进行求解。虽然大多数时候，我们很难获得 DCF 这些核心参数的精确预测，但根据公司经营状况和市场行情，还是可以寻找到一些代理变量，以此来对各参数的波动范围有一个大致的掌握。这么做的意义是，在投资中我们或许可以先假定市场对高股息资产的定价是合理的，再以"市场先生"给出报价的市值去倒推以上 5 个参数的范围，并以此与公司经营的实际情况进行对比，以寻找市场定价的隐含预期与我们主观预期之间的"偏差"。下面我们对 5 个参数进行简要分析。

1）首期现金流。基本不存在市场分歧，一般以自由现金流或净现金流等指标为代表，需要关注的是区分股权 FCF 和企业 FCF 的差别。另外，对于投资性和筹资性现金流占比较高的公司，需要警惕其现金流状态的不可持续性。

2）现金流增长率。对增速的预测是最困难的，从证券分析师的视角来看，对公司现金流增长率的预测分为以下几个步骤。

一是对公司所在行业整体的市场空间（收入）进行预测，常见的方法为根据产品价格和销量进行拆分预测，或者根据欧美发达国家市场在成熟阶段的市场渗透率或 GDP 占比直接进行线性外推等。

二是对公司进行市场占有率（市场份额）的假设，以预测其在未来的收入增长率。

三是对成本项和费用项进行线性外推，或给定一个合理波动的趋势，进而得到利润增速。考虑到多数高股息公司所在行业有一定的垄断性质，规模效应明显，一般对于成本项的预测是逐步缓慢下降的。

四是在预测净利润的基础上给予一定的"现金利润比"，即预测盈利的现金含量。

五是根据公司商业模式偏向于轻资产还是重资产运营的实际情况，对资本开支的比例进行预测，进而得到自由现金流。

在高股息投资实战中，为了提高效率，也可以考虑一些简化的算法，例如直接在卖方分析师一致预期盈利的基础上进行调整计算（参考本章第二节的优化原则），再给予一个合理的利润/现金流比率，以此作为未来现金流增长率的代理变量。

3）可增长年限。考虑到一般卖方分析师盈利预测主要包含未来3~5年的情况，在一阶段增长的假设下可以将3~5年设置为增长年限。但如果是三阶段增长假设，则需要引入显性期和半显性期的预测，这需要对公司核行业有更深入的跟踪和研究。

4）永续增长率。高股息公司的经营持续性一般要显著好于A股上市公司的平均水平，但即使如此也不一定满足永续增长条件，因此在永续增长率的假设下，笔者建议尽可能保守，至少合理预测值应该低于GDP潜在增速，少数具备强势提价能力的消费轻资产（奢侈品）企业，可以适当提高永续增速的假设。

5）折现率。传统理论的资本资产定价模型（CAPM）是计算折现率的普遍方式，前文我们已有相关讨论。除此之外，如果高股息公司本身也有存续的信用类债券在二级市场，也可以考虑在信用债收益率的基础上直接给予股权风险溢价，至于给多少的风险溢价，则又回到了盈利稳定性、确定性和可持续性这几个问题。本质上更低的折现率理应代表更低的风险。

从5个参数的确定性来看，一般考虑以相对确定的变量去推导相对不确定的变量，从这个意义上来看，可增长年限相对更容易成为"输出参数"，即我们在另外4个参数范围给定的前提下，通过公司市值去倒推其隐含的增长时间，这也就是机构投资者常说的"当前股价透支了未来若干年的业绩"。当然，如果我们对这5个参数都能有高置信度的预测，那么便可以计算高股息公司的目标市值，进而作为投资预期收益率的参考。

2. PB-ROE 框架下的高股息公司

与DCF相比，PB-ROE框架更为直观，即上市公司资产的溢价/折价水平取决于其ROE的水平和稳定性。从收益计算的角度看，PB-ROE涉及6个核心关键变量：投资时间、当前ROE、期望ROE、当前PB估值、期望PB估值、分红比例。有以上6个变量之后，我们可以求解持有高股息资产的理论区间回报率，投资者可以通过乐观、悲观或中性等情景假设的方式来框算一个高股息预期收益率的范围，并以此作为投资决策的参考。

（1）投资时间。投资时间主要取决于投资者对高股息资产的计划持有时间，也是当前ROE/PB到期望ROE/PB的时间跨度。

（2）当前ROE、当前PB估值。二者属于客观事实，可根据二级市场实时估值数据获取，如果公司有融资行动，需要使用股权摊薄后的 ROE 进行计算。

（3）期望 ROE。属于 6 个参数中相对复杂的预测变量。从杜邦分析拆解的角度看，ROE 是由利润率、周转率和杠杆率共同决定的，对 ROE 的预测同样需要进行杜邦拆解分析。其中，利润率可以拆分成对毛利率和费用率的，毛利率一般可认为由公司产品的附加值决定，同时受原材料价格的波动影响。费用率则和公司的营销策略、渠道结构、员工数量和产效、研发投入的变动趋势相关。而周转率的分析则重点关注存货周转率和应收账款周转率，需要对公司的资金使用效率进行预判。杠杆率相对简单，如果企业没有融资活动，则杠杆率基本维持稳定，如果有发债或股权再融资等动作，则需要重新对资本结构进行计算。

（4）期望 PB 估值。这部分也是预测的难点，属于"估值的艺术"。或许我们可以退而求其次，对 PB 的波动范围进行预测。一方面将公司历史上 PB 的运行范围作为线性外推的基础；另一方面结合其他同行业可比公司的 PB 水平，得出一个有置信度的区间估计。

（5）分红比例。这主要决定了留存利润进行再投资的比例，在全部分红的假设下，ROE 的分母没有变化，如果不分红相当于通过留存利润增厚了净资本，则对 ROE 又有一定的摊薄效应。前文我们对分红比例的预测做过讨论，主要结合历史情况和资本开支计划进行线性外推即可。

在投资实战中，如果我们的投资时间较短，那么参数假设上可以进一步简化，即期望 ROE 和 PB 等于当前的 ROE 和 PB。在这种极简情况下，投资者获取的收益率基本等于公司的内生增长率与股息率之和。

和 DCF 一样，PB-ROE 框架也可以用来描述公司的隐含预期。例如，我们假设某公司不满足永续经营假设，在 3~5 年后可能会经营价值归零（破产清算），那么可以根据期望 ROE 和期望 PB 计算其在某个阶段的"项目价值"，并将区间回报率和中短期信用债券进行比较，进而辅助投资决策。另外，如果"市场先生"给出的市值隐含了非常低的 PB 估值，这也意味着公司存在资产质量问题或重大基本面瑕疵，如果投资者研究后认为事实并非如此悲观，也可以作为投资买入的依据。

第三章 大类资产视角的高股息资产

高股息资产作为稳健收益类的投资方向，与传统的固定收益证券有诸多的可比之处，在境内的投资实践中，机构投资者也会将其视为债券投资的重要补充。同时，固定收益类证券的估值方法对高股息资产的定价也有一定的借鉴作用，值得深入探讨。本章我们将从大类资产配置的视角出发，进一步对其他和高股息具备可比性的资产进行风险收益特征的分析。

首先，我们将从股息率与债券收益率的对比入手，探讨两者之间的相互关系与影响。通过对 FED 估值模型和 PB-ROE 模型的深入分析，我们将揭示股息率背后的估值逻辑和市场预期，为投资者在利率变动的大背景下把握高股息资产的投资机会提供理论支持。

其次，本章将重点讨论类债券红利资产的定价机制，以水电公司 C 等案例为线索，复盘其在不同市场阶段的估值演变。我们将探索如何利用利率定价逻辑，捕捉高股息资产的价值重估机遇。

在大类资产的视角下，房地产投资信托（REITs）作为一种投资于收益性房地产资产的金融工具，提供了一种相对稳定的分红派息来源。我们将分析 REITs 资产的收益稳定性、市场空间、风险收益特征及投资分析框架，探讨其在当前市场环境下的配置价值。

再次，本章还将对比高股息资产与可转债的特性和投资策略，分析它们在风险收益特征上的差异，并探讨其在不同市场环境下的相对优势。通过历史行情的回测与分析，我们将为投资者提供多资产管理的决策依据和参考。

最后，本章将提出基于绝对收益目标的股票策略框架，结合作者的实践经验，为追求绝对收益的投资者提供一种新的视角和方法。从安全边际到预期收益率，从盈利质量的估值打分卡到赔率胜率的组合管理，我们将构建一个全面的分析和决策体系。

第一节 股息率和债券收益率的对比

从跨资产比较的视角来看，与股息率相对可比的指标是债券利率。按照费雪的说法，利率的本质是人性不耐，更愿意当下满足，而不是未来满足，要延迟到未来满足，就要支付成本，这个成本就是利率，延迟得越长，人性越不耐，利率也越高。

在相当长的一段时间内，机构投资者习惯将"股息率－债券收益率"作为刻画股票和债券相对性价比的指标。

股债性价比，顾名思义就是比较股债两类资产的相对价值水平。股债性价比来源于FED估值模型（美联储估值模型）。该模型用市盈率（PE）的倒数来代表股票的预期收益率，用十年期国债收益率代表债券的预期收益率，而两者之间的差值就是股债的相对收益率，也就是股债性价比（股债利差）。

由于指标简单易理解，股债性价比成为近些年非常流行的大类资产配置指标，广泛地被各类机构投资者所使用。在实操层面，被投资者们广泛使用的股债性价比指标有两种口径，一种是沿用FED模型的"市盈率倒数－10年期国债收益率"，另一种是"股息率－10年期国债收益率"。前者，市盈率倒数可以理解为上市公司利润与股票市值的比值，也可以看作上市公司的收益率的概念；后者，股息率和国债收益率分别可以近似看作股票和债券的每年现金流与证券市值的比值。但无论哪一种衡量方式，本质上都大同小异，都是通过对股债的预期回报率轧差来衡量股债性价比。

从历史统计的规律来看，每当债券收益率与股息率之差跌穿该指标的－2倍标准差之时，意味着有98%左右的概率该指标会回升，而该指标的起底上升往往对应着大盘指数的上涨。而当这个指标处于+2倍标准差高位时，往往大盘指数随后会回落，意味着此时股市的风险是比较高的。股债性价比指标大幅下行到－2倍标准差主要有两种情况：①债券收益率大幅下行，②股息率大幅上行。一般而言，债市收益率的下行多是更加宽松的流动性驱动的，债券价格已经上涨较多，维持低位的收益率意味着固收类产品配置的回报率不高了，同时随着利率下行，宽货币经过一段时间进入到宽信用，带动实体经济增长之时，上市公司盈利就会有所体现，带动大盘指数上涨。这也反映了FED模型的核心思想——均值回归，"否极泰来"。不过近年来股债收益差经历了一个中枢下移的过程，最大的原因在于长期经济增速下降，债券的利率中枢长期来看是在不断下移的。截止到 2024 年年初，由于利率的持续下行，1 年期国债与沪深 300 股息率的差值已经达到了 1.3% 左右，是自 2023 年以来的较高水平（见图 3-1）。

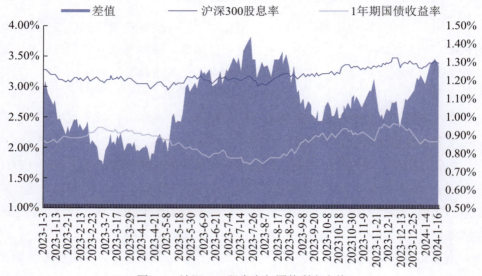

图 3-1　沪深 300 股息率与国债利率走势

资料来源：Wind

从微观视角来看，连接股息率和债券收益率的桥梁，笔者认为是 PB-ROE 模型。PB-ROE 模型最初是由威尔考克斯（Wilcox）于 1984 年提出的，模型建立在如下两个假设上：

1）企业的增长模式遵循一个两阶段（two-stage）模型，净资产增长率 g 和分红与净资产比 d 这两个变量在阶段内保持不变；

2）企业盈利全部转换为净资产的增长和分红，即 ROE=$g+d$。

Wilcox 通过一系列的公式推导证明，得出结论"股票当期估值（PB）的自然对数与预期盈利水平（ROE）之间具有线性正相关关系"，即 ROE 越高，理论上 PB 也应该越高。这一结论与债券利率的基本规律类似，即"在给定的信用资质和期限结构下，债券的交易价格和票面利率之间具有线性正相关关系"。截至 2023 年年底，从全球主要股票指数动态的 PB 和 ROE 数值分布来看，也确实存在显著的正相关关系（见图 3-2）。

如果把股票近似看作无固定期限的债券，那么其实债券的票面利息就是股票留存利润全部分红的一种特殊形式。或者反过来讲，我们不妨对股票做出一种极端假设，考虑一个每年盈利不变且 100% 分红的永续经营企业，如果我们以 1 倍 PB 买入，那么持有该股票的风险收益特征和与永续债券并没有差异，此时票息就等于 ROE 水平，股息作为 ROE 衍生的一部分，与债券收益率自然就有了一定的可比性。

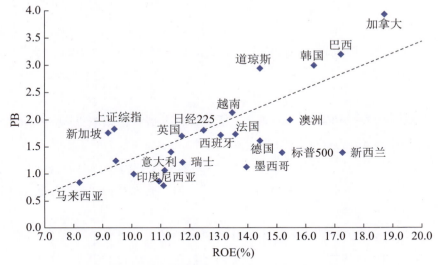

图 3-2　全球主要股指动态 PB、ROE 分布

资料来源：交银国际

另一个支持股息率和债券收益率可比的理论是国内业界普遍流传的股票久期理论。在债券收益率领域，久期是衡量债券价值相对利率变动敏感度的指标，同时反映了债券剩余待偿还现金流的加权期限。

久期对债券利率的表面影响是久期越长，利率就会越高，也就是期限利差。但久期更大的影响，是在利率波动的时候对债券交易价格的影响，这跟股票 DCF 折现的原理是一样的。久期越长，利率下降带来的债券交易价格弹性越大，比如同样是利率从 4% 下降到 3%，也就是利率下降 1%，5 年久期国债交易价格上涨 5%，10 年久期国债交易价格上涨 9%，30 年久期国债交易价格上涨 20%。假设我们有一个 100 年国债，那么它的交易价格应该上涨 32%。这个跟同样的现金流水平，DCF 折现时久期越长，DCF 估值越高是一样的。对于投资而言，久期的核心价值是杠杆，如果我们判断出来利率的下降，久期越长，债的收益率弹性就越大。

股票的价值和债券一样，也是未来现金流的折现，只不过区别在于：①股票是无期限的，而大部分债券有期限；②股票的未来现金流更不可测。但理论上，这两个问题都能计算。

如果把股票的未来现金流，代入债券久期的计算公式，也能算出一个久期来。计算结果从表面上看，不同类型股票（价值股、成长股等）的久期非常不同。考虑一个价值股的情况，每期股息为 10 元的个股，无增长，典型的价值股，按 10% 折现率，股票价值就是 100 元，久期大概是 11 年。再看一个成长股，第一年股息是 2 元，然后未来十年以非常高的增速在增长，当然增速也是逐年回落的，最近在第 11 年回落至 0% 增速，届时成为一个价值股。计算可得其久期大概是 14 年。由此可见，成长股的久期是超过价值股的。更直观的解释是，成长股的未来现金流现值占比更高，从而导致加权平均的期限更长。价值股则是近几期的现金流现值占比更高，结果与成长股刚好相反。

这也意味着，如果利率（折现率）上行，成长股价值损失更大，也就是成长股跌得更多，价值股跌得更少。当然现实的情况往往更加复杂，因为在风险偏好不稳定的情况下，成长股和价值股可能面临着不同的折现率（风险溢价），否则我们无法去解释，为何近年来利率持续下行，但以高股息为代表的偏价值类股票却明显跑赢了传统的成长股。

另外，股息率和债券收益率的可比性更多还是在大类资产层面，具体到个股和个券上，如果直接进行比较，并不能指导投资，反而会产生许多谬误，需要投资者关注。

从计息方式上看，股息率更接近单利而不是复利计息，分红的同时股价会自然地除权下修，因此如果不考虑股价变动，股息率实际实现的收益率应该是更低的。

债券收益率是完全由市场决定的，是所有市场参与者通过交易给出的风险定价；而股息率一方面和股票的估值有关系，另一方面也取决于公司的分红能力和分红意愿，也就是股息率并不是"市场预期收益率"，更不代表资产的风险定价。

股息率并不属于固定利率，前文我们描述的股息率大多是一定时期内移动平均后的结果，未来可能会迎来股息率增长，也可能下滑。从这个意义上讲，更像是无固定期限且无固定票息的债券。

从国内市场来看，即使是红利低波类股票，其年化波动率也远远大于债券，这意味着投资者需要更多的"预期收益补偿"，但股息率并不能反映这类信息。

信用类债券收益率隐含的信用风险，无法直接映射到红利类股票上，只能说有一定相关性，例如都反映公司的现金含量、经营确定性和稳定性。

第二节 从利率定价看类债券红利资产

随着股票投资者和债券投资者的持续跨界交流，近年来越来越多的机构投资者产生了"看股做债"和"看债做股"的倾向，而债券利率的定价逻辑也逐渐渗透到部分高股息资产上。本节我们以 A 股最稳定的类债券资产——水电公司 C 为例,对这一趋势和隐含逻辑进行复盘和讨论。

水电公司 C 是 A 股市场基本面最透明的公司之一,其商业模式可以被简单概括为"巨型水电印钞机",被很多机构投资者视为高股息价值投资的定价锚。2016 年水电公司 C 完成溪洛渡、向家坝两座电站的资产注入,业绩稳定性大幅提升,同时承诺 2016—2020 年每股分红不低于 0.65 元 / 股,2021—2025 年分红率不低于 70%,其类债券资产的属性由此而来。从水电公司 C 股息率和我国 10 年期国债收益率的相对走势来看,自 2014 年以来呈现出逐渐趋同的态势(见图 3-3)。

图 3-3　水电公司 C 股息率和国债收益率

资料来源:Wind

而从股价表现来看,近 10 年以来,水电公司 C 大致经历了 4 个阶段的市场估值体系。

第一阶段:2016 年 7 月—2017 年 11 月。由于经营稳定性和分红承诺的保障,市场开始逐步意识到水电公司 C 的类债券资产属性,其股息率和 10 年期国债收益率的价差逐步收敛,期初股息率在 5.5% 左右,10 年期国债利率不到 3%,期末股息率下降到 4% 左右,与 10 年期国债利率接近。由于水电公司 C 在 2016—2019 年的净利润一直在 207 亿 ~226 亿元区间窄幅波动,可以认为股价在当时几乎没有隐含未来的成长预期,股价上行的重要动力之一便是来源于股息率相对债券利率的"价值回归"。

第二阶段:2017 年 12 月—2020 年 2 月。2018 年年初开始 A 股大跌,但是水电公司 C 的股价走出了一波独立行情,其中的重要原因便是此时债券市场的牛市行情,使其股息率的机会成本下行。在当年第四季度以前水电公司 C 的股息率基本维持不变，股价表现也相当坚挺。直到2018年年底市场传闻四川、云南欲征收溪向电站过往费的利空时，股价才开始下跌。而到了整个2019年，股息率和10年期国债利率呈现出完全一致的年度走势，也印证了多数投资者对其风险收益特征的债券定位。

第三阶段：2020年3月—2021年12月。从2020年财报来看水电公司C实现净利润262亿元，相对2019年实现了显著增长，此时市场在考虑其类债券属性之外还需要进一步考虑其逐步修复的"成长性"，定价模式开始趋近于传统的DCF估值。但2020年10年期国债利率出现了显著的上行趋势，因此虽然在DCF视角下其成长性得到重估，但折现率的上升也导致股价上涨的幅度一般，2020年没有跑赢大盘。

第四阶段：2022年1月至今。2022年水电公司C净利润出现负增长，导致在上一阶段隐现的"成长性溢价"消除。不过由于债券利率持续创新低，水电公司C的股息率也因此被"买了下来"，到2024年年初，其PB估值已经回到历史最高点的3倍出头，其股息率（3.1%左右，见图3-4）和自身发行的超长期信用债收益率（2.7%左右）逐步接近。

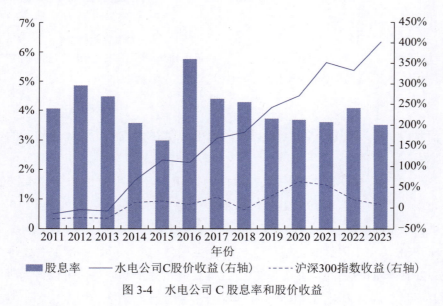

图3-4 水电公司C股息率和股价收益

资料来源：Wind

在对水电公司C的复盘分析中，我们发现，某些原本不以利率定价的资产，如果现在采用利率定价，其价值重估并非仅仅基于利率的下降，而是估值框架的转变所带来的收益。这类资产可能不具备长期的久期，但提供了较高的静态股息率，这正是当前一些红利资产的显著特征。

以港股市场的石油公司 Z 为例（见图 3-5），过去它被视为权益资产，其股息率需满足权益投资的预期收益率，例如在港股市场，股息率需在 15% 以上才能满足无成长性资产的预期回报要求。若将石油公司 Z 视作类债券资产进行估值，其长期利润的确定性在于价格受 OPEC（石油输出国组织）控制，即使面临下行压力，产量的一定增长也能确保利润的稳定性。当然这种稳定性并非无限期，随着电动车对传统燃油车的替代效应日益增强，一旦需求大幅萎缩，OPEC 的价格控制可能崩溃，导致价格面临大幅下降的风险。因此，需要为此类风险提供溢价，例如，如果 10 年期国债利率为 2%，加上风险溢价至 4%，相应的股息率要求则为 6%。从 18% 到 6% 的回报率（折现率）的转变，为股价提供了翻倍的价值重估空间，这与水电公司 C 历史上经历的估值体系重塑的情况类似。在这里，股息率与 DCF 模型中的折现率有相似之处，但 DCF 模型的折现率通常不会低至 6%，而是从 10% 起步，这突显了利率定价资产的一个关键特征：期望收益率足够低，此时股息率成为期望收益率的一种表现形式，而非单纯的估值结果。

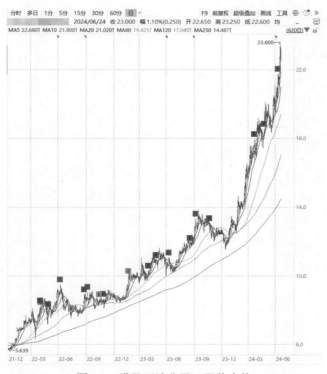

图 3-5　港股石油公司 Z 股价走势

资料来源：Wind

尽管某些资产完成了从非利率定价到利率定价的转变，但在利率策略投资中，它们相较于债券并未展现出明显优势。原因在于，股息率中的风险溢价难以完全消除，导致其收益率弹性不及债券。例如，当利率从 2% 降至 1% 时，假设 4% 的风险溢价保持不变，石油公司 Z 的股息率要求从 6% 降至 5%，股价的潜在涨幅不足 20%。与此同时，30 年期国债的价格涨幅可达 24%，显示出直接投资国债的优势，因为国债本金的风险几乎为零，而石油公司 Z 等权益资产则存在一定风险。因此，在利率变化的投资策略中，石油公司 Z 的收益和风险均不及 30 年期国债。

这种分析也揭示了 2023 年以来，高股息红利资产的收益来源可能主要来自估值框架的转变，而这一过程仍在进行中。一旦该过程完成，对于这类资产在利率进一步下降时的投资价值，投资者应持更加谨慎的态度。

对于水电公司 C 这类已经采用利率定价的股票资产，它们被视为真正的类债资产，因为其久期较长，并且股息率高于国债收益率。由于水电公司 C 的估值框架早已切换至利率定价，因此在这一轮股价弹性表现上并不突出，这解释了为何它在高股息资产中并非表现最佳。

从更广泛的角度来看，理论上所有股票资产都可以根据利率的边际变化来定价。在 DCF 模型中，折现率由无风险利率加上风险溢价组成，其中无风险利率通常参照 10 年期国债的收益率。因此，当利率下降时，理论上所有股票的 DCF 折现率也会随之下降。

然而，由于两个关键原因，大多数股票资产实际上并未采用利率定价。首先，风险溢价的存在可能削弱了股票相对于纯债券的理论弹性优势。更重要的是，风险溢价有时会与利率呈反向变化，并且其变化幅度可能超过利率的变动幅度。例如，利率的下降往往伴随着经济前景的不确定性，如果市场形成对经济长期疲软的预期，那么顺周期股票的未来业绩风险可能会显著增加，其风险溢价的上升幅度可能远远超过利率的下降幅度。例如，如果无风险利率下降 1%，而风险溢价上升 3%，那么综合折现率实际上上升了 2%，这可能导致股价下跌约 17%。

在权益类证券市场上，真正能够被视作类债资产并适用于利率方向投资策略的股票相对有限。这类股票应具备以下特征：

1）长期资产久期：理想的资产久期应超过 30 年。久期本质上是一种杠杆效应，能够放大利率下降时的收益率弹性。若股票的底层资产久期不足 30 年，则直接投资 30 年期国债可能更为合适。

2）业务稳定性：股票的业务应展现出长期的稳定性。为了实现 4% 的股息率而承担本金风险，会导致风险收益比严重失衡。因此，股票的长期利润中枢必须具有低风险特性，这通常由商业模式决定。

3）稳定的派息政策：尽管利润可能会波动，但如果长周期内利润中枢稳定，公司应在利润不佳时期提高分红比例以维持派息的稳定性，并在利润恢复后将分红调整至合理水平。

4）适度的成长性：上市公司的业务应具有一定的成长性，以提供对长周期稳定性的额外保障。即使是 3% 的长期增长率，对于这类资产而言也已足够，尽管这可能不被传统股票投资者所重视。

5）优秀的公司治理：管理层的稳定性至关重要，以避免暴露本金风险。

具备上述特征的股票，其特性类似于超长期国债，可以享有较低的风险溢价。以水电公司 C 为例，其被视为一种永续的高等级信用债券。假设 30 年期国债的收益率为 2.6%，根据债券期限利差的原则，给予水电公司 C 3%~4% 的股息率是完全合理的。从这个角度来看，风险溢价几乎可以忽略不计，使用债券的利率进行定价不仅可以支持较高的市盈率估值，而且在利率下降的过程中，股价也能展现出足够的弹性。

水电公司 C 之所以能够成为符合利率定价标准的类债资产，其商业逻辑背后的支持因素包括：

1）超长资产久期：水电资产的久期通常在 50~100 年。国家在分配水电开发权时，并未设定具体期限，理论上可被视为无限期。大坝的折旧年限为 50 年，但实际使用年限远超此期限，美国胡佛大坝已使用 87 年且仍在运行。水轮机的折旧年限为 20 年，但三峡电站的水轮机已超过 20 年，状态依然良好，预计可使用 40 年。这些因素共同决定了水电资产具有超长的久期。

2）稳定的盈利中枢：大型水电的利润主要受降雨量和电价的影响。降雨量总体上变化不大，气候的稳定性可追溯至数百年。电价方面，大型水电通常位于成本曲线的左侧，并且水电成本曲线陡峭，使得电价风险极低。水电公司 C 的度电成本也非常稳定（见图 3-6），近 8 年来一直在 0.08~0.09 元/每千瓦时的范围内。从公司历史的 ROE 和净利润率角度来看，也都比较稳定（见图 3-7、图 3-8），净利润率在 35%~47% 范围内波动，而 ROE 的波动区间在 11.5%~15.5%，在全市场上市公司来看是非常稳定的。

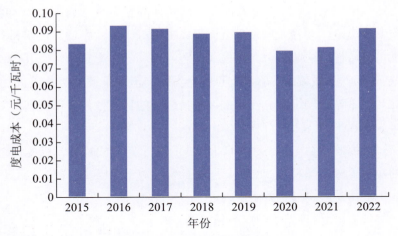

图 3-6 水电公司 C 度电成本变化

资料来源：开源证券

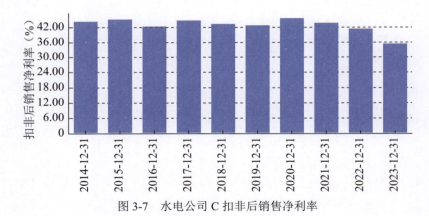

图 3-7 水电公司 C 扣非后销售净利率

图 3-8 水电公司 C 扣非后 ROE（摊薄）

3）稳定的派息政策：水电公司 C 多年来维持了只升不降的分红政策，即使在干旱年份或利润较低时，也保持了派息的稳定性。其上市以来的平均分红率为 66%，并且 2021 年以来维持了比历史平均水平更高的股利支付率（见图 3-9）。

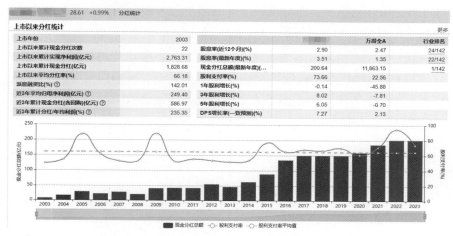

图 3-9 水电公司 C 上市以来分红情况统计

资料来源：Wind

4）业务成长性：水电的维护性资本开支几乎为零，自由现金流极佳。作为重资产高负债的行业，还债降低利息费用是利润增长的一个确定性来源。此外，水电的特殊商业模式允许在夏季储存水资源，冬季发电，上游水电站的建设为水电公司 C 提供了额外的利润增长机会。水电公司 C 的内生增长中枢预计为 3%。

5）优秀的公司治理：水电公司 C 的管理层表现出色，每次资产注入都增厚了上市公司的每股收益，对中小股东极为友好。从 ESG 评价的角度看，水电公司 C 相对同行也明显更好，特别是在社会责任和公司治理领域有明显的领先优势（见图 3-10）。

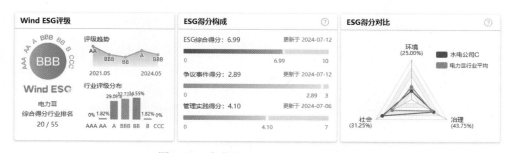

图 3-10 水电公司 C 的 ESG 评分情况

资料来源：Wind

基于这些特点，水电公司 C 可以被视为一种超长期的国债。在不考虑信用风险的情况下，其对利率的杠杆效应高达 32 倍。以 2023 年 30 年国债利率下降 0.7% 为例，水电公司 C 的股价应上涨 22%。实际上，水电公司 C 的涨幅达到了 29%，超出的部分归因于天然降水带来的业绩修复预期。水电公司 C 在此期间的表现超越了中证 800 指数 42%，尽管 29% 的涨幅不是特别高，但由于公司质量极高，只要对利率下降有足够的确定性，投资者可以考虑使用杠杆，以实现更高的收益率。4% 的股息率足以覆盖杠杆成本，长期持有的亏损概率几乎为零，这展示了类债券红利资产在利率定价中独特的风险收益特征。

在作者看来，类债券资产可以视作高股息资产的子集，即在盈利的稳定性、确定性、持续性、现金含量等维度都做到了极致，使股息拥有接近债券票息这样低风险特质的上市公司股票，都可以视为类债券资产，而随着这样的上市公司越来越多，将有更多的高股息资产迎来基于利率定价的价值重估时刻。

第三节　高分红属性的 REITs 资产

房地产投资信托（REITs）是一种投资于收益性房地产资产的金融工具，它通过集合投资者的资金来购买和管理物业，并以租金收入和物业增值为主要收益来源。

REITs 通常以信托或公司形式存在，允许个人和机构投资者通过购买股份或单位间接投资于房地产市场。REITs 的运作模式包括主动管理和被动管理，前者涉及基金管理人积极参与物业的运营和投资决策，后者则更多依赖市场力量。

相对稳定的高水平分红派息是 REITs 资产的鲜明特征。在全球市场上，REITs 被定位为高股息的权益型投资品。从美国富时指数纳入的 REITs 资产股息率表现来看，其分红水平显著高于标普 500 成分股（见图 3-11）。典型的高股息和高分红特征，也是其较强配置价值的来源，并且可以在一定程度上对抗通货膨胀。在机构投资者视角中，公募 REITs 一般被认为是兼具股债特性的绝对收益资产，亦是具有高股息的权益投资产品。

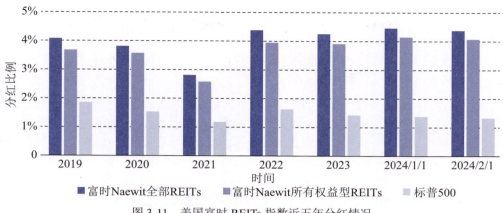

图 3-11　美国富时 REITs 指数近五年分红情况

资料来源：中泰证券

从物业类型上来看，REITs 可以投资于多种类型的物业/基础设施，如商场、写字楼、住宅、酒店、物流中心等。每种物业类型都有其特定的市场动态、收益特征和风险敞口，投资者需根据物业类型的特点进行分析。根据 2022 年美国 REITs 底层资产的分类占比来看，多元化不动产、工业设施、零售类商超和住宅的占比最高（见图 3-12）。

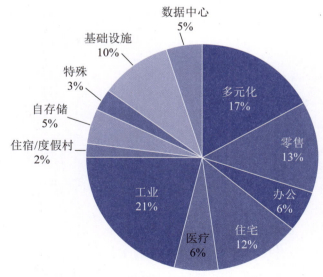

图 3-12　2022 年美国 REITs 底层资产分类

从资产收益稳定性来看，REITs 的主要收益源于租金收入和物业的资本增值。投资者需评估 REITs 的租金收入稳定性，包括租约的长期性、租金调整机制、租户多样性等。同时，分析基础设施的市场价值趋势和潜在的增值机会。从美国市场近 30 年的 REITs 底层资产分类历史回报看，仓储物流、数据中心、工业设施等不动产领域的 REITs 资产回报表现最好（见图 3-13）。

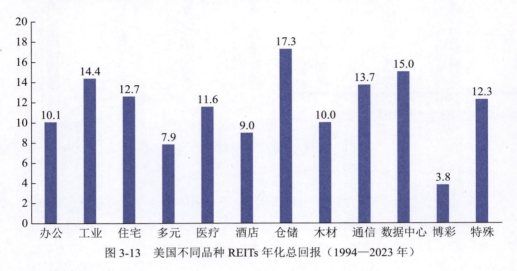

图 3-13　美国不同品种 REITs 年化总回报（1994—2023 年）

资料来源：中泰证券

从大类资产的视角来看，分散投资于不同类型的 REITs 可以降低特定市场或物业类型的风险，并且投资者可以通过投资不同地区、不同物业类型的 REITs 来构建多元化的房地产投资组合。近年来，国内公募 REITs 市场持续扩容，成为短期境内市场增速最快的证券大类资产之一。

一、REITs 推出的背景

从国际经验看，推出 REITs 的背景通常是：经济下行，不动产增量开发市场饱和，资本市场大发展。例如，1960 年的美国正值经济衰退期，2000 年日本泡沫破灭后需要寻找新增长点，新加坡则是在亚洲金融危机之后推出 REITs。

证监会、国家发展改革委于 2020 年 4 月发布《关于推进基础设施领域不动产投资信托基金试点相关工作的通知》，对政策背景的表述为"落实党中央、国务院防风险、去杠杆、稳投资、补短板的决策部署，积极支持国家重大战略实施，深化金融供给侧结构性改革，强化资本市场服务实体经济能力，进一步创新投融资机制，有效盘活存量资产，促进基础设施高质量发展"。而背后的实际情况是：土地财政困难，并且地方政府的隐性债务压力巨大。

二、REITs 的市场空间

公募 REITs 应时而生，截至 2023 年第一季度，已有 27 只 REITs 结束募集，累计募集资金量超 900 亿元。从分类来看，包括 4 只保租房、2 只环保、7 只高速公路、8 只产业园、3 只仓储物流类、3 只能源类 REITs。

中国基础设施资产整体储量丰富，且具有特色。据国家统计局披露的基础设施累计投资额测算，截至 2022 年年末基础设施存量（累计投资额）达 148 亿元，且伴随未来新基建持续发力，每年新增的投资规模仍然非常可观。从类别上看，既有国际成熟市场的主流品种，包括仓储物流、产业园、消费基础设施等，也有中国独有的一些资产类别，如高速公路、铁路、城市轨交等运输密度高且收费相对市场化的资产，及 PPP（公私合作模式）存在的市政基础设施。

对比全球，中国 REITs 刚崭露头角，发展空间巨大。截至 2022 年年底，全球 REITs 数量近 900 只（见图 3-14），规模合计约 2 万亿美元，合人民币 14 万亿元。其中，美国 REITs 数量和规模皆位居全球首位，规模近 10 万亿美元；日本和新加坡作为亚洲较早引入 REITs 的国家，规模在 8000 亿美元和 5000 亿美元级别。而中国目前接近 1000 亿元规模。

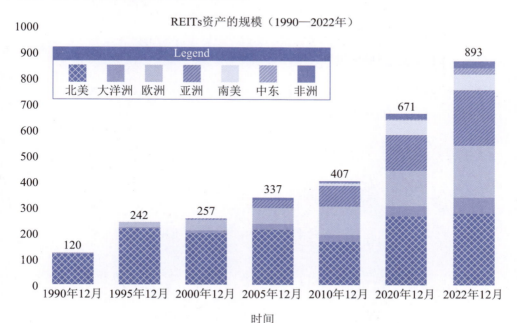

图 3-14 REITs 市场数量变化

资料来源：Nareit

我们不妨对中国REITs潜在规模做一个测算（见表3-1）：如果考虑对148万亿元基础设施给予1%的证券化率，对应1.48万亿元。而如果从GDP占比的角度看，则增量空间更大。据统计，美国和日本等成熟市场的REITs市值能占到全国GDP总量的2.5%~5%，以此计算国内REITs市场的市值空间能达到5万亿元左右。以此来看，供给端的潜在空间巨大。

表3-1 REITs市值占GDP比重

国家/地区	数量	市值	市值占GDP比重
美国	212	13 200亿USD	4.67%
日本	58	151 600亿JPY	2.53%
新加坡	32	799亿SGD	46.44%
马来西亚	18	311亿MYR	6.69%
泰国	48	4069亿THB	8.82%
韩国	23	80 100亿KRW	1.40%
菲律宾	8	2434亿PHP	3.98%
中国香港	10	1294亿HKD	16.81%
中国内地	36	1050亿CNY	0.35%

三、风险收益特征

REITs是天然带有"固收+"属性的金融产品，较高的派息率提供了类似债券的保护，同时产权类REITs还具备一定的增长弹性，和转债具有一定的类似特征。

以海外市场的情况来看，REITs资产在过去30年间收益表现持续跑赢股债市场，年化总回报中枢稳定在11%~13%，长期持有表现优于股票，但在部分国家其波动率也更大。这种收益率优势源于REITs要求将绝大多数应税收入分配给股东。此外，当通胀情况下租金和现金流增长时，REITs也将提供持续的股息增长。

从美国市场的情况来看，REITs在历史上一直是有效的分散投资工具，因为其对市场的反应往往不同于其他资产类别和业务模式。但是REITs与其他资产的相关性也会受到极端货币政策条件的影响。在2008年金融危机之前，美国REITs与股市的相关性较低，仅为0.29，在接下来的6年里，在历史低利率和积极货币政策刺激下，回报与股票趋同，相关性提升到0.83。2013年5月经历了缩减恐慌（Taper Tantrum），美联储表示计划缩减债券购买规模，转向紧缩政策。围绕着利率的不确定性，REITs与债券特别是高收益债券的相关性更加密切（达到0.65）。

如图3-15、表3-2所示，从国内市场的情况来看，REITs与沪深300走势大部分时期呈正相关，但相关系数较小，平均在0.2~0.3，体现出一定的弱权益属性；但与债券并无稳定的相关关系，在2023年REITs下跌的市场行情中，10年期国债指数和企业债指数均呈上涨态势，而2024年REITs走出一波牛市，债券指数同样也录得正收益。最新的产权类品种要求上市时现金分派率不低于3.8%，上市后平均现金分派率相比3年期企业ABS到期收益率基本持平，平均在3%~4.5%之间波动，具有很强的债性保护。值得注意的是，不同底层资产类型的标的市场收益率分化较大。产权类品种平均收益率达到26.2%，明显优于经营权类3.85%的平均收益率。

图3-15　REITs与股市相对走势

资料来源：Wind

表3-2　REITs与股债相关性统计

相关系数	综合收益	沪深300	上证指数	上证50	深证成指	中债新综合（债券）
综合收益	1.000 0	0.240 6	0.261 1	0.233 2	0.226 4	0.007 8
沪深300	0.240 6	1.000 0	0.936 7	0.925 7	0.944 1	−0.125 5
上证指数	0.261 1	0.936 7	1.000 0	0.903 9	0.858 2	−0.113 1
上证50	0.233 2	0.925 7	0.903 9	1.000 0	0.771 6	−0.102 1

续表

相关系数	综合收益	沪深300	上证指数	上证50	深证成指	中债新综合（债券）
深证成指	0.226 4	0.944 1	0.858 2	0.771 6	1.000 0	-0.153 5
中债新综合（债券）	0.007 8	-0.125 5	-0.113 1	-0.102 1	-0.153 5	1.000 0

资料来源：广发证券

从跨资产比较的视角来看，经营权类的REITs和债券更可比，产权类REITs和股票更可比。与债券相比，需要考虑其流动性、期限结构、信用风险、市场和估值的风险溢价；与股票相比，需要考虑同行业上市公司的估值、景气度/增速和股息率情况的对比，进而判断资产的相对性价比。

四、需求端结构

已上市的REITs战略投资者比例普遍超过65%，其中最大持有人是原始权益人，约占总体的35%；此外为其他各类金融机构，其中险资占比较多，为7%左右，参与网下配售的投资者比例在24%左右，公众投资者比例为11%。网下主要的机构投资者包括：①券商自营。券商认购始终较为活跃，2022年上市的REITs中券商自营认购比例多在6%~9%，一方面是因为券商有做市需求，另一方面券商多部门参与REITs发行也便于自营打新。②保险资金。2022年年底第二批REITs中，保险的认购比例有较大提升，从第一批的3%上升至10%。③公募基金。公募基金主要还是以专户形式参与，首批公募REITs运用满一年后才可以满足FOF产品的投资要求，从长远来看，无论是产权类资产天然的"固收+"属性（派息+产权看涨期权），还是特许经营类的类固收属性，对公募而言均具备较强吸引力，未来公募更多参与REITs市场仍是大势所趋。

从全球情况来看，机构投资者为全球REITs的主要持有人。在当前最大几个REITs市场中，机构投资者占比均较高。截至2020年年末，REITs规模最大的美国市场机构投资者占比为89.6%，公募基金和养老保险机构是美国最重要的REITs投资主体；规模仅次于美国市场的日本和澳大利亚REITs市场中，机构投资者基本也占到一半左右；英国市场中机构占比为72.6%。国内在2022年公募REITs解禁后，流通盘中机构投资者占比平均值为87%，且产业资本和保险资金的比例持续提升，这类配置型机构的占比提升降低了REITs的"炒作效应"，使其价格走势更多由基本面经营、机构投资者风险偏好决定，有利于推动市场朝着专业机构投资者定价的方向演变。

五、REITs 的投资分析框架

在 REITs 的投资分析方面，可从自上而下、自下而上和底层资产景气度三个维度进行考量。

1. 自上而下的投资分析视角

经济周期判断：宏观基本面分析是第一位的，它会影响 REITs 的风险溢价补偿和未来业绩预期。可以通过一些宏观经济指标（如公路货运量和客运量等）来判断 REITs 各类别的景气度。

行业景气度：为每一种类的 REITs 找到一个近似代表这个板块宏观景气度的指标，综合起来就能得到 REITs 整个行业景气度。例如，对于高速公路类别的 REITs，可以选取公路货运量和公路客运量作为指标。

2. 自下而上的投资分析视角

市场交易热度：可以通过 RSI 情绪指标、换手率和相对债券赚钱效应等指标来衡量市场交易热度。当这些指标显示市场情绪过热或过冷时，可以选择买入或卖出。

性价比择券：类似于股票的 PB/PE/分红判断性价比的方式，可以使用 P/NAV 和 P/EBITDA 等指标来衡量 REITs 的性价比。同时，还需要考虑与债券的性价比，比如使用银行间中短期票据收益率曲线（AAA）加点保护来衡量。

3. 底层资产景气度视角

产权类 REITs，包括产业园、保障房和仓储物流，主要通过租赁或提供基础设施管理服务获得收入。关键的营收影响因素包括底层资产的租金水平、出租率、租金增长率，以及合同到期时的地价和建筑物残值。

产业园区 REITs：区位优势是影响租金水平的主要因素，而出租率受到产业园定位、可租赁面积、地价和政策因素的影响。租户行业的变化也对租赁情况产生显著影响，如互联网行业景气度下滑可能导致退租增多。

保障房类 REITs：保障房类 REITs 的出租率相对稳定，且有小幅增长趋势。租金增长率预计在 2%~4%，与住宅类场地的租金增长趋势一致。

仓储物流类 REITs：这类 REITs 的租金水平相对一致，出租率高，但新并入资产的出租率可能影响整体表现。租金增长率的预测存在差异，需要根据实际情况进行调整。

经营权类 REITs：如高速公路，具有固定的特许经营年限。有时受环境影响，高速类 REITs 的业绩会有所降低，但交通恢复后业绩有所修复。增长率的预测需要根据地理区位和实际情况进行调整。

生态环保类 REITs：生态环保类 REITs 的收入受到国家补贴政策的影响，补贴退坡需要在估值时考虑。

新能源类 REITs：新能源类 REITs 的估值需考虑国家补贴和价格优惠的影响，这些因素对利润率有显著影响，需要根据实际情况进行调整。

六、REITs 市场行情的复盘

如图 3-16 所示，自 2021 年 6 月首批 9 只 REITs 产品在沪深交易所上市以来，该市场已吸引超过 300 亿元的资金，为基础设施融资提供了新的资本渠道。至今，已有 28 只公募 REITs 发行，平均每月发行一只，总发行规模超过 900 亿元，与同期可交债的发行规模相当，单只 REITs 的平均发行规模约为 34 亿元。REITs 市场经历了上市初期的高溢价和随后的回落，至 2023 年年底，市场普遍回撤了约 20%~30%。

其原因主要包括：

1）REITs 业绩不及预期：自第一批 REITs 上市以来，多数项目的业绩表现未达到预期。在首批上市的 9 只 REITs 中，仅有 1 只达到了募集说明书中预测的业绩。这反映了募集中对 REITs 未来现金流的预期过于乐观，而实际情况往往受到多种因素的影响。

2）打新透支 REITs 的价值：REITs 作为新品种上市时受到了投资者的热烈追捧，导致部分 REITs 在上市初期实现了较高的收益率。然而，这种打新热情可能透支了 REITs 的真实价值，导致后续市场表现不佳。

3）REITs 自身定价难，缺乏定价锚：中国公募 REITs 的估值方法存在复杂性和假设多的问题，导致连续性差且难以持续跟踪。此外，由于 REITs 在中国上市时间短，与股票和债券的相关性不稳定，定价更加困难。

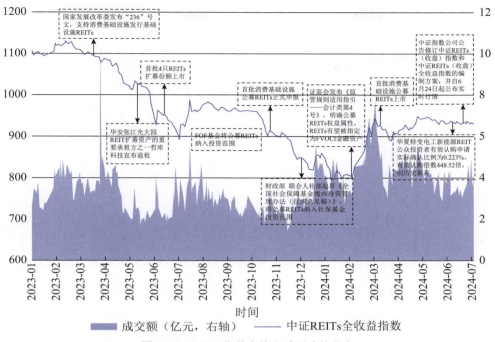

图 3-16　REITs 指数走势和重要政策节点

资料来源：中信建投

4）REITs 的流动性不足：尽管从换手率角度看 REITs 的流动性不算低，但存在大宗交易频繁、竞价平台成交不能完全反映市场信息等问题。此外，衡量流动性的更准确指标如 Ahumid 指标显示中国公募 REITs 市场的流动性较差，容易引发暴涨暴跌。

5）REITs 投资者供需结构失衡：中国公募 REITs 市场的投资者主体偏固收类型，缺乏底层资产和现金流场景的定价能力。同时，一二级市场交易者分层割裂，二级市场交易者类型集中，主要是券商自营占据了大部分交易。

从 2023 年 REITs 市场行情的节奏变化来看，可谓一波三折。初期部分产权类 REITs 的出租率开始下滑，市场表现不及预期，导致市场进一步下跌。然而，进入 2023 年 7 月后，市场情绪被提振，尤其是当多家基金公司宣布将公募 REITs 纳入 FOF 投资范围后，市场做多情绪被点燃。但长期来看，REITs 市场的定价仍主要围绕估值和基本面进行。经过了前期价格调整后，REITs 市场的估值水平已经具备较好的安全边际。从经营业绩来看，2023 年第三季度整体业绩有所改善。与可比的债券和股市资产相比，REITs 的估值水平已趋于相对合理区间。

第四节　红利高股息和可转债的对比

红利高股息与可转债这两种金融资产，凭借各自迥异的风险收益特征，为投资者提供了多样化的投资选择。本节内容将作为投资者理解红利高股息与可转债的桥梁，通过对比分析，揭示它们在不同市场环境下的表现和适用性。我们将从高股息转债的策略探讨入手，逐一剖析其与高股息股票、高到期收益率转债的对比关系，以及在不同市场周期中的表现差异；还将探讨红利低波与转债平衡策略的对比，为追求绝对收益的投资者提供策略构建的参考。

一、高股息转债怎么看？

1. 高股息转债的策略探讨

从资产的底层逻辑来看，高股息转债具备如下特点。

1）正股对应高股息公司，因此经营的稳定性、持续性和现金创造能力都比较高，在这种情况下，一般而言转债的信用风险也更低，因此在信用风险重估的阶段，其债底价值更稳定，同时由于更高转债信用评级带来了交易所质押融资的便利，对于证券资产组合而言，高信用等级的高股息转债具有一定的灵活调节组合杠杆功能。

2）由于高股息正股具备偏大盘价值的风格特征，一般股价波动率会比较低，因此高股息转债的期权价值占比可能相对更低，这也导致在发行人不放弃赎回的情况下，一般高股息转债有更低的转股价值溢价率，转债绝对价格的高点相对偏小盘品种也会更低。另外，结合高股息转债高信用等级对应的更低折现率，其债底价值占比应该相对更高，这也决定了在相似的绝对价格下，其债底溢价率更低，转债层面的理论回撤空间更低，具有更为明确的安全边际。

3）从转债条款博弈的角度看，高股息转债一般现金流比较充裕，没有太多还本付息的压力，因此在碰到回售或者到期压力时，通过下修转股价方式促使投资者转股的动力相对不足，同时部分高股息低估值的正股，因为二级市场交易的每股净资产低于 1 倍 PB，限制了其下修的空间，因此在投资中对于可转债下修条款的跟踪和博弈，可能不再是投资中的重点。

4）从融资发行端来看，其实高股息和可转债反映的是方向相反的资本运作。高股息意味着较高的分红率和较低的估值水平，而可转债作为一种常规的再融资工具，发行背景一般意味着发行人（上市公司）有大额的资本开支计划，对现金

的需求量较大,这种状态反而和常规意义上的高股息公司相背离。根据作者观察,导致这种现象的原因可能有两个:

一是企业在发行转债时还属于大额资本开支的周期中,但随着后续商业模式的转型和经营的稳定,逐步从净融资状态转为高分红状态。

二是企业虽然缺少核心资本需要持续融资,但因为考核因素又需要强制分红,例如近年来的银行业,不断发行混合资本工具,同时保持了较高的分红比例。在这种情况下,投资者需要警惕一些融资只是为了维持分红(满足考核或者市值管理)而不投入企业经营的公司,这属于典型的"拆了东墙补西墙"。就像有的上市公司在现金充裕的情况下却不断融资,往往是财务上存在问题。

另外,在可转债的发行存续期内,对发行人利润表会有所拖累,进入转股期后也会阶段性在一定程度上摊薄每股 EPS,这对于分红能力实际上构成了一定的负面影响,历史上发行过多期可转债的公司,基本与高股息概念无关。事实上,截至 2024 年 2 月底,全市场符合条件的高股息转债也只有 14 只,数量占比仅有 2.5%,如大秦转债、淮 22 转债、平煤转债、苏租转债等。

2. 高股息转债与高 YTM(到期收益率)转债的对比

从两类资产的收益来源看,似乎有一定的相似之处,高股息和高 YTM 都是高静态收益的典型代表,不过具体到可转债投资上,却大有不同。

正股高股息的可转债未必具有更好的静态收益。正股分红会给转债带来下修和填权效应(派息后选择红利再投资进而推升股价),但后者在实操中难以预测,并且半数以上的转债在正股分红时并没有填权效应;前者则因为溢价率的存在,基本只能获得"打折的股息"收益,考虑到当前全市场低价比例极高(交易价格主要靠债底支撑),分红带来的小幅下修对转债价格的可能非常有限。因此从高股息转债的收益来源上来看,不是靠股息,而是靠正股价格上涨带来的资本利得。

高 YTM(到期收益率)转债实际有更好的静态收益,在排除信用风险的前提下,债券 YTM 等于持有至到期的实现收益率,因此两者对比来看高 YTM 转债的收益确定性更强。不过近年来转债市场持续受到信用风险重估的影响,大量低等级转债的纯债价值持续收缩,高 YTM 转债的实际隐含信用风险也在大幅抬升。

那么是否存在同时具备高股息概念和高到期收益率且信用资质较好的转债呢?历史上的大秦转债便是长期符合上述条件的资产,在 2021 年中旬,大秦转债正股有 7%~8% 股息率水平,同时由于其低波动的定位,转债的实际溢价率较低,导致其分红后转债转股价除权下修的效应较强,3 年内转股溢价率就可以完全被股价的除权和填权效应消化完,同时转债还具有 2.2% 左右的到期收益率,此外如果正股有行情还能够获得资本利得,相当于此后剩下 5 年半,作为高股息+高 YTM 转债,大秦转债可以确定拿纯票息 11% 和分红 12%,以及正股股价可能上涨的"免费期权",堪称价值投资的典范。

3. 高股息转债与其正股的对比

高股息转债和高股息股票对比来看,主要有以下的风险收益特征差异。

1)高股息转债安全边际更为明确,一般情况下理论回撤空间也更小,这源于转债自身债底价值对转债价格的"托举效应"。

2)高股息转债的收益弹性空间低于股票,这主要受制于转债的强制赎回条款,即正股价格在一段时间高于转股价格 30%,则发行人有权利以票面价格赎回可转债。虽然近年来阶段性放弃强制赎回的发行人越来越多,但由于转债转股溢价率的存在,在跟随正股上涨的过程中,依然无法达到同样的涨幅。

3)高股息转债的择券空间远远小于股票,正如我们前文所说,高股息上市公司本身发行转债的案例有限,在实际投资中可选的资产范围较小,更适合只能投资于可转债的机构账户作为相对收益目标的工具,如果同时可以投资转债和股票,显然后者对应的选股空间和策略容量都更大一些。

就作者本人的投资经验来看,多数情况下高股息股票是投资者更主流的选择,因为转债自身的特性与高股息风格的结合,多数情况下并非"1+1>2"的效果,而是"1+1<2"。一方面,转债的期权特性需要叠加高波动的正股标的才能充分发挥其"进可攻、退可守"的独特作用;另一方面,高股息带来的确定性分红没办法在转债资产上充分体现,由于溢价率的存在,填权下修的效应终究不如直接派息的收益,相当于只能获得"打折的股息收益"。

因此,高股息转债的投资价值主要体现在其相对于其他风格转债资产的超额收益上。从历史回测来看,在弱势权益环境中,高股息转债还是能够显著跑赢中低股息转债的,但是拉长时间来看,其相对中证转债指数的优势并不明显(见图 3-17)。

4. 高股息转债的行情复盘

依据 2018 年以来国债到期收益率的走势,我们将正股 2018 年股息率 4% 以上,2019—2021 年股息率 3.5% 以上,2022—2023 年股息率 3% 以上的转债定义为高股息转债。

从高股息转债的市场表现来看,在权益市场相对弱势的阶段有较为明显的超额收益,例如 2018 年 5 月至 2018 年年底,高股息转债累计涨跌幅明显好于中低股息转债。其间高股息转债平均累计涨跌幅为 -4.10%,好于中低股息转债

（-5.50%）；高股息转债最大回撤为 -6.10%，好于中低股息转债（-9.90%）。而 2023 年 5 月初至今，高股息转债累计涨跌幅依然好于中低股息转债。在该期间内，高股息转债平均累计涨跌幅为 -2.36%，好于中低股息转债（-5.85%）；高股息转债最大回撤为 -6.43%，依然好于中低股息转债（-9.59%）。

不过在权益市场相对强势的阶段，高股息转债可能表现平平。2020 年 5 月初至今，高股息转债平均累计涨跌幅为 -3.68%，稍好于中低股息转债（-4.66%），从最大回撤看，高股息转债最大回撤为 -8.59%，好于中低股息转债（-13.25%）。2021 年 5 月初至今，3.5% 以上高股息转债收益表现远不如中低股息转债。该阶段，高股息转债平均涨跌幅为 -0.21%，而中低股息转债平均涨跌幅达 3.11%。

在股市震荡期，高股息转债表现仍然好于中低股息转债，但差距不如权益市场走弱阶段明显。2019 年 5 月初至年底，高股息转债平均累计涨跌幅为 -0.72%，好于中低股息转债（-1.36%）。2022 年 5 月初以来，高股息转债平均累计涨跌幅为 0.45%，好于中低股息转债（-1.13%），从最大回撤看，高股息转债最大回撤（-5.27%）也好于中低股息转债。分阶段看，2022 年 5 月至 8 月底，中低股息转债表现好于高股息转债，2022 年 9 月初至 2022 年年底，高股息转债表现开始好于中低股息转债，分阶段走势的差异也进一步印证了股市走弱阶段，高股息转债表现会更好。

二、红利低波与转债平衡策略的对比

2018 年以来，随着资管新规《关于规范金融机构资产管理业务的指导意见》征求意见稿出台到落地，传统预期收益型理财被动"让出"了市场份额，作为其替代的"固收+"产品和相关策略迎来快速发展期。而转债与高股息作为主流的两类固收增强资产也被传统机构投资者广泛关注。本节选取了两类资产中比较有代表性的子策略——红利低波和转债平衡策略进行讨论，分析其风险收益来源及差异，并基于绝对收益目标尝试构建组合策略，进而为多资产管理人提供决策依据和参考。

1. 策略情况对比

股票红利低波策略，主要在传统主动选股框架中对股息率、分红水平、估值保护、波动率等指标进行一定偏离，进而构建股票组合，使其具备深度价值和防御属性等特征。在传统高股息选股的基础上，更加关注估值保护和股价的低波动率特征，以期获得更好的风险调整后收益。目前以保险资管和银行理财等配置为主，绝对收益目标的机构应用较多。如图 3-17 所示，以东证红利低波全收益指数为例，截至 2024 年 6 月，其近三年绝对收益率为 14.11%，近三年年化波动率为 14.82%，夏普比率为 0.89，三年累计跑赢沪深 300 指数 26.22%。

图 3-17　东证红利低波全收益指数走势

资料来源：Wind

转债平衡策略，区别于传统的纯债替代和正股替代策略，主要选取到期收益率为正且转股溢价率较低的品种，以确保在 A 股牛市中可以较快跟上正股的涨幅。同时熊市中基于债底提供的支撑和到期收益率可以较大程度确保投资本金安全，以充分发挥可转债"进可攻，退可守"的风格特征。

如图 3-18 所示，以中证转债平衡策略指数为例，近三年绝对收益率为 5.37%，近三年年化波动率为 7.8%，夏普比率为 0.44，同时跑赢了沪深 300 和中债－综合全价指数。

图 3-18　中证转债平衡策略指数走势概览

资料来源：Wind

从策略三年维度的业绩表现来看，无论是红利低波，还是转债平衡，都表现出了相对沪深 300 更优的风险收益特征，是比较有效的 Smart Beta。虽然同样被机构投资者视为典型的固定收益增强类资产，但二者实际的风险和收益来源并不相同，特别是转债平衡策略，其成分券对应的正股以中小盘标的为主，与沪深 300 和红利高股息的风格差异性较大，因此历史超额收益的可参考价值也需要审慎判断。

以下选取沪深 300、东证红利低波全收益、中证转债平衡策略近五年净值走势作为参考，来总结其风格差异和表现情况。

2. 历史行情回顾与讨论

从历史行情表现来看，两类策略和沪深 300 的相关性较为显著，我们重点复盘发生方向性背离的几个历史时期。

1）2017 年下半年，由于央行持续的流动性紧缩，非银资金回购成本全年维持在 4% 左右的中枢水平，限制了债券投资者运用杠杆的能力；同时资管新规出台，限制了银行理财配置非标类资产和长久期信用债的能力，甚至在后期导致了局部的信用收缩。10 年期国开债收益率一度升破 5.1%，全年债券熊市，受此影响转债和股票表现明显分化。

2）2018 年全年受中美贸易摩擦和信用收缩影响，股票呈现出显著的负收益，而转债由于债底支撑并受益于流动性环境全面改善，当年收益率在盈亏平衡线附近。

3）2020 年上半年，全球新冠疫情持续发酵对传统接触型经济和终端需求打击较大，投资者风险偏好迅速降至冰点。股票市场在国内国外两轮疫情中出现"二次探底"，平衡转债则由于期权隐含波动率放大、流动性充裕等因素创阶段性新高。而在二季度债券市场大幅调整时，股票底部温和反弹，转债表现相对弱势。

4）2020 年年底 2021 年年初，因永煤债券违约事件大幅冲击地方国企产业债信用"信仰"，大量低评级转债纯债价值在投资者大幅抛售下面临重估，出现多只跌破债底价值的标的，绝对价格到 70 元附近，中证转债指数连续 11 个交易日下跌。而沪深 300 则在春节前后再创新高。

5）2021 年三季度，由于供需结构性失衡，PPI（生产资料价格指数）创新高，上游大宗和资源品等股票大幅上涨，显著跑赢科技成长、医药消费等新兴行业。这也导致了红利低波指数和沪深 300 的背离。从结果上看，转债平衡的行业偏离与红利低波指数类似，同样表现出显著超额收益。

6）2022年以来，由于利率持续下行和权益市场风险偏好下降，高股息板块对应的大盘价值风格占优，跑出了明显的超额收益。而转债对应正股主要为国证2000为主的中小盘标的，在风格上显著跑输。不过这一阶段也是转债下修行情相对密集的时期，使多数转债相对其正股表现更好。

对比红利低波股票和沪深300来看，其超额收益主要来自两方面：①红利低波因子的长期有效性；②行业偏离产生的收益。事实上，近期行业偏离带来了更显著的收益贡献。

从成分行业分布来看，红利低波指数的公用事业、工业显著超配，医疗、信息技术显著低配。可能的解释是，一般分红能力较强的企业对应较少的新增产能投放和大额资本开支，主要对应企业生命周期中处于稳定成熟期的上市公司。这也是高股息公司主要的共性特征。

而转债平衡由于其标的筛选方式（单纯看转债指标而非正股）不容易产生稳定的行业偏离方向，其超额收益主要来自：①转债市场发行人整体存在的小盘股为主（数量加权）、金融类为主（市值加权）的偏离；②由于债券市场和股票市场微观结构和投资者行为差异导致的波动差异；③转债期权（含下修）特征的贡献。

3. 红利低波和平衡转债的风险收益对比

根据成熟市场的经验和相关理论，红利因子长期看确实是显著且有效的，从理论层面来看：①分红能力往往和公司自由现金流的创造能力密切相关，企业经营中现金含量较高的业务带来更好的盈利质量，同时意味着债务问题相对较少；②高分红是企业重视股东价值和投资者关系的表现，符合目前新兴的ESG选股框架；③高股息率往往对应相对低的估值水平，从股票二级市场长期实践来看，买得便宜往往对应更高的隐含预期回报率。

考虑到中国长期利率下行和全球低利率环境持续的共识判断，以及信用债违约常态化，高股息高分红相对债券的风险收益比也在不断提升。图3-19总结了红利因子的优势和收益来源，以下逐条讨论可能存在的潜在的风险和局限性。

1）分红能力和公司质地是否相关？

理论上企业在当期经营实现盈利后既可以分红也可以扩大产能，因此许多企

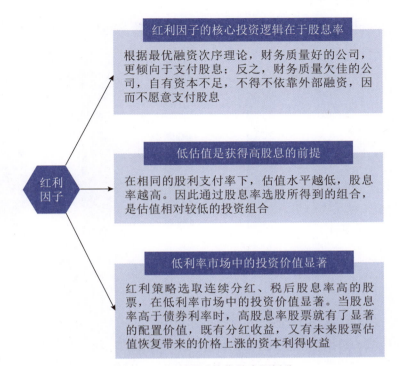

图 3-19　红利因子的收益来源拆分

资料来源：建信基金

业选择分红可能只是产能的边际投入产出比较低（摊薄 ROE）。虽然上市公司基于以上判断选择分红而非多元化投资是对股东负责任的表现，但这也往往意味着行业或赛道的渗透率已经较高，未来的终端需求增长乏力。与之类似的情况是，公募资管产品的分红机制设置，除了考虑用户体验外，也往往和再投资压力（或出于止盈考虑）相伴而生。

图 3-20 展示了为使用分红能力的预测净利润增速的命中率分布。其结果似乎表明，成长能力最差的公司倾向于将利润留存而不分红，成长能力最好的公司出于将利润用于再生产的考虑也倾向于不分红。因此，虽然大概率上"差公司难分红，分红多的不差"是成立的，但红利因子可能更多代表的是"优秀公司"而非"卓越公司"。真正低渗透率的好赛道公司，往往倾向于将盈利投入到扩大再生产中而不是直接分配给股东。

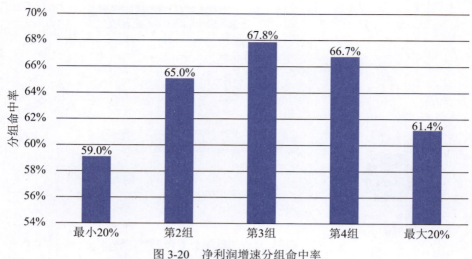

图 3-20　净利润增速分组命中率

资料来源：长江证券

2）估值较低的股票可能存在"价值陷阱"。

根据传统的股票定价模型：$E/P=r-g$。低 PE 隐含的未必是更高的"r"，也可能是更低的"g"。当然，丧失成长性但质地优良的公司可能并不是大问题，真正的风险在于：低估值股票可能根本不是低增长股，而是高增长高风险（盈利和成长的确定性极差）的股票，因为市场倾向于对高度不确定性的增长"索取"更高的认知风险补偿。但这样的股票可能反而被标记为价值股，因为它们看起来很"便宜"。

这种潜在的价值陷阱，往往和企业所处的竞争格局密切相关。行业发展的客观规律导致商业竞争的终局形态可能是"百花齐放"的，也可能是"一超多强"的，而"赢家通吃"行业里的二线龙头最容易成为这类价值陷阱。

3）低利率环境下红利高股息会显著受益吗？

首先，利率与长期固息债券价格存在的线性关系并不一定适用于股票，特别是红利低波成分股中以保险和银行为代表的利率敏感型行业，可能还存在阶段性的利空（或行业竞争格局变化导致的不确定性）；其次，从相对价值的视角来看，按照企业股权现金流分布的"股票久期理论"，不分红的成长性公司对应的股权现金流久期更长（当期现金流低，远期现金流高），因此从相对价值来看，红利类股票未必更受益。2023 年以来高股息资产的超额收益行情，本质上可能更多源于估值体系的重估，而非单纯的利率下行。

转债平衡策略的本质，是选择估值合理，同时绝对价格或溢价率位于平衡型区间的品种，为讨论方便，我们将特定指数意义上的转债平衡策略延展至"合理估值的平衡型转债策略"。而根据海外市场的成熟实践，长期来看主要的收益来源包括：

（1）运用到期收益率和转股溢价率刻画的估值体系，选择合理或低估值标的，本质上是支付较少的"期权费"（premium），例如转债对应正股历史波动率30%，而经过模型计算该类转债期权隐含波动率为20%，则期权存在被低估的可能，即期权费比较"便宜"。因此持续买入低估值期权并加以分散，便可以获得期权价值回归（隐含波动率扩张）的收益。

（2）平衡型转债一般转股价值在100元附近，对应内嵌期权为平值期权。根据相关的期权定价理论，平值期权的Gamma值（delta导数）相对虚值期权（偏债型转债）和实值期权（偏股型转债）都高（见图3-21），这也意味着其delta值相对标的资产（正股）非常敏感。随着正股价格上涨，转债与其相关性迅速放大；随着正股价格下跌，相关性又迅速衰减。这相当于内嵌了"追涨杀跌"的自平衡机制。

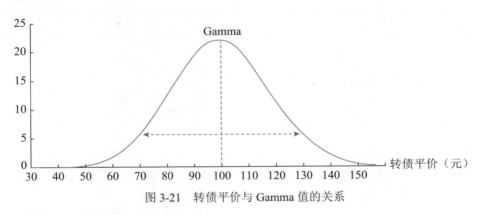

图3-21 转债平价与Gamma值的关系

资料来源：华泰证券

风险来源方面，转债平衡需要关注的主要包括：

（1）当市场定价体系比较有效时，"便宜的期权"可能隐含的是天然的发行人质量瑕疵，如正股盈利一致预测较差，预期上涨的概率较小；或转债存在或有的信用违约问题，尾部风险较大，投资者并不愿意为了低估值的期权承担额外的信用风险。

（2）期权价值的计算方式可能存在较大误差，一是传统的B-S和二叉树模型并不能精确刻画转债各类条款博弈中可能存在的情形；二是目前 Wind 采取对应评级的样本券曲线作为折现率对债底价值进行计算，会导致因评级内较大区分度产生的误差，同时没有充分考虑转债实际存续期限和剩余期限之间的差异。

（3）多数转债发行人为小市值公司，整体质量较差，缺乏卖方研究覆盖，认知风险较高。而正股质地较好的公司发行的转债，一般估值较高或上市首日即兑现涨幅脱离平衡型区间，因而大多不在该策略的成分券范围内。

4. 基于转债和红利股票的绝对收益组合

和相对收益考核的组合不同，绝对收益目标考核的账户并不强调"战胜市场""以丰补歉"，而是"旱涝保收"。这类投资者多见于保险资管、银行理财、券商自营等机构。差别在于：①绝对收益考核的周期不同，保险资管（3~5 年）＞券商自营（自然年度）＞银行理财（季度或月度）；②机会成本不同，保险资管主要基于精算假设对当期保费保证金折现。银行理财一般需要跑赢通胀和债券市场利率。券商自营则要对公司 ROE 产生正向贡献。

同时，绝对收益目标因其天然对收益率确定性的要求，还可以用特定持有期对应的回报分布来进行绩效刻画，如图 3-22 所示。

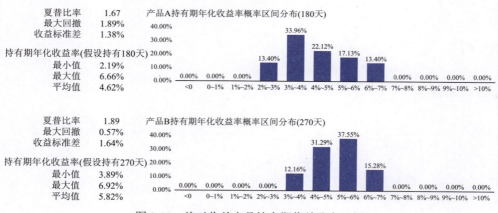

图 3-22 绝对收益产品持有期收益分布示例

资料来源：《固收＋策略投资》

终端客户对绝对收益类产品和策略的期待一般也在特定时期内（越短越好）可以预期的回报范围（越窄越好，中枢越高越好），本金保障的概率（最好 100%正收益），以及极端尾部风险情况下回报分布可能的负偏离程度。而红利低波和转债平衡策略，比较合适这类确定性较高的回报需求。

从目前资管行业的赛道来看,绝对收益类的产品形态非常丰富,包括 CPPI(固定比例投资组合保险)、TPPI(固定比例策略)、挂钩期权等技术。该类型产品能够大规模发展的原因,可能是终端投资者的"彩票"心理——愿意为确定性的下行空间和有想象力的上行空间支付额外溢价。

转债是天然具备这种特性的绝对收益品种,其中,内嵌的"追涨杀跌"机制与 CPPI 的技术原理如出一辙:组合出现浮盈后自动放大权益预算。下面我们通过历史数据回测来观察转债的绝对收益特征。

从表 3-3 所示的以转债绝对价格区间(首行)和持有时间(左列)刻画的胜率值可以看出,平衡型个券的短期胜率普遍在 50% 附近,同时该类品种的纯债溢价率可以刻画出潜在的最大亏损空间(对正股持有观点的投资者也可以使用 PE-EPS 计算市值底价来刻画安全边际),基于这两个指标,投资者可以通过量化的手段对转债进行风险预算,进而考虑组合存在保本约束时转债的最大仓位水平。

表 3-3 转债持有期限和买入价格对应正收益概率

持有时间/天	买入价格/元							
	80~90	90~100	100~105	105~110	110~120	120~130	130~150	150~200
60	85%	69%	59%	54%	46%	46%	42%	39%
120	96%	70%	64%	54%	39%	34%	25%	24%
250	99%	77%	69%	53%	30%	24%	12%	8%

当然,这样做可以奏效,至少要满足两个假设:①历史胜率依赖的微观结构不变(促转股意愿,条款红利);②转债市场未出现实质的信用风险(债底折现率不变)。

另外,除了下行空间和概率方便管理,转债的预期收益也具备一定规律,基于转债月度收益率和纯债溢价率回测的量化研究成果显示(见图 3-23),存在最优的纯债溢价率阈值(23% 左右,平衡型区间),具备最高的预期收益率(月度 1.2%)。若放松对纯债溢价率的限制,反而会导致预期收益下降。这也意味着平衡型转债历史上具备较高的预期回报水平。

3 年期的策略历史回测都表明,红利低波相比转债平衡策略的风险调整后收益和绝对收益率都表现更优,在投资管理实践层面,虽然可转债是传统固定收益投资者更熟悉的资产,但在某些情景下可以采用红利类股票进行一定的替代,从而增加绝对收益的回报来源。

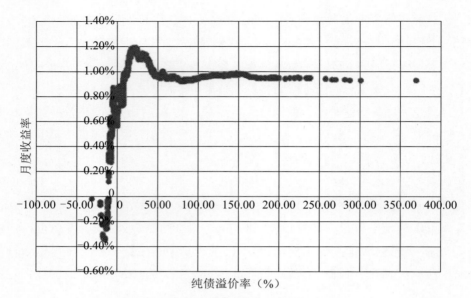

图 3-23　纯债溢价率和月度收益率关系

资料来源：光大保德信基金

（1）银行股对银行转债的替代。银行股是红利低波指数最重要的成分股之一，银行整体行业估值在历史极端底部区域，PB 大部分跌破净资产，甚至有股份制商业银行 PB 低至 0.2 附近。而银行转债多为偏债和平衡型，转股溢价率在 20%~60% 不等。如果投资者持有"银行不会更差了"的观点，那么银行股向下的空间可能并不显著多于转债，同时向上空间不需要消化高昂的转股溢价率，阶段性价比可能高于转债。

（2）高质量正股对转债的替代。由于转债机构投资者存在入库门槛，天然青睐于卖方覆盖较全或本方股票核心池的相关品种，这样做确实有效规避了正股基本面的"认知风险"，但也阶段性推高了部分优质正股对应转债的估值水平。部分公司平衡型转债的转股溢价率和纯债溢价率之和甚至超过 100%，这也意味着持有该类公司的转债，虽然相对持有正股能获得确定的安全边际（如果超过 20%，事实上意义也有限），但达到同样预期收益的情境下，转债对应的市值空间可能是正股目标市值的两倍。

（3）"烟蒂股"的平衡转债替代。传统意义上的"烟蒂股"往往来源于格雷厄姆的深度价值投资体系，强调绝对意义上的估值保护，企业的交易价格显著低于其清算价值。由于不考虑永续经营假设，该类策略在数学上的可预测性较强。同时，该类公司往往处于自身景气周期的底部，存在"困境反转"的可能性。该类策略和平衡型转债相比，是一类胜率更低但赔率可能更高的策略。

股票类型和买入时机见表 3-4。

表 3-4 股票类型和买入时机

股票类型	买入时机选择
当前优势型	对发展天花板的质疑分歧，黑天鹅事件打击，估值重新回归合理区间
高峰拐点型	市场充分反映业绩下降预期，高峰拐点被证伪，新业务发展"二次创业成功"
持续低谷型	股价大幅低于净资产价值，企业出现重组、私有化、新管理层等重大价值重估机会
困境反转型	压制企业价值增长和景气度的因素出现边际改变，估值同时处于历史性底部
未来优势型	阶段性业绩不达预期导致估值去泡沫化，外围竞争加剧

（4）其他类债券股票的替代。广义的红利低波股票在特定市场环境下可作为平衡型转债配置的机会成本看待。2021 年资本市场上市了第一批 REITs 产品，其资产所属发行人多为交通运输、公用事业类公司，具备稳定现金流和高分红属性，包括部分持有型物业公司。如果具备合理的估值和盈利的确定性，也是转债平衡可选的替代资产。

总结来看，红利低波与平衡转债风险收益的特征差异表现为：

（1）从风险因子的角度看，红利低波主要暴露权益 beta，和股指走势相关性显著更高；而转债对流动性和信用风险的暴露更高，历史上显著的债市流动性冲击和信用违约事件对其资产价格重估影响较大。

（2）从证券结构的角度看，红利低波主要受公司基本面影响，存在分红 - 除权 - 填权效应；而转债由于特殊的内嵌期权结构，天然具有更高的凸性，反映为损益的非对称性，也因此对正股的波动率水平更敏感。

（3）从行业特征的角度看，红利低波对成熟期、价值型行业的偏离较大；转债的行业分布非常不稳定，往往和发行人结构及转股节奏相关。除金融类品种外，多数转债发行人处于持续的资本开支周期。

（4）从机会成本的角度看，传统红利低波投资者主要面对来自其他风格股票的替代选择，而传统转债投资者主要考虑相对信用债、定增、大宗等交易策略的比较优势。但随着多资产投资者的增加，红利低波和平衡转债本身可能互为机会成本，导致这一差别被弱化。

第五节 基于绝对收益的股票策略

一方面，近年来，国内 A 股市场机构投资者占比逐步提升，其中以公募基金为主的相对收益目标投资者组成为重要的边际交易力量，2020 年以来"抱团股"概念开始流行，本质上反映的是基于相对收益目标的机构投资者普遍选择"押注"预期资金净流入，符合市场共同审美标准的赛道。但机构资金集中进一步推升了高景气赛道的估值，导致市场环境不利时相关股票可能会遭遇巨大的回撤，这种情况在近几年一季度都曾发生。传统基于赛道景气度和市场预测的相对收益股票策略的局限性也引起了广泛讨论。

另一方面，随着公募固收+产品持续扩容，叠加利率持续低位运行，大量的以传统固定收益投资者为代表的绝对收益目标资金开始布局国内股票市场，这类投资者的选股方式往往呈现出低估值、高分红、高换手、强制止损/止盈等特点，由于业态发展较快，市场对于"固收+"为代表的绝对收益目标股票策略并没有形成共识，笔者结合实践经验和自身思考，尝试提出一种简单的绝对收益目标的股票策略框架和组合管理方法，为相关投资者提供决策参考。

一、传统相对收益策略概述

传统相对收益的股票策略，一般需要解决三个重要的资产配置问题：一是大类资产配置，即权益资产和非权益资产（债券为主）的比例问题；二是特定风格和因子的偏离，即如何摆布权益类资产特定的风险暴露；三是行业配置和个股选择，选择相对景气度好的行业或个股，进行一定的权重偏离。

1. 股票仓位的择时

从宏观经济、基本面和估值的角度看，比较有代表性的观察方式有：

1）"货币-信用"组合，作为美林时钟的衍生版本，该理论认为，在由紧信用过渡到宽信用的初级阶段（经济复苏前期），权益类资产相对表现最好，随着终端需求的复苏企业的生产意愿恢复（同步带来的是扩张的融资需求），最终形成收入和企业盈利的增长。

2）基于库存和盈利周期，被动去库存和主动补库存阶段分别意味着需求的持续扩张和企业对未来市场前景的乐观预期的态度。从历史上来看，这两个时期股票相对其他大类资产具有一定超额收益；盈利周期则是通过高频跟踪和调研捕捉全市场 ROE 的拐点（特别是周期类行业），进而对趋势进行预判。

3）估值比较方式，典型的如 FED 股债比价模型及众多的衍生形态，本质上是判断股票相对债券的风险溢价水平，在相对吸引力/股权风险溢价比较高的位置介入。

4）资金流向和微观结构视角，跟踪居民财富向权益市场的转移节奏，产业资本增减持和质押，融资融券余额，公募偏股和混合型基金的发行，北上资金流动等指标，判断资金流动和投资者结构变化的趋势。

2. 风格和因子的选择

风格的选择本质上是投资者对不同回报分布特征的现金流做选择，以 DCF 估值模型为例，即使在给定且相同的长期永续增长率、期间复合增长率、折现率或资本成本和期初现金流的情况下，周期、价值、高速成长、稳定成长四种不同风格的现金流分布也会得出完全不一样的当前市值水平。而对于风格差异，另一种流行的解释是"股票久期论"，例如当投资者风险偏好更高的时候，市场会倾向于对长期现金流给予更高的估值溢价（或更低的远期折现率），进而导致成长风格的强化。因此风格选择的核心便是基于外部环境和投资者自身约束对盈利和现金流分布特征做出方向性的偏移。

如图 3-24 所示，以 30 年折现，30 年后永续增速为 0，并假设 8% 的折现率，T1 时刻现金流为 10 的输入参数举例，让我们更方便地理解不同现金流特征的差异。

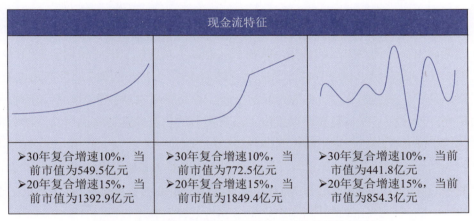

图 3-24　不同增速和现金流特征情形下的估值比较示例

因子选择则更偏向于量化投资视角，正如我们第二章的比喻，把资产视作食材，把因子视作营养元素，把基于因子构建的投资组合视作"营养金字塔"。投资者需要基于股价变动中可被解释的共性特征去认知某一类资产的"因子结构"（当然这种结构也是动态的），进而反过来指导资产选择，目前市场上比较流行的"Smart Beta"策略便是基于这种思想的产品化应用。

3. 行业配置与个股选择

在相对收益目标体系下，行业选择的核心是基于景气度和资金加持程度的比较。同时，大盘对应的基本面判断也可以映射到行业比较框架上，例如寻找行业表现相对强弱与经济和库存周期的规律性特征作为决策依据。

从景气度的角度看，主要包括成长性和盈利能力两重视角，传统价值评估理论认为，企业内在价值创造源于"以高于资本成本的现金回报率实现增长"，因此增长速度（成长性）和资本回报率（盈利能力）是衡量企业经营基本面最重要的尺度。前者的衡量指标包括营业收入、EBITDA、净利润、FCF 的增速，后者代表性的则是利润率、ROE、ROIC 等指标。通过这些财务指标或与其一致预期水平的变化，投资者可以通过"动量效应"去寻找景气度趋势持续强化的行业进行重点配置。从资金流向角度看，主流的策略分析师往往会关注基金行业持仓的结构变化，当某一行业具有景气度拐点的迹象，同时基金存在显著低配时，存在相对超额收益的可能性更大。

个股选择是行业配置的延续，在完成重点配置行业的判断后，还需要寻找质地、性价比最优的资产，市场上选股的逻辑和流派较多，此处不再展开，下面我们重点讨论基于绝对收益目标的选股思路。

二、基于股票市值的风险收益预算

相对收益与绝对收益的目标，某种意义上也是辩证统一的，长期绩优的投资管理人往往既实现了相对收益，又实现了绝对收益。从资产风险溢价的角度看，股票是具有长期绝对收益（3~5 年）的资产，也是相对货币和债券具有超额收益的资产，但这并不能保证在短期维度上具有类似的相对和绝对收益属性，毕竟资产的回报分布在自然年度上看也是不均匀的。

而从中短期维度看（1~3 年），相对收益和绝对收益的目标区别在于，前者需要"战胜市场，跑赢同行"，因此更强调领先于市场的"超额认知"，重点在于捕捉信息的预期差，或押注市场在当下最强势的行业和个股；后者则需要"能赚钱且控制回撤"，因此更看重绝对收益率和回撤空间，为组合留出足够的容错率，投资者倾向于先控制好下行风险再考虑收益的多寡。

因此在构建绝对收益股票策略时，"安全边际"和"预期收益率"是投资中两个需要关注的核心因素。如果不考虑上市公司资本运作、分红派息和再融资的影响，那么股价的波动基本接近市值波动，为了简单起见，我们以适用 PE 市盈率估值法的股票为例，以远期预测 PE 和盈利计算上市公司的远期市值，进而估算其安全边际和收益率水平。

基于绝对收益目标，我们引入了底价市值、关注市值、目标市值的概念（见图 3-25）。

底价市值对应的是在投资者可预见的最悲观情境下，以未来"市场先生"可能对公司市值所报的"底价"作为安全边际的参考。实际应用中资产管理人还需要对悲观情景下对应的财务核心指标参数进行拆分和验证，并结合不同行业的产业特征进行差异化的赋权。例如，高端白酒行业的批发价格、化工行业投入产出比表、商业银行净息差等，都属于差异化的关键变量。需要注意的是，历史底部的估值水平仅作为参考，如果公司的营收结构或商业模式出现了系统性的改变，还需要进一步考虑可能的悲观情景。

底价市值	关注市值	目标市值
• 取最悲观的远期盈利预测和历史底部（或两倍标准差）PE、PB作为测算基准 • 底价市值对应的股票价格作为安全边际 • 以此作为组合潜在最大回撤的控制参考依据	• 取Wind一致预期×折扣系数（0.7~0.8）和历史或主观中性估值作为测算基准 • 位于关注市值的个股标的、综合质地和估值水平、行业研究员结论择机建仓 • 需要充分考虑不同生意特征的差异化估值中枢	• 行业研究员推荐给出的远期市值，Wind一致预期和历史或主观中性估值作为基准 • 对于持仓个股达到目标市值附近逐步减仓止盈 • 作为绝对收益投资预期收益率的参考依据 • 与底价市值共同测算盈亏比

图 3-25　三种市值的概念介绍

资料来源：《固收＋策略投资》

关注市值对应的是投资者可以考虑介入投资的或纳入关注自选股的标准范围。市场有研究指出，券商行业分析师对下一年度盈利预测的历史平均偏差水平大概在 18%（见图 3-26），因此这里对分析师盈利一致预期采用 0.7~0.8 的折扣系数，为预测的潜在误差留出空间。同时需要注意，不同行业的预测误差也存在显著区别，如银行、建筑、食品饮料等偏价值白马行业误差在 10% 以内，而券商、有色金属等周期性行业预测误差能达到 30%~50%。而对于历史中性的估值水平，市场参与者并没有标准的共识，需要投资者进行主观判断。关于估值的依据，我们将在下一节展开讨论。

目标市值对应的是投资者基于当前企业经营情况线性外推的远期市值，其逻辑依据可以来自本机构行业研究员的推荐观点，在研究资源较少的情况下也可以考虑直接使用一致预期，考虑到公司业绩超预期的情况也是资本市场的常态，这种估算还谈不上过度乐观。目标市值是投资者买入后估计预期收益率的"锚"，在股票市值不断上涨接近目标市值的过程中，预期收益率也在持续压缩（假设基本面未出现大幅变化），同时是资产管理人考虑减持或换仓至其他资产的重要依据之一。例如，对于某成长股，研究员看三年翻倍，第一年涨幅 50%，若研究员结论未变，则后两年预期年化回报降低至 15%，如果此时有其他目标市值对应隐含回报率更高的资产，可考虑进行替代。

站在T-1年12月预测T年的盈利增速，多数行业误差较大												
	2010	2011	2012	2013	2014	2015	2016	2017	2018	2019	2020	中值
银行	11%	8%	-3%	6%	-3%	-7%	0%	2%	-1%	-2%	-7%	3%
建筑	-32%	-12%	-37%	2%	-4%	-7%	-4%	5%	-9%	-2%	-12%	7%
食品饮料	-1%	21%	1%	-37%	-23%	-9%	-7%	19%	3%	-4%	-7%	7%
房地产	-4%	-19%	-12%	-9%	-21%	-22%	5%	3%	2%	-3%	-27%	9%
家电	23%	7%	-6%	24%	17%	-25%	7%	10%	-6%	-9%	-9%	9%
医药	-3%	-14%	-9%	-5%	-9%	-8%	-10%	10%	-27%	-13%	5%	9%
消费者服务	-23%	-17%	-11%	-7%	-2%	-16%	-2%	17%	-3%	2%	-85%	11%
电力及公用事业	-12%	-31%	3%	2%	9%	-1%	-28%	-19%	-13%	-18%	7%	12%
机械	43%	11%	-54%	-40%	-37%	-8%	-52%	10%	-12%	13%	14%	14%
国防军工	-10%	-37%	4%	-18%	-15%	-98%	104%	-29%	-32%	-18%	2%	18%
计算机	-28%	-17%	-47%	-15%	-25%	-24%	-11%	-17%	-32%	-12%	-20%	20%
传媒	21%	-15%	-1%	3%	-11%	4%	-28%	-98%	-54%	-45%	30%	21%
汽车	53%	-14%	-28%	18%	-9%	-16%	-5%	-21%	-25%	-38%	-27%	21%
建材	15%	21%	-81%	22%	-23%	-64%	23%	78%	61%	-6%	-1%	23%
纺织服装	-16%	-35%	-38%	-35%	-4%	-7%	-14%	-16%	146%	-23%	-65%	23%
石油石化	5%	-15%	-26%	-6%	-30%	-65%	-59%	-25%	21%	-21%	-50%	25%
电力设备及新能源	-6%	-50%	-66%	33%	-12%	-25%	-29%	1%	-36%	-8%	23%	25%
商贸零售	-1%	-6%	-42%	-28%	-16%	-35%	-4%	41%	42%	-12%	-71%	28%
农林牧渔	-12%	16%	-73%	-11%	-58%	-3%	29%	-27%	-47%	91%	-107%	29%
煤炭	10%	-2%	-29%	-33%	-40%	-96%	310%	112%	-5%	-2%	-6%	29%
轻工制造	-44%	-49%	-103%	20%	-44%	24%	-33%	11%	-34%	-14%	-17%	33%
基础化工	-70%	1%	-42%	-33%	-5%	-49%	-20%	2338%	1%	-150%	-14%	33%
电子	-43%	125%	-105%	87%	-19%	-33%	-10%	7%	-43%	-22%	-3%	33%
交通运输	264%	-56%	-33%	-22%	8%	-16%	-34%	39%	-17%	-20%	-87%	33%
非银行金融	-9%	-38%	-49%	25%	33%	42%	-44%	9%	-34%	46%	-4%	34%
有色金属	53%	-2%	-82%	-57%	-133%	-261%	194%	64%	-51%	-56%	42%	57%
通信	-35%	-61%	-127%	204%	-17%	-24%	-89%	74%	-22%	-42%	-30%	74%
钢铁	11%	-81%	-92%	288%	-96%	-213%	575%	187%	13%	-58%	-7%	92%

图3-26 行业盈利预测误差统计

资料来源：Multi Asset Investor

三、基于股票盈利质量的估值打分卡

在二级市场权益投资中，估值可能是最"艺术"的部分，具有不同产业特征和处于不同成长周期的企业，适用的估值方法也不尽相同。为讨论方便，我们这里仅以PE市盈率估值作为主要方式举例。

在信用债投资领域，有成熟的"信用打分卡"模型，即基于债券发行人股东

背景、行业状况、经营和财务情况进行定性分档，并通过定量加权的方式确定企业信用的综合资质水平，并给予其内部评级符号。不同的评级符号对应着不同水平的"隐含违约率"，而资质越差、隐含违约率越高的发行人，对于投资者而言要求回报率（买入到期收益率）越高。下面我们来重新回顾一下信贷打分卡的基本逻辑框架，见表3-5。

表 3-5 信贷打分卡示例

评价指标	打分权重	评分要素	评价内容/指标说明
股东背景	20%	第一大股东的企业性质	分央企、地方国企、外资、民企、个人等
行业状况	20%	行业盈利水平	营业利润/营业总收入
		行业债务负担	资产负债率
		变现能力	销售商品提供劳务收到的现金/营业收入
		竞争格局	分完全竞争、不完全竞争、垄断竞争、寡头垄断和完全垄断
		产业周期性	分弱周期、普通周期和强周期
		产业发展阶段	分起步期、成长期、成熟期和衰退期
		行业景气度展望	分萧条、下滑、不变、复苏和繁荣
经营分析	20%	规模优势	包括总资产规模和净资产规模
		产品多元化优势	分单一产品、2、3类产品但相关性强、2、3类产品但相关性不强、多元化程度高
		龙头优势	分全国性龙头、区域型龙头、非龙头企业
		经营稳健性	结合近年现金流情况、未来资本支出情况和当前债务负担进行分析
财务分析	40%	盈利能力	毛利率、期间费用率、总资产报酬率、利润总额、EBITDA、盈利稳定性和成长性共7个指标
		营运能力	分应收账款周转率、存货周转率共2个指标
		现金流压力	分现金营运指数、资本支出压力、经营现金流稳定性和趋势性共4个指标
		债务结构和债务负担	分流动比率、现金到期债务比、长期资产适合率、资产负债率、EBITDA/有息债务、债务压力趋势共6个指标
		或有事项	分对外担保/净资产、是否存在未决诉讼/仲裁、信息披露完善度共3个指标

在绝对收益股票投资上，我们或许可以部分参考信用打分卡的逻辑，即对于股票盈利质量越高的公司，投资者的要求回报率越低。在不考虑分红率影响的前提下，根据 PB=PE×ROE，更高的要求回报率意味着更低的 PE 水平、更高的折现率，在给定的盈利水平下，其股权更容易"折价交易"，从而表现为更低的 PB 水平。若 PB 约等于 1，则股东长期的资本回报率接近其 ROE 水平；正如面值

100元交易的债券，长期回报接近到期收益率。

以此我们尝试建立一个"估值打分卡"，让盈利质量和估值水平与要求回报率形成映射关系，见表3-6。

表3-6 估值打分卡示例

评价指标	评分要素	参考打分权重	评价内容/指标说明
盈利的现金含量	自由现金流	10%	企业自由现金流、股东自由现金流，考虑绝对值、增速和利润占比
	经营/投资/筹资现金流	7%	重点考察主营业务收入创造现金的能力，是否需要持续大额的资本开支，是否大规模举债经营
	应收/预收账款	5%	考察应收账款占收入比例，前十大客户结构和集中度，是否能占用上游供应商资金经营
	营运资金占用	3%	关注正常经营占用资金体量的情况
盈利的稳定性	行业周期性	10%	营业收入、毛利率、净利率、营业利润的变化趋势；与宏观经济、地产基建的相关性
	产品多元化	5%	产品体系布局更完整的公司受行业周期影响更小
	客户集中度	5%	单一大客户模式下企业的收入波动性偏大
	公司治理	5%	管理层从业履历及高管变更情况，股权激励是否到位等
盈利的持续性	需求长期存在的确定性	5%	根据第三方咨询数据看远期市场空间，业务是否符合社会发展和产业大趋势
	竞争壁垒	10%	相对同行的竞争优势能否长期存在，产品差异化特征
	生命周期的具体阶段	3%	导入期的企业经营风险较大，进入稳定成长期的企业相对经营的可持续性较好，成熟和衰退期需要关注被技术进度颠覆的风险
	定价权	5%	产品价格跑赢通胀。在不影响需求的前提下，具备稳定的提价能力，或产品持续升级提供更高的产品附加值
盈利的成长性	业务扩张	5%	内涵或外延式扩张的情况，是否能通过利润留存或融资增厚净资产
	利润率提升空间	7%	成本费用端能否下降，产品附加值或价格能否提升，同时考虑经营杠杆
	市场前景	5%	赛道和产业趋势的长期发展前景，渗透率、集中度能否持续提升；终端需求的长期趋势
	财务杠杆	5%	债务水平或权益乘数是否存在进一步提升的空间
	周转率	5%	能否通过高效经营提升总资产周转率

巴菲特曾经说过"股票不过是穿着股票外衣来参加华尔街化装舞会的、长期资本回报率为12%的债券"，从这个意义上讲，我们可以把股票看作"票息不固

定，现金支付比例不确定"的债券，支付比例源于企业的现金流和分红政策，而票息源于每股收益 EPS，估值则是在给定的票息水平下，投资者愿意相对企业净资产以一定的折价或溢价程度去交易股票的价格。

下面我们简单讨论衡量盈利成色的几个维度。

1）盈利的现金含量比较直观，同样水平的盈利如果现金含量更高意味着股东可分配的资金量越高，毕竟债券如果不用现金付息，也称得上是"技术性违约"了。

2）盈利的稳定性考虑的是当前的"票息水平"是否具备线性外推的逻辑依据，需要规避的是逐年递减或波动过大的"票息支付特征"。

3）盈利的持续性则是基于股票相对债券并无偿还本金条款（当然投资者可以在二级市场变现），需要更久的经营存续期才可以获得充足的现金回报。即使短期盈利高增，但如果经营存续期较短，相当于投资者承担了额外的违约或退市风险。

4）盈利的成长性则是考虑"票息"是否有长期增长的可能性，当远期现金流占比提高时，也意味着资产的久期更长，因此一个回报分布逐年递增的现金流分布在低利率环境下更具优势。

基于以上四个维度的考虑，资产管理人可以根据行业特征差异和投资组合的约束合理地对其进行赋权打分，并根据得分结果对应到不同的估值水平。这种映射关系既可以是绝对值的对应（如 90 分对应 30 倍远期 PE，60 分对应 15 倍），也可以是相对股票自身历史估值中枢的偏离标准差程度。投资者可结合实际情况进行调整和应用。

四、基于赔率和胜率的绝对收益组合管理

有了远期估值水平的模糊尺度，以及不同情境下的盈利预测，便可以对绝对收益股票备选资产和投资组合中已持有的权益类资产进行盈亏比（赔率）的大致测算，考虑到目前主流固收 + 产品客户或渠道端要求的预期收益 / 最大回撤一般为 2~3 倍（例如 6% 预期收益的产品可接受的最大回撤在 2%~3%），那么拟投资的绝对收益股票盈亏比大于 2 是比较基础的标准，如某绝对收益资产当前市值距底价市值的理论回撤空间为 30%，现价买入达到一年期目标市值的预期收益率超过 60%，便可以作为该类目标组合的备选观察标的。

而根据凯利公式理论，投资中的下注比例 $f=(bp-1)/(b-1)$，其中 b 为赔率，p 为胜率。若投资者经过估算认为某股票盈亏比大约为 3 倍，同时有 40% 的胜率把握（确定性），那么可以投资 10% 的资金量，这也是传统公募组合最高的单一

持股上限。当然，如果资产管理人运作的是股债比例 20/80 偏债混合型组合，则同样案例经调整后应该是 20% 股票仓位的 10%，占总仓位的 2%。

如果遵循凯利公式的思想，意味着如果只是满足 2 倍的基础盈亏比，则该资产需要超过 50% 的胜率才有参与的意义。而在投资实践中，通过深度研究和调研持续提升对证券基本面的认知水平，是提升投资胜率的关键。根据笔者个人经验，投资机会胜率的评估需要考虑如下因素。

1) 决策相关的信息质量。市场上存在各种原始或加工过的信息来源，投资者需要有所取舍，筛选高质量和关键信息作为投资观点的依据。

2) 边际增量信息的跟踪频率。随着机构占比提升，A 股市场有效性提高，证券价格会迅速反映增量信息，这对资产管理人实地调研和跟踪频率提出了更高要求。

3) 研究人员的经验/能力。有竞争力的研究团队能够更好地提炼和整合有效的投资参考信息，并转化为投资结论，有助于资产管理人把握市场机会。

同时，赔率与胜率综合权衡并映射到仓位管理的路径，同样可以作为多资产绝对收益组合中调整分类资产权重的依据。例如，对于平衡型转债而言，由于其内嵌平值期权的高 Gamma 特征，假设转债正股上涨时 delta 平均水平为 0.6，正股下跌时 delta 平均水平为 0.4，则意味着在该价格区间盈亏比约为其正股资产的 1.5 倍。因此投资者在考虑使用绝对收益类股票替代平衡型可转债仓位时，在胜率打平的情况下，股票需要更高的"盈亏比补偿"才值得考虑。

以此类推，偏债型转债相对平衡型转债或许具有更高的盈亏比（不考虑违约情形），但其内嵌虚值期权的特征使其获得巨大盈利的概率较低，因此常常在组合中偏战术配置；反过来看，信用债虽然理论盈亏比很差，但其遭遇巨大损失的概率较小，在组合中一般可进行战略配置。这里给我们的启示是，绝对收益目标投资中的胜率，不只是考虑盈利的确定性，更是对资产综合回报概率分布的一种模糊估计，对于概率分布存在显著正偏或负偏的资产，还需要进一步考察其不同收益空间的可能性。

五、小结：多资产管理的启示

以主流股债绝对收益组合来看，把权益类资产和固定收益证券纳入相对统一的价值比较框架可以让投资决策变得更具科学性，而这种可比的标准既可以是自上而下基于宏观经济环境的大类资产配置决策判断，也可以是自下而上基于特定证券资产安全边际、预期收益和回报分布的权衡，而后者对于绝对收益目标的投资者可能更有参考价值。

最后需要注意的是，绝对收益证券的选择除了以上考虑因素外，依然需要充分借鉴传统相对收益股票策略的框架思想。例如，资产在行业上的配置不能过度偏离，特别是主观判断的远期中性估值和存在潜在误差的一致预期，如果不充分考虑行业差异，很容易导致过高的行业或风格集中度，因而引入新的组合风险。归根结底，绝对收益和相对收益的目标虽然存在差异，但在方法论上需要资产管理人求同存异，通过多重视角考虑组合约束条件下的最优解。

六、公司基本面分析与估值要点简析

前文我们提出了一个基于盈利质量判断的"估值打分卡"构想，而盈利质量某种意义上就是公司经营基本面在投资者认知中标签化的看法，但落实到个股投资上，需要我们尽快把已知的基本面信息进行分类梳理。我们对上节的估值打分卡进行适当简化，保留重点内容并加入更多定性的基本面信息，重新梳理做成表格，见表3-7。

表3-7 个股案例分析要点

分析类别	具体内容	简要说明
公司主营业务情况	公司业务结构	公司各类型业务的收入占比，利润率水平和变化趋势
	产业链特征	主营业务所在的产业链结构，上下游的变化趋势
长期的投资逻辑	市场空间及潜力	重点关注公司具体业务未来的市场空间是什么量级的
	盈利增长的来源	从供需端、成本费用端、产能外延端三个方面分析公司的盈利增长主要靠什么拉动
	新业务增长点	是否有尚未形成规模效应但极具增长潜力的新业务、新产品
公司质地情况	成长性和盈利水平	历史和一致预期对应的收入利率增速如何？资本回报水平是否较高且稳定
	稳定性和确定性	主营业务是否有周期性，预测的可靠性如何？客户结构和竞争格局是否稳定？
	经营的持续性	ESG评价的各分项数据表现如何？是否有高强度的研发投入？竞争壁垒和优势有哪些？
	信用质量和现金含量	偿债能力和资本结构如何？盈利的现金含量如何？
估值与风险	投资价值综合评估	作为高股息资产的静态收益如何？成长性和相对估值是否匹配？安全边际和潜在风险如何？

在第四章和第五章中我们会将此作为主要的分析模板。

第四章 高股息资产的案例分析

本章将重点探讨高股息资产的内在价值与投资逻辑,通过细致的案例分析,揭示不同行业龙头高股息企业的经营哲学与财务表现。我们将跨越服饰、能源、食品、科技及辅料等多个领域,逐一剖析海澜之家、广汇能源、双汇发展、焦点科技及伟星股份等公司的投资价值与潜在风险。

在具体个股案例中,我们将概述高股息资产的核心优势,包括但不限于稳定的现金流、较高的股息率,以及在多变市场中的防御特性。本章旨在通过对这些不同行业领先企业的深入分析,为投资者提供一个全面的视角,以评估高股息资产在当前和未来市场环境下的吸引力。我们不仅关注公司的历史表现和当前状态,更着眼于其持续成长潜力、行业地位、经营策略、财务健康状况及潜在的市场风险。

股票分析方法万变不离其宗,对高股息资产的研究最终也必须落实到估值和风险评估上,这同样是本章将重点介绍的内容。

第一节 海澜之家:现金牛打造分红确定性

海澜之家是 A 股男装行业的龙头公司,也是较为典型的红利高股息资产,本节我们将对其基本面情况和分红能力进行具体分析。

一、公司主营业务介绍

海澜之家成立于 1997 年,是多品牌服饰生活零售集团(见图 4-1)。作为国内男装龙头品牌,定位于为 20~45 岁男性消费者提供全场景需求的高价值力服装产品,并逐步拓展第二增长曲线:在 2017 年后相继推出潮流男装黑鲸、女装 OVV、生活类家居海澜优选,收购婴童装品牌男生女生、英氏,代理运动品牌海德,构建服装品牌矩阵,逐步从"男人的衣柜"拓展为"全家人的衣柜"。与公司基本面相关的概念板块主要包括高股息精选、新零售、三胎概念等。

赛道	职业装定制	潮流男装	女装	童装		运动	家居生活
品牌	圣凯诺 SANCANAL	黑鲸 HLA JEANS	OVV	男生女生 YEEHOO	英式 HEYLADS	海德 HEAD	海澜优选
定位	服装智能定制专家	与年轻人共创生活潮流方式	为专业独立女性打造摩登新橱	平价快时尚一站式儿童生活馆	高端婴童生活专家	专业运动品牌	家居生活全品类一站式购物

图 4-1 海澜之家品牌矩阵概览

资料来源：海澜之家公司公告

从 2023 年年底公司的业务结构来看，主要经营品类包括裤子（占比 20%，毛利率 43%）、T 恤（占比 15%，毛利率 47%）、羽绒服（占比 42%，毛利率 42%）、衬衫（占比 10%，毛利率 43%）、西服（占比 9%，毛利率 43%）等。

从产业链上下游的情况来看（见图 4-2），服装零售行业的上游是纺织行业的面、辅料子行业和成衣制造业，随着外包式生产方式的流行，服装零售行业和上游行业的联系度不断增强。同时，上游行业的激烈竞争增强了服装零售行业对上游的议价能力。服装零售业的下游直接面向服装零售顾客，商业模式接近品牌商。我国巨大的人口基数、不断提高的人均可支配收入、快速推进的城市化进程及多样化、品牌化的服装消费，保证了服装零售业拥有广阔且日益扩大的消费市场。

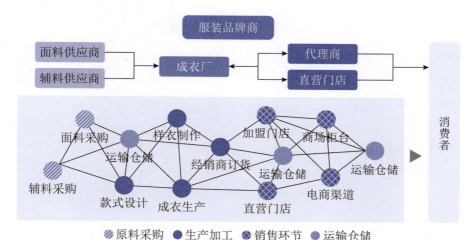

图 4-2 服装产业供应链情况

资料来源：渤海证券

从经营模式来看（见图 4-3），海澜之家的销售环节分为线下销售和线上销售。线下销售环节主要采取自营和加盟相结合的类直营管理模式。加盟店是加盟商自筹资金、以自身名义办理工商税务登记手续设立的，加盟商拥有加盟店的所有权。但门店的内部管理由海澜之家全面负责，加盟商不参与加盟店的具体经营，只负责支付相关费用。海澜之家与加盟商之前的销售结算采取委托代销模式，海澜之家拥有商品的所有权，加盟商不承担库存滞销风险，商品最终销售后，加盟店与海澜之家根据协议约定结算公司的营业收入。从不同类型经营模式的盈利能力对比来看，海澜之家过去线上渠道毛利率更高，但近年来逐步和线下渠道拉平（见图4-4）；从直营店和加盟店对比来看，前者的毛利率明显更高（见图4-5）。

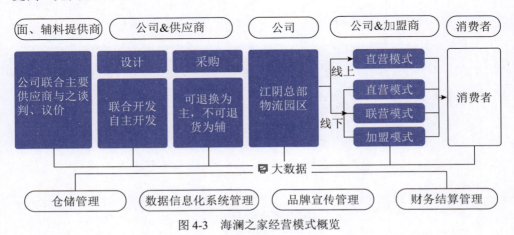

图4-3 海澜之家经营模式概览

资料来源：公司官网

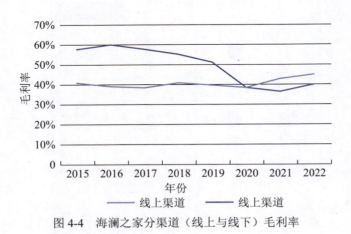

图4-4 海澜之家分渠道（线上与线下）毛利率

图 4-5 海澜之家分渠道毛利率

二、中长期投资逻辑

1. 长期维持高分红比例，经典的高股息资产

如图 4-6 所示，公司上市以来累计分红超过 194 亿元，累计回购 13.6 亿元，2020 年、2021 年、2022 年分红比例分别为 62.0%、88.4%、86.2%，高分红特征明显。公司在 2023 年的分红比例达到了 90%，股息率超过 6%，显著高于万得全 A，考虑到公司运营稳健、现金流充沛，未来有望继续保持高分红。

海澜之家 600398.SH 9.03 -1.42% 分红统计

上市以来分红统计

上市年份	2000
上市以来累计现金分红次数	21
上市以来累计实现净利润(亿元)	300.47
上市以来累计现金分红(亿元)	194.35
上市以来平均分红率(%)	64.68
派息融资比(%)	114.09
近3年平均归母净利润(亿元)	25.33
近3年累计现金分红(含回购)(亿元)	67.50
近3年累计分红/年均利润(%)	266.50

	海澜之家	万得全A
股息率(近12个月)(%)	6.20	2.47
股息率(最新年度)(%)	7.55	1.34
现金分红总额(最新年度)(...	26.90	11,777.64
股利支付率(%)	91.11	22.40
1年股利增长(%)	44.80	-46.27
3年股利增长(%)	34.48	-8.03
5年股利增长(%)	9.69	-0.84
DPS增长率(一致预测)(%)	27.21	2.13

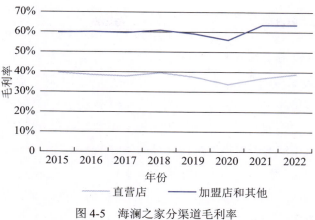

图 4-6 海澜之家分红统计

资料来源：Wind

2. 男装品牌商赛道稳定增长，同时集中度提升

根据欧睿数据，2023 年我国男装市场零售额为 5616.52 亿元，同比增长 8.11%，主要系商务社交场景恢复，服装消费得到补偿性修复。据欧睿数据预测，2023—2028 年我国男装市场规模复合增速在 2.90% 左右，2028 年市场规模有望达到 6478.14 亿元。

同时，中国男装行业集中度稳步提升，CR5（指行业中最大的五家企业的市场份额总和）与CR10分别从2014年的10.0%、14.6%提升至2023年的13.0%、20.2%。2023年我国女装市场CR5仅为4.8%，男装市场集中度远高于女装市场，主要是女装潮流迭代较快，消费者需求更多元化，而男装对时尚性要求较低，品牌忠诚度更高。2023年日本、韩国、美国的男装行业CR5分别为31.6%、15.9%、15.2%，对比发达国家，中国男装行业集中度仍有一定提升空间。

3. 有望受益于消费者对高性价比产品的偏好趋势

2023年以前，受环境影响，消费者可支配收入增速有所放缓，同时对于未来的就业、收入信心还有待恢复，因此消费意愿受到抑制。普华永道发布的《2023年全球消费者洞察调研》显示，51%的中国消费者正在减少非必需品支出，而对于必需品，人们开始选择更质优价低的购买途径。当前消费者更加理性，对于服装的消费需求也愈加倾向于性价比。在男装品牌中，海澜之家加价率较低，性价比属性凸显。类似的案例可以参考日本经济增长放缓阶段，优衣库和无印良品等品牌的成长。

三、公司质地情况

1. 成长性和盈利水平

如表4-1所示，与公司所在的申万三级行业非运动服饰整体情况对比来看，海澜之家近年来的收入和利润增速都明显领先于行业平均水平。2023年其摊薄后的ROE水平超过18%，几乎是行业平均ROE的3倍，反映出其较强的行业竞争优势。从杜邦分析拆解的角度看，公司的财务杠杆水平并没有明显超过平均水平，更多是依靠更高的利润率和周转率来实现超额的经济利润。

表 4-1　海澜之家与其所在行业财务对比

海澜之家	2019年报	2020年报	2021年报	2022年报	2023年报
营业收入同比增长率/%	15.09	-18.26	12.41	-8.06	15.98
扣非净利润同比增长率/%	-7.81	-42.52	37.79	-13.04	30.61
净资产收益率（摊薄）/%	23.60	13.02	16.62	14.76	18.39
投入资本回报率/%	19.37	10.44	13.35	10.73	15.14
销售毛利率/%	39.46	37.42	40.64	42.89	44.47
销售净利率/%	14.42	9.56	11.89	11.11	13.56
总资产周转率/次	0.75	0.63	0.68	0.58	0.65
资产负债率/%	52.06	49.78	52.11	55.66	52.43

续表

非运动服饰（851329）	2019 年报	2020 年报	2021 年报	2022 年报	2023 年报
营业收入同比 /%	-0.21	-9.42	4.08	-20.00	0.28
净利润同比 /%	59.67	-31.87	7.80	-23.45	-26.42
净资产收益率 /%	8.17	3.97	6.37	5.05	6.31
总资产收益率 /%	4.55	1.98	3.08	2.42	3.15
资产负债率 /%	43.62	46.82	49.12	49.26	49.38
总资产周转率 / 次	0.47	0.46	0.51	0.47	0.58

资料来源：Wind

如果按照前文提到的欧睿预测数据，全行业未来五年能实现 3% 左右的收入增速，那么按照海澜之家当前的相对竞争优势，其收入和利润增速达到 10% 左右应该是一个相对保守的预测。男装零售市场总规模在 5000 亿元以上，当前海澜之家仅有 200 亿元出头的收入体量，或许也还有进一步提升市场份额的空间。

2. 稳定性和确定性

从盈利预测的差异率情况来看，海澜之家近五年的 EPS 的预测误差率为 9.6%、-1.3%、-12.5%、-14.4%、10.8%，所在行业近四年的预测误差率为 7.3%、-1.1%、-1.3%、-21.2%。横向对比来看，无论是行业预测误差还是个股预测误差都处于市场中较低的水平。值得一提的是，非运动服饰行业近四年的收入预测误差率全部低于 3%，堪称确定性极高的赛道。

从行业竞争格局来看（见图 4-7），休闲男装近年来格局发生了一定变化，HM、GXG、杰克琼斯、以纯等品牌市场占有率下滑，海澜之家市场占有率提升至 5.0%，行业第二名优衣库市场占有率为 2.2%，公司稳居男装龙头地位。但总体上行业的集中度仍然比较分散。

从客户集中度情况来看，由于海澜之家主要为 C 端零售客户，前五大客户合计占比仅为 1.5%。供应商集中度略高，前五大占比 21%。但考虑到行业内零售品牌商相对服装制造商的议价优势，原材料潜在成本波动带来的问题不大。

3. 经营的可持续性

从公司 ESG 评价的角度看，Wind 评级为 BB，综合得分 5.57，公司治理得分 4.79，在纺织品行业排名 172/225。嘉实 ESG 评分 31.73，全市场排名 4164。

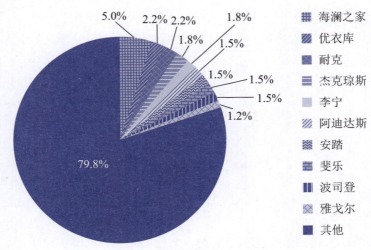

图 4-7 男装各品牌市场占有率

资料来源：财通证券

研发投入来看，近三年平均研发费用投入占收入比例在 0.5%~1% 之间，在业内属于中等水平。2022 年年末公司研发人员数量为 963 人，研发人员占比为 4%。2022 年公司完成了面向个性化定制与团体定制的智能裁剪系统的研发，逐步向前端业务管理和后端生产管理延伸，初步建成自动化智能裁剪的柔性生产线，获得江苏省工业和信息化厅颁发的"智能制造示范工厂"荣誉。

业务的竞争壁垒和优势来看，一方面，海澜之家品牌通过绑定供应商与加盟商，凭借独特的经营模式快速增长，门店规模迅速扩张。上下游利益链的绑定使公司在景气时共同获益，下行时共担风险，公司较强的议价能力实现保持国民品牌性价比的优势。另一方面，旗下职业装品牌圣凯诺具备面料服务一体化的产业链，成本控制的能力较强。

4. 信用和现金质量

信用资质方面，公司主体评级均为 AA+，YY 评级 6-，CM 评分为 2，对应 5 年违约率 1.65%。总债务规模在 60 亿元左右。期限结构上，截至 2023 年第一季度，短债占总债务的 31.49%，以长期债务为主，现金短债比为 6.74，因货币资金较多短期偿债能力仍有保障。2020—2022 年全部债务 /EBITDA 分别为 1.78、1.37、1.59，长期偿债压力较轻。从债务品种结构来看，银行占 9%，债券占 48%，非标占 14%，其余为票据类债务，直融和非标比例偏高，品种结构不佳。品种结构上，公司以直融为主，融资渠道稳定性较差。截至 2023 年一季度末，公司获得银行授信总额 84.71 亿元，尚未使用 61.87 亿元，仍有一定备用流动性。

在现金质量方面，公司应收账款占收入比例在 5% 左右，属于偏低水平；净营运资本占用长期为负，反映了公司对上游占款和转移风险的能力较强；近十年来自由现金流均为净流入，具备极佳的现金创造能力；现金收入比长期高 100%。2023 年公司经营性现金流 52 亿元，是净利润的 177%。各项现金质量相关指标均处于全市场优秀水平。

四、估值与风险分析

海澜之家的估值可以从两个视角来看，考虑到其现金流极好且分红率有保障，可以将其视为类债券资产，则需要进一步考虑如果市场以股息率进行定价，那么股价对股息率下行的敏感程度如何？根据简单测算不难看出，每 50 个基点的交易股息率下行大概对应 12% 左右的股价涨幅，在这一定价范式下对利率的预测是最关键的。另外，以传统的相对估值视角来看，公司中性水平的市盈率大概在 15 倍左右，因其历史上盈利预测的误差率较低，如果采用 2025 年盈利预测最小值计算，公司的目标市值大概在 525 亿元左右。

经营风险方面，主要需要关注以下事项：①根据 2023 年年报，海澜之家出售了男生女生业务，获得一次性收益 1.6 亿元，侧面反映其部分板块的经营能力还是存在局限性；②公司近年来存在持续的资产减值损失（每年 4 亿~5 亿元），主要是存货减值计提和商誉减值，对资产质量风险需要进一步关注；③ 2024 年一季度门店数出现了净减少，与经营战略相悖，需要关注其在门店区域下沉中因政府资金不到位导致的建设周期拉长问题。

第二节 广汇能源：股息率和成长性的平衡

广汇能源是煤炭板块具有一定成长性的高分红公司，本节将对其基本面情况和分红能力进行具体分析。

一、公司主营业务介绍

广汇能源（600256.SH）是第一家布局"气煤油"，集上中下游于一体的民营能源企业。公司营收和毛利主要源于天然气、煤炭业务。如图 4-8 所示，该公司初步形成了能源开采（煤炭和油气开采）、资源转化（甲醇、LNG[①] 和煤炭分级利用）和物流贸易（铁路、公路及 LNG 储存运输）的一体化产业格局。公司基

---

① 液化天然气（Liquefied Natural Gas）

本面涉及的市场概念主要包括煤化工、页岩气、高股息精选、煤炭概念等。

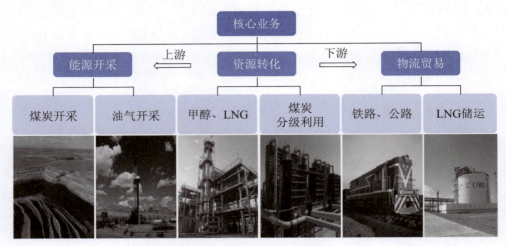

图 4-8　广汇能源核心业务构成

资料来源：广发证券

公司营收和毛利主要源于天然气、煤炭业务。2023 年公司天然气、煤炭、煤化工营业收入分别占总营收的 64.58%、24.79%、12.90%，2023 年公司天然气、煤炭、煤化工毛利率分别为 8.1%、34.7%、23.7%。

从天然气产业链情况来看（见图 4-9），上游主要涉及天然气的勘探与开采。天然气的来源包括国产天然气、进口管道气（陆气）和进口 LNG（海气）。中游环节包括天然气的储存和运输。储存运输主要通过管道网络、LNG 槽车等方式进行。下游则是天然气分销和终端消费市场。城市管道负责将天然气分销至终端用户，包括居民用气、工业用气和汽车用气等。

从煤炭产业链的情况来看（见图 4-10），上游主要包括原煤的开采和生产设备、智能化系统的供应。中游涉及煤炭的洗选和加工，将原煤转化为不同种类的煤炭产品，如褐煤、烟煤、无烟煤等。下游则是煤炭的应用领域，主要包括电力、钢铁、化工和建材等重要行业。煤炭消费量在能源消费总量中占据较大比例，火力发电和钢铁行业是煤炭的主要消费领域。

广汇在天然气业务领域采取"自产+贸易"模式，例如其哈密煤化工工厂所产 LNG 来源煤制甲醇项目，其煤炭原料来自公司自有矿区，具有成本低、供应稳定的优势。贸易气方面，公司主要是外购气，主要依托江苏南通港吕四港区 LNG 接收站开展 LNG 贸易，通过贸易价差获得利润，近年来外购气比例在逐步增加。

第四章 高股息资产的案例分析

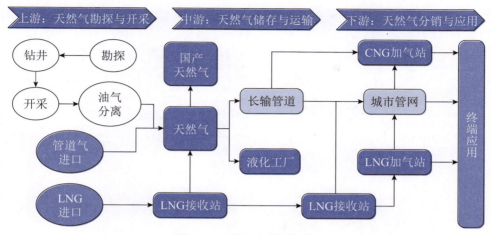

图 4-9 天然气产业链概览

资料来源：国泰君安证券

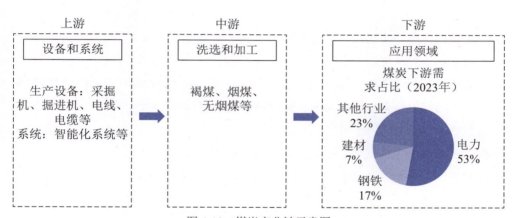

图 4-10 煤炭产业链示意图

资料来源：西部证券

二、中长期投资逻辑

1. 长期维持高分红比例，股息率有较高的吸引力

如图 4-11 所示，广汇能源上市以来累计分红 143 亿元，近 12 个月的动态股息率超过了 10%。同时，前期公司公告 2022—2024 年度连续三年累计分配的利润不少于近三年实现的年均可供分配利润的 90%，且每年实际分配现金红利不低于 0.70 元 / 股。按其股价 8 元计算，保底分红 0.7 元 / 股对应公司股息率约 8.75%，高分红带来的投资确定性为公司未来估值抬升提供了有力支撑。

广汇能源 600256.SH 7.49 -2.35%	分红统计			
上市以来分红统计				
上市年份	2000		广汇能源	万得全A
上市以来累计现金分红次数	15	股息率(近12个月)(%)	10.57	2.47
上市以来累计实现净利润(亿元)	362.11	股息率(最新年度)(%)	9.80	1.34
上市以来累计现金分红(亿元)	143.83	现金分红总额(最新年度)(...	45.47	11,777.64
上市以来平均分红率(%)	39.72	股利支付率(%)	87.90	22.40
派息融资比(%)	227.03	1年股利增长(%)	-12.50	-46.27
近3年平均归母净利润(亿元)	71.71	3年股利增长(%)	—	-8.03
近3年累计现金分红(含回购)(亿元)	183.63	5年股利增长(%)	46.26	-0.84
近3年累计分红/年均利润(%)	256.05	DPS增长率(一致预测)(%)	80.30	2.13

图 4-11　广汇能源分红统计

资料来源：Wind

2. 产能持续扩张有望带来业绩弹性释放

公司煤炭储量丰富，资源禀赋优异，是疆煤保供的核心标的。如果马朗煤矿投产顺利，2024 年预计为公司带来 2000 万吨产量增量，按照吨煤 100 元计算可额外贡献 20 亿元利润。此外，"十四五"期间随着东部矿区的建设投产，公司煤炭产能保持快速增长状态。中期来看，煤炭供给偏紧格局下，预计 3~5 年内煤价中枢将维持相对高位，产量的高增长将为公司带来高盈利弹性。此外，近期铁路总局下调了疆煤外运的运费，减少了疆煤的成本劣势，有利于稳住广汇的煤价和销量。

3. 天然气价格有望低位反弹，景气度逐步恢复

2023 年全球天然气价格受全球经济增速放缓影响，高位回落，但供给较为刚性，根据市场主流卖方预计，短期供给偏紧格局将延续，价格中枢有望上移。在此背景下，公司长协贸易气及自产气凭借低成本优势，充分受益于价格弹性，稳定贡献盈利。

三、公司质地情况

1. 成长性和盈利水平

从公司所在的申万三级行业油品石化贸易的情况对比来看（见表 4-2），广汇能源近三年来的收入增速显著快于行业平均水平，利润增速由于 2022 年的高基数效应，2023 年增速不及行业平均。净资产收益率和 ROIC 等资本回报指标显著高于行业平均，从杜邦拆解的角度看，主要得益于公司更高的周转率水平，以及成本优势带来的较高利润率。

作为新疆的龙头煤企，公司未来成长的主要来源还是产能释放，但目前在政策督导下出现了减产，叠加其 90% 的分红率承诺，预计内生增长速度不会太快，可能在 5% 以下的水平。从投资的角度看，还是需要紧密跟踪盈利能力和资本回

报率能否维持,这也是决定未来分红水平的关键。

表 4-2 广汇能源与其所在行业财务对比

广汇能源	2019 年报	2020 年报	2021 年报	2022 年报	2023 年报
营业收入同比增长率 /%	8.81	7.78	64.30	138.93	3.48
扣非净利润同比增长率 /%	-0.65	-5.66	217.51	117.53	-49.95
净资产收益率(摊薄)/%	10.01	7.96	23.90	39.27	17.86
投入资本回报率 /%	5.87	4.41	13.69	25.35	11.56
销售毛利率 /%	31.72	28.17	38.41	28.63	16.35
销售净利率 /%	10.32	7.34	19.49	18.78	8.01
总资产周转率 / 次	0.29	0.29	0.44	0.98	1.02
资产负债率 /%	65.90	68.14	65.20	53.54	51.56
油品石化贸易	2019 年报	2020 年报	2021 年报	2022 年报	2023 年报
营业同比 /%	-4.12	81.12	63.20	-21.66	-21.77
净利润同比 /%	-54.77	120.35	192.43	-26.95	0.70
净资产收益率 /%	12.66	32.09	17.76	6.80	9.30
总资产收益率 /%	6.53	15.22	7.23	2.45	3.27
资产负债率 /%	45.22	46.77	57.16	58.22	57.52
总资产周转率 / 次	1.00	1.07	0.60	0.41	0.50

资料来源:Wind

2. 稳定性和确定性

从盈利预测的差异率情况来看,广汇能源近五年的 EPS 的预测误差率为 -14.8%、-2.3%、4.5%、17.9%、13.8%,所在行业近四年的预测误差率为 46%、-6%、-23.6%、-24.1%。横向对比来看,所在行业的预测胜率一般,但广汇能源个股层面的预测误差率尚可,历史上看均未大幅偏离盈利预测最小值。考虑到历史上煤炭行业的强周期属性,广汇能源在行业内已经属于确定性较强的公司。

从行业竞争格局来看,天然气生产地主要集中在西部地区,尤其是陕西、四川、新疆等地,这三个省(自治区)的产能超过 70%,中国石油、中国石化、中国海油等综合油气公司在天然气行业市场中占有领先地位,"三桶油"占到了天然气产能的 80% 以上,广汇能源在天然气和煤炭生产上都不是行业第一梯队,但在新疆省内有一定的区域影响力。

从客户集中度情况来看,广汇能源前五大客户销售收入占比 48.6%,近年来处于持续提升的态势,其中前两大客户占比超过 30%,需要关注。

3. 经营的可持续性

从公司 ESG 评价的角度看，Wind 评级为 BBB，综合得分 6.24，公司治理得分 5.34，在石油天然气行业排名 32/111。嘉实 ESG 评分 46.88，全市场排名 2872。

从研发投入来看，近三年平均研发费用投入占收入比例在 0.5%~1.4% 附近，在业内属于较高水平。公司主要的技术围绕成本控制和节能减排展开，例如其煤化工项目首次将"WHB 合成气制乙二醇技术"应用于荒煤气制乙二醇，年可有效利用荒煤气 30 亿方，有效节省标煤 60 万吨，每年可直接减排二氧化碳 60 万吨，间接减排二氧化碳 170 万吨。同时引入国内领先的 CCUS（碳捕集）应用技术，拟整体规划建设 300 万吨 / 年的二氧化碳捕集、管输及驱油一体化项目，采用分期建设。

公司的业务竞争壁垒和优势主要体现在成本控制能力上（见图 4-12）：广汇能源的单位煤炭销售成本显著低于同业公司，自建物流系统降本增效，经营优势显著。截至 2023 年，公司煤炭单位销售成本为 310.28 元 / 吨，同比下降了 7.70 元吨，降幅为 2.42%。同业其他公司，如中国神华、陕西煤业、兖矿能源、潞安环能、淮北矿业煤炭单位销售成本分别为 395.26 元 / 吨、405.00 元 / 吨、317.05 元 / 吨、347.69 元 / 吨、597.90 元 / 吨。广汇能源与这些公司相比，单位销售成本更低。同时，广汇的长协贸易天然气及自产气成本优势同样显著。

图 4-12　广汇能源煤炭单位销售成本

资料来源：广汇能源公司年报

4. 信用和现金质量

在信用资质方面，公司主体评级为 AA+，中债资信评级 A+，YY 评级 7+，CM 评分为 3-，对应 5 年违约率 8.6%。广汇能源的资产负债率在 50% 左右且呈现逐年下降的态势，亦低于行业平均，债务总体负担可控。不过 2023 年末其

EBITDA 利息保障倍数为 10.48，相较于 2022 年有所下滑，需要关注。另外，公司的第二大股东恒大集团债务风险较高，需要警惕潜在的传导。

在现金质量方面，公司应收账款占收入比例在 3%~7%，属于偏低水平；净营运资本占用长期为负，反映了公司在产业链中相对强势的地位，不过 2023 年该指标小负转正；近四年以来自由现金流均为净流入，具备较好的现金创造能力；现金收入比长期高于 100%。经营现金流与净利润近年来基本持平。

四、估值与风险分析

从高股息资产的视角来看，公司 90% 的分红比例承诺至少持续到 2025 年是没有问题的，但周期性行业的特征决定了其利润并不稳定。2022 年景气高点时净利润达到 113 亿元，2023 年却只有 52 亿元。如果我们采取相对保守的假设，即净利润在 2024 年继续下滑至 30 亿元左右，则对应股息率仍在 5% 出头，在目前全市场可选的高股息资产中仍具备一定价值，但也需要注意到其股息率无法线性外推，不宜作为稳定类资产持有。从相对估值的角度看，公司历史底部的 PB 水平为 1 倍，对应的底价市值大概在 300 亿元左右，当然如果真能跌到这一水平，股息率也可能有翻倍的空间。

在经营风险方面，主要需要关注以下事项：①重点的马朗项目投产进度低于市场预期，建设期已超过 1 年，主要系能源局对新批产能较为谨慎，落地时间还存在较大不确定性；②煤炭的供应层面可能重新回归到偏宽松的格局，需要关注煤炭价格的波动风险；③公司的天然气业务近年来由于市场不景气，基本不赚钱，对整体利润有一定拖累。

第三节 双汇发展：高分红构筑投资防御力

双汇发展属于典型的行业竞争格局稳定，因此分红确定性极高的公司，本节将对其基本面情况和分红能力进行具体分析。

一、公司主营业务介绍

双汇发展是我国肉类行业规模最大、实力最强的龙头企业。公司是以生猪屠宰和肉制品为核心，向上游发展饲料和养殖，向下游发展包装业和商业，配套发展外贸和调味料的农业产业化企业。2022 年公司生猪屠宰量达 1130 万头，位列行业第一，已在全国 18 个省市规划年屠宰产能 2500 多万头。公司基本面涉及的主要市场概念包括猪肉、养鸡、高股息精选、人造肉概念等。

公司核心业务屠宰、肉制品毛利率中枢为 7.5%、29.8%，受猪周期影响，二者季度营业利润率在 -6.6%~7.7%、16.1%~25.8% 之间波动。从 2023 年年报情况来看，屠宰业务收入占 51.5%，毛利率为 5.7%；肉制品业务占 44%，毛利率为 31.7%。

从产业链情况来看（见图 4-13），屠宰和肉制品处于产业链的中坚环节，对整个肉类产业的市场化、产业化运营起重要的支撑作用。行业的上游是禽畜养殖行业，近年来国家对禽畜养殖的大力扶持、规模化禽畜养殖比例的提升及定点屠宰政策的施行，推动着屠宰及肉类加工行业的规范、有序发展。行业的下游直接面对消费者，包括广大的城镇居民、餐饮业。随着我国冷链物流装备与技术的升级、居民消费水平的不断提高，屠宰及肉类加工行业逐步进入高质量发展阶段。

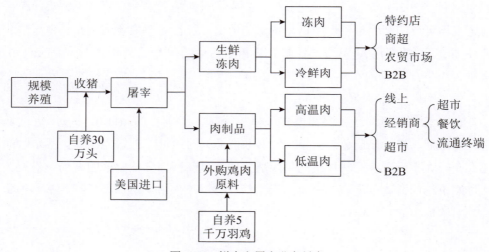

图 4-13　鲜肉和屠宰业务链条

资料来源：双汇发展公司年报

二、中长期投资逻辑

1. 长期维持高分红比例，股息率显著高于可比公司

随着众多食饮子板块高成长期结束，整体步入中低速发展阶段，投资由"成长"向"分红回报"重构。双汇发展估值较早即处于行业低位，持续稳定高分红，股息率连续三年保持行业前三。如图 4-14 所示，截至 2024 年年初，双汇发展股息率（近 12 个月）接近 6%，远高于其他肉制品公司，以及万得全 A 平均 2.47% 的股息率。2017—2022 年公司分红率均值为 94%，上市以来平均分红率也接近90%,这在A股市场是非常稀缺的。双汇发展作为同时具备稳定的高分红率与高股息率的公司,为投资者提供了充足的安全边际。

双汇发展 000895.SZ 24.22 -0.16% 分红统计				
上市以来分红统计			双汇发展	万得全A
上市年份	1998			
上市以来累计现金分红次数	29	股息率(近12个月)(%)	5.99	2.47
上市以来累计实现净利润(亿元)	639.57	股息率(最新年度)(%)	5.43	1.34
上市以来累计现金分红(亿元)	573.57	现金分红总额(最新年度)(...	50.24	11,777.64
上市以来平均分红率(%)	89.68	股利支付率(%)	99.43	22.40
派息融资比(%)	80.04	1年股利增长(%)	-9.38	-46.27
近3年平均归母净利润(亿元)	51.80	3年股利增长(%)	-14.50	-8.03
近3年累计现金分红(含回购)(亿元)	150.64	5年股利增长(%)	0.98	-0.84
近3年累计分红/年均利润(%)	290.83	DPS增长率(一致预测)(%)	-15.99	2.13

图4-14 双汇发展上市以来统计

资料来源:Wind

2. 行业集中度持续提升的趋势有望延续

近年来,我国规模以上定点屠宰企业整体屠宰量及市场占比显著增加,2022年全国规模以上生猪定点屠宰企业合计屠宰量达2.85亿头,占全国生猪屠宰量约41%,较2020年的35%占比显著提升。近年来在多项行业高质量发展政策的共同推动下,中小型屠宰场环保和检疫成本显著增加,导致落后产能的持续淘汰。与此同时,规模化企业的专业化和规范化优势得以凸显,从而在政策层面长期利好于屠宰行业集中度的快速提升。

3. 猪周期有望迎来库存拐点,提升盈利能力

农业部数据口径下,2023年12月能繁母猪存栏量为4142万头,环比下降2.30%,1—12月累计下降11.10%,较2021年6月能繁母猪存栏峰值的4564万头,去化幅度9.25%。2024年虽然供给压力仍在,需求回暖程度仍较缓慢,全年均价仍然比较难全面回升至成本线以上,但猪价最差的时期可能已经过去,随着猪周期从下行逐步切换到上行,后面有望看到屠宰业务中鲜品的量利齐升,与肉制品业务盈利能力的提升。

4. 预制菜业务带来第二增长曲线

据统计,2022年我国的预制菜市场规模已经达到4196亿元(见图4-15),同比增长21.3%。从市场渗透率来看,2021年国内预制菜渗透率只有10%~15%,预计到2030年将提高至15%~20%。对比美国、日本60%以上的渗透率,中国预制菜市场还有较大的扩容空间。到2026年,预制菜市场规模有望将迈入万亿元级,达到1.07万亿元,对应年复合增长率超过20%。目前双汇已推出啵啵袋、方便速食系列、米多面多等系列预制产品，侧重 C 端，2022 年销量突破 3 万吨。

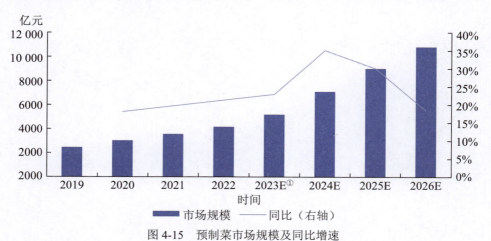

图 4-15　预制菜市场规模及同比增速

资料来源：艾媒咨询

三、公司质地情况

1. 成长性和盈利水平

与公司所在的申万三级行业肉制品的情况相对比（见表 4-3），双汇发展的收入波动基本和行业情况一致，扣非利润的表现明显更稳定，受猪周期的影响更小，这主要是因为公司充分利用了海外资源，增加海外采购额，通过销售低成本冻肉对冲国内猪价上涨影响，保持相对稳定的生产量和销量，实现屠宰业务营业利润相对稳定的增长。ROE 和 ROIC 等资本回报指标反映出其领先行业的盈利能力，从杜邦分析的视角看主要为更高的利润率和周转率贡献，财务杠杆略低于行业平均水平。

表 4-3　双汇发展与其所在行业财务对比

双汇发展	2019 年报	2020 年报	2021 年报	2022 年报	2023 年报
营业收入同比增长率 /%	23.74	22.47	-9.72	-6.16	-4.29
扣非净利润（同比增长率）/%	12.11	11.72	-23.22	17.65	-9.29
净资产收益率（摊薄）/%	32.98	26.32	21.33	25.72	24.24
投入资本回报率 /%	29.64	26.34	18.01	21.39	18.59
销售毛利率 /%	18.79	17.26	15.35	16.39	17.05

---

① 　E 代表预测值，后同。

续表

双汇发展	2019 年报	2020 年报	2021 年报	2022 年报	2023 年报
销售净利率 /%	9.39	8.62	7.32	9.14	8.52
总资产周转率 / 次	2.37	2.33	1.95	1.78	1.64
资产负债率 /%	40.23	30.46	31.87	39.08	42.34
肉制品行业	**2019 年报**	**2020 年报**	**2021 年报**	**2022 年报**	**2023 年报**
营业收入同比增长率 /%	26.70	21.34	-9.56	-4.22	-8.09
扣非净利润（同比增长率）/%	14.04	22.94	-45.56	49.48	-49.41
净资产收益率（摊薄）/%	10.68	12.66	0.28	7.70	-13.90
投入资本回报率 /%	9.54	10.94	1.20	6.41	-1.50
销售毛利率 /%	19.40	15.46	9.55	11.96	8.41
销售净利率 /%	5.50	5.51	1.55	4.31	1.14
总资产周转率 / 次	1.82	1.77	1.50	1.32	1.06
资产负债率 /%	36.73	37.50	43.06	41.18	47.66

资料来源：Wind

虽然肉制品行业总体来看，受制于人均猪肉消费量增速回落，且占全部肉类的消费量已经较高（接近 80%），未来的空间比较有限。但考虑到双汇的行业集中度提升逻辑，收入利润增速大概率仍能跑赢行业。

2. 稳定性和确定性

从盈利预测的差异率情况来看，公司近五年的 EPS 的预测误差率为 -15.04%、-1.3%、-2.95%、-4.34%、0.88%，所在行业近四年的预测误差率为 16.28%、-2.21%、-16.5%、-7.7%。从横向对比来看，所在行业的预测胜率尚可，特别是考虑到其受到猪周期影响，并不属于稳定增长的赛道，当然这也和当前市场机构对猪肉通胀相对完善的预测框架有关，双汇发展在个股层面的预测误差率尚可，除了 2023 年以外，历史上看均未低于盈利预测最小值。2023 年业绩低于预期主要是四季度肉制品销量承压，库存水平偏高，以及猪价和成本端的双向压力下的超预期亏损。如图 4-16 所示，从历史复盘来看，双汇的最终业绩主要取决于：①猪肉价格的绝对波动情况；②公司对猪周期的预判和应对。

屠宰和肉制品行业竞争格局基本稳定，龙头位置清晰，资本开支高峰期已过（见图 4-17），具体来看：①高温火腿肠领域，双汇处于绝对优势地位；②低温肉制品则是雨润和双汇双龙头格局；③冷却柔和生鲜肉为双汇、雨润和金锣三足鼎立的局面。此外，境内预制菜相关企业已经达到 6.27 万家。虽然市场参与者众多，但总体上仍存在区域特征显著、规模以上企业较少、产品同质化现象严重、行业集中度低且高度分散等特点,竞争格局尚未定型。作为行业龙头的双汇,市场占有率也不到2%。

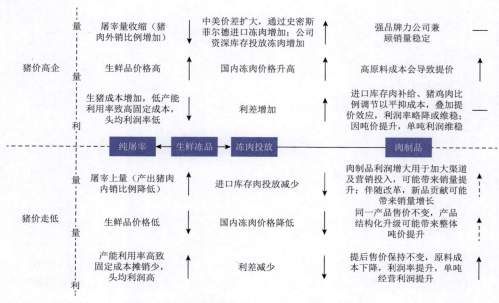

图4-16 双汇业务与猪价的关系

资料来源:东方证券

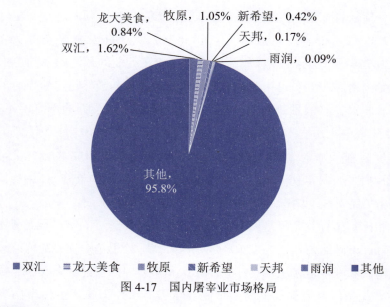

图4-17 国内屠宰业市场格局

资料来源:东方证券

从客户集中度情况来看，双汇发展前五大客户销售收入占比 2.15%，基本和 C 端消费品公司类似，近年来处于持续小幅下降的态势；前五大供应商占比 20%，其中第一大供应商罗特克斯占比超过 10%。

3.经营的可持续性

从公司 ESG 评价的角度看，Wind 评级为 A，综合得分 6.49，公司治理得分 4.45，在食品行业排名 39/239。嘉实 ESG 评分 46.88，全市场排名 2872/5355。

从研发投入来看，近三年平均研发费用投入占收入比例为 0.3%~0.4%，在业内处于中等水平。行业内的各项仓储和物流技术目前都比较成熟，因此全行业的研发开支相对都比较低。公司在 2020 年定增募资时对其屠宰和肉制品加工产线进行了技术改造，引进了世界一流的屠宰与冷分割生产线，采用冷却排酸、冷分割加工工艺。近年来主要的研发投入在预制菜新产品领域。

公司的业务竞争壁垒和优势主要体现在：①品牌优势：肉类行业最具影响力的品牌之一，具备完善的产品矩阵，创新新品提升品牌活力。②规模优势：屠宰业高质量发展，双汇具备规范化、规模化优势，受益行业集中度提升。"调猪"转向"调肉"，产业链一体化竞争加剧，双汇具备渠道和产能布局优势。③协同优势：全产业链协同，多元肉类经营。2023 年公司养猪、禽产业在建新项目全部投产后产能约 100 万头、3 亿只，将提高成本把控力，平抑周期负面影响。

4.信用和现金质量

在信用资质方面，可参考公司合资子公司——漯河双汇的情况。其主体评级为 AAA，YY 评级 5，CM 评分为 2+，对应 5 年违约率 0.56%。公司的资产质量较好，偿债能力相关的指标都比较健康，信用资质良好。

在现金质量方面，公司应收账款占收入比例在 0.4% 左右，属于全市场极低水平；净营运资本占用在 0~50 亿元区间，与其营收体量相比并不算高，但近年来有上升的趋势，反映了公司在产业链中的地位可能不如 5 年前强势；除 2023 年以外，近 10 年自由现金流均为净流入，具备较好的现金创造能力；现金收入比长期高 100%。经营现金流基本略高于净利润。

四、估值与风险分析

从高股息资产的视角来看，公司 2024 年的资本开支有望继续减少，因此有条件延续历史上高比例的分红政策，同时考虑到其母公司万洲国际需要双汇的持续分红偿还债务，公司的派息意愿应该比较强。以 2024 年盈利预期最小值，即 53 亿元利润计算，对应 EPS 为 1.53 元，如果按照 80% 的分红比例计算，其股息率也在 5% 左右。同时，公司是大市值企业，具有一定的策略容量，是大资金可以选择的稳定类资产。以相对估值的视角看，公司近五年最低的 PB 水平在 3.7 倍，对应的底价市值大概在 800 亿元左右，按照当前股价来看安全边际较好。

投资风险方面，主要需要关注以下事项：①冻品市场竞争激烈，近期主要参与者都在降价，并且公司冻品库存位于历史较高水平，这块业务对利润有一定拖累；②养殖业务连续多年亏损，历史包袱较重；③与风格类似的食品加工行业类资产（例如乳制品）比较，双汇的业绩跟踪确定性比较差，特别是 2023 年年报不及预期，对投资者信心有影响，相对于消费复苏的弹性偏弱，从策略角度看虽然安全边际尚可，但向上空间一般。

第四节　焦点科技：来自科技股的稳定收益

科技类企业的高股息标的相对较少，但也有例外。本节介绍的案例——焦点科技，便是一家高分红的科技股。

一、公司主营业务介绍

焦点科技是国内领先的跨境 B2B 电子商务平台，旗下中国制造网作为我国权威外贸服务综合平台，为我国中小企业供应商和海外采购商提供国际贸易商机匹配服务，帮助海外采购商获得更多中国制造产品的信息资源。截至 2023 年，中国制造网付费会员数达 24 586 位（见图 4-18）。公司努力推动配套服务发展，形成了以领动建站、孚盟 CRM、企业培训为主的 "X 业务" 和以交易、收款、物流等服务为主的国际贸易服务生态链。公司基本面涉及的主要市场概念包括多模态 AI、AIGC/ 电子商务、高股息精选、ERP 概念等。

从业务结构拆分来看，B2B 业务（中国制造网）是其基本盘，收入占比达到 86%，毛利率接近 80%；从具体产品来看，网络信息技术服务占比 72%，是 B2B 业务中的核心产品。另外，保险佣金（毛利率 97%）和认证供应商服务（毛利率 84%）也有 7% 左右的收入贡献。

从业务模式来看（见表 4-4），中国制造网（Made-in-China.com）主要通过预收平台服务费，再根据客户开通的服务逐月确认为收入。此处的平台服务费，主要基于向供应商卖家提供会员服务及网站增值服务相关费用。中国制造网的收费客户主要分为金牌会员和钻石会员两种类型，金牌会员的价格是 31 100 元 / 年，钻石会员价格是 59 800 元 / 年。在上述会员服务的基础上，客户还可以购买与品牌展示、搜索优化、产品推荐等相关的增值服务，具体增值服务的费用根据客户需求与平台资源情况确定。

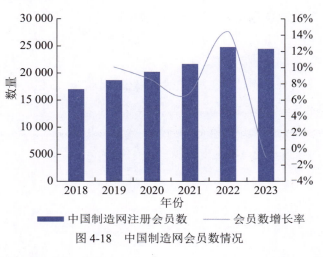

图 4-18　中国制造网会员数情况

资料来源：焦点科技公司公告

表 4-4　焦点科技业务模式概览

业务	服务		服务内容	收入确认方式
中国制造网	网络信息	会员费	提供高级/钻石会员服务	通过预收平台服务费，再根据客户开通的服务逐月确认为收入，未确认的收入计入"合同负债"和"其他非流动负债"科目
		增值服务费	提供"名列前茅""产品展台""横幅推广"等增值服务	预收认证服务费，完成认证且认证报告发布后确认为收入，如注册收费会员在服务合约到期时，尚未要求进行相关认证服务，则一次性确认为"认证供应商"服务收入
	认证供应商服务费		由第三方或公司对注册收费会员的企业注册信息、生产能力、外贸能力等进行实地或远程认证，在网站页面添加认证供应商标识	在广告已在网站上发布并已取得收款权利时确认为收入
	网络广告		—	在保单已生效并已取得收款权利时确认为收入
互联网保险平台	保险佣金		保险代销	相关商品或服务已交付，并已取得收款权利时确认为收入
其他	商品销售收入、会展服务收入等		—	

资料来源：焦点科技公司官网

二、中长期投资逻辑

1. 兼具成长性和高分红属性，现金流质量好

焦点科技是少有的互联网科技板块维持高分红能力的公司（见图 4-19），2020—2023 年股息率分别为 3%、4.7%、5%、3.3%。股利支付率达到 80%~90%，公司上市以来平均分红率达到 87%，能看出公司具有非常强的分红意愿。同时，公司在收入和净利润上也维持了较好的增长势头，2019—2023 年公司营收及归母净利润年复合增速分别为 10.9% 和 25.9%，这也是其持续分红能力的保障。不过由于估值略贵，导致其股息率表现一般，仅有 3.6% 左右。

图 4-19　焦点科技历史分红统计

资料来源：Wind

2. 外贸规模增长和政策扶持背景下，B2B 跨境电商市场空间较大

2022 年我国货物贸易进出口总值达 42.07 万亿元，比 2021 年增长 7.7%，其中，2022 年人民币计价出口总值达 23.97 万亿元，同比增长 10.5%。其中，跨境电商进出口总额为 2.11 万亿元，增长 9.8%，外贸市场的占有率仅为 5.02%，外贸行业线上数字化发展空间广阔。此外，2023 年 12 月国务院办公厅发布《关于加快内外贸一体化发展的若干措施》，未来内外贸一体化发展将受到更多政策鼓励和扶持，以中国制造网为代表的头部跨境电商 B2B 平台将受益。

3. 基于 AI 赋能的商业化加速，有望带来新增长曲线

B2B 外贸电商的场景被业内认为是 AI 大模型应用落地的最佳途径之一，2023 年 5 月公司率先在行业内推出面向外贸企业的专属 AI 助手麦可。目前 AI 麦可已经涵盖文字、图片、视频等多媒体形式，为 B2B 垂直领域客户提供数智化功能。目前 AI 助手对外标准售价为 1980 元 / 月（龙头阿里巴巴国际站发布的 AI 外贸助手为 1 万元 / 年）。截止到 2024 年年初，正式购买 AI 产品会员数约为

5000 人，渗透率达 20%，收入贡献约为 2000 万元。

三、公司质地情况

1. 成长性和盈利水平

与公司所在的申万三级行业跨境电商的情况来对比（见表 4-5），焦点科技的收入和利润增长趋势明显更稳定，近五年均录得正增长，不过近两年的增长"爆发力"比行业平均差一些（2023 年跨境电商扣非利润增长超过 300%）。净资产收益率和资本回报率也显著好于行业平均水平，近三年 ROE 水平均高于 10%，也是其分红能力的重要保障。从杜邦分析拆解的角度看，主要是其利润率领先行业较多，而周转率和杠杆率水平实际更低。

总体来看，焦点科技的财务基本面堪称所在行业的"天花板"，但近年来公司的快速稳健增长一定程度上也受益于外部环境变化带来的历史机遇，即国外买家不能参加线下展会，线上平台访问量猛增，导致跨境出口金额同比高增，未来的持续性还需要进一步观察。

表 4-5 焦点科技与其所在行业财务对比

焦点科技	2019 年报	2020 年报	2021 年报	2022 年报	2023 年报
营业收入同比增长率 /%	11.75	15.52	28.72	0.62	3.84
扣非净利润同比增长率 /%	263.93	135.31	36.80	37.44	31.71
净资产收益率（摊薄）/%	7.60	7.89	11.70	13.36	15.36
投入资本回报率 /%	6.35	7.73	10.60	12.15	13.99
销售毛利率 /%	76.09	75.20	75.29	80.23	79.45
销售净利率 /%	15.22	15.14	17.05	20.52	25.17
总资产周转率 / 次	0.37	0.36	0.43	0.42	0.41
资产负债率 /%	30.95	35.87	37.92	36.28	36.27
跨境电商行业	**2019 年报**	**2020 年报**	**2021 年报**	**2022 年报**	**2023 年报**
营业收入同比增长率 /%	93.98	47.93	-17.03	-13.82	9.11
扣非净利润同比增长率 /%	136.11	69.94	-42.71	85.88	303.33
净资产收益率（摊薄）/%	13.01	16.90	-50.06	-35.72	-18.80
投入资本回报率 /%	14.27	15.86	-4.10	1.43	5.51
销售毛利率 /%	54.50	51.75	31.40	32.17	34.14
销售净利率 /%	10.33	10.78	-3.64	2.08	4.22
总资产周转率 / 次	0.99	1.18	1.33	1.26	1.48
资产负债率 /%	39.43	41.16	55.72	52.59	46.99

资料来源：Wind

从卖方分析师一直预测来看，焦点科技在2024—2026年的预期收入增速在15%左右，利润增速20%左右，也表现得相对稳健；而跨境电商行业的预期增速也呈现"大起大落"的特点，2024—2026年的收入预期增速为11%、-43%、17%，利润预期增速为48%、59%、18%。

2. 稳定性和确定性

从盈利预测的差异率情况来看，公司近五年的EPS的预测误差率为0.03%、21.6%、1.25%、-3.45%、-20.15%，所在行业近四年的预测误差率为77%、-114%、-270%、22%。横向对比的结果显示，焦点科技的经营确定性显著好于行业，但放在全市场特别是高股息板块来看仍然属于确定性较差的状况。

从出口跨境电商B2B领域的竞争格局来看，全球龙头为亚马逊。此外，阿里巴巴（国际站）是境内目前最大的市场参与者，而焦点旗下的中国制造网处于行业第二，其他的重要参与者还包括环球资源网、敦煌网等大型电商平台网站。根据第三方咨询数据，2022年全球B2B电商市场规模为7.9万亿美元，预计2027年将达到20.9万亿美元。整体来看，电商的竞争非常激烈，AI的潜在颠覆也加剧了格局的不确定性。

从客户集中度情况来看，焦点科技前五大客户销售收入占比9.5%，有持续下降的趋势（2019年前五大客户占比20%）；前五大供应商占比46%，近年来基本维持了这一水平。

3. 经营的可持续性

从公司ESG评价的角度看，Wind评级为BB，综合得分5.33，公司治理得分5.49，在食品行业排名77/106。嘉实ESG评分44.6，全市场排名3091。从ESG评价的角度看焦点科技的表现较差，作为民营企业在环境和社会领域的得分显著低于互联网软件服务行业的平均水平。

从研发投入来看（见图4-20），近三年平均研发费用投入占收入比例在12%附近，在业内属于中等水平。截至2022年年末，公司共有603位研发人员，占总员工数量的25%，能看出焦点科技对于研发的重视程度。根据公司披露，其在研项目共20余项，主要投入在系统技术升级和AI产品创新领域，得益于效率的提升，公司的管理费用近年来也呈现逐年下滑的态势。

公司的业务竞争壁垒和优势主要体现在：①客户优势。中国制造网为国内出口型中小企业提供电子商务服务26年，积累了大量优质B类客户资源、数据沉淀及客户信任，数量与会员ARPU（每户平均收入）均处于稳步上升中。②技术壁垒。平台自有AI产品主要依托平台业务数据搭建，模型效果匹配效应更高，能够充分挖掘现有资源，提升单个客户的价值贡献。

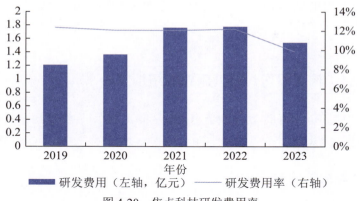

图 4-20　焦点科技研发费用率

资料来源：Wind

4. 信用和现金质量

在信用资质方面，公司由于未发行债券暂无评级信息。从财务指标来看，短期偿债能力表现尚可，但近年来资产负债率有小幅上升的趋势，需要关注。EBITDA 对带息债务的保障倍数尚在安全区间，总体来看信用质量尚可。

在现金质量方面，焦点科技表现非常优秀。2020—2023 年其自由现金流都显著超过净利润，经营性现金流基本是净利润的两倍，良好的现金创造能力也是其分红能力的保障。

四、估值与风险分析

从高股息资产的视角来看，公司的分红意愿还是很强的，近几年股利支付率都在 80%~90%，股息率达 3%~5%，2024 年 5 月底来看，公司预收式订阅制的商业模式也保证了公司现金流的稳定性，如果按照 85% 的分红比例假设，大概对应 2024 年 4% 左右的股息率。从绝对估值的角度出发，焦点科技近几年的 FCFF 表现都不错，绝对估值法对应的目标市值大约为 130 亿元，以此来看向上还有一定空间。不过其在 AI 应用的关注度较高，短期风险是估值波动与 AI 应用情绪相关度较大，高股息的标签在投资者定价中可能属于次要因素，短期收益来源更依赖于 AI 板块的新增信息作为催化剂。

在投资风险方面，主要需要关注以下事项：① AI 产品应用的落地慢于预期，从产品力来看竞争力不足，客户的付费意愿提升也比较缓慢，这也是 AI 在各领域应用落地的普遍现象；② 2024 年 5 月公司管理层出现重大变动，总经理辞职，暂由董事长代行职权；③长期来看，跨境电商的 B2C 平台挤压 B2B 平台的空间已经成为趋势，同时龙头阿里巴巴国际站垄断地位难以打破，焦点科技的生存空间并不友好。

第五节　伟星股份：持续派息的纽扣龙头

伟星股份属于典型的小众行业走出来的"隐形冠军"，经过几十年的积累与发展，已经成为 A 股持续分红能力的标杆，本节将具体分析其基本面和分红情况。

一、公司主营业务介绍

伟星股份于 1988 年成立，是国内纽扣、拉链行业上市的第一家公司，目前是国内综合规模最大、品类最为齐全的服饰辅料企业之一。公司共有 7 个系列产品，包括拉链系列、纽扣系列、金属制品系列、塑胶制品系列、衣架系列、标牌系列及绳带系列，产品覆盖范围广（见图 4-21）。公司纽扣产品占国内的 5% 左右，并且近年来市场占有率稳步提升，其中在中高端产品领域占 20% 左右市场份额，同时公司拉链在国内市场份额约 4%。从业务结构拆分来看，截至 2023 年年底，伟星的纽扣业务收入占比 41%，毛利率 42%；拉链业务收入占比 55%，毛利率 41%。

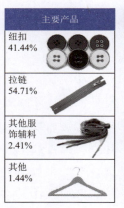

图 4-21　伟星股份主营业务情况

资料来源：伟星股份公司官网

从产业链的情况来看（见图 4-22），服饰辅料的上游原料包括橡胶、化纤、塑料、皮革、棉花及纺织原料等。这些原料的景气度受到下游需求和库存周期的影响，因此原材料价格波动是影响公司盈利的关键变量之一。下游主要是服装制造行业和部分服饰品牌商。从伟星的下游结构来看，国内客户占比 69%，境外客户占比 31%。

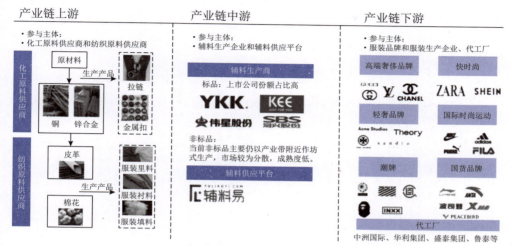

图 4-22　服装辅料产业链一览

资料来源：浙商证券

根据伟星股份定增募集书，目前全球服饰产业规模达 1.5 万亿美元，加上箱包 1600 亿美元的市场，配套拉链的总市场需求在 1000 亿元左右，国内服装行业规模维持在 3 万亿元左右（内销 2 万亿元及出口 1 万亿元），箱包市场规模达 2600 亿元，总体上带动的拉链产业规模在 350 亿元，加上每年中国拉链直接出口 70 多亿元，由此来看，中国拉链市场规模在 420 亿元左右，约占全球拉链产业的 40% 以上。

二、中长期投资逻辑

1. 分红率极高，业绩稳定性强

伟星股份近五年（2019—2023 年）的股利支付率分别为 104%、78%、89%、74%、94%，在全市场来看属于非常高的水平（见图 4-23）。同时公司的业绩稳定性非常好，近五年净利润增速均为正，分红金额也是水涨船高，从 2019 年的 3 亿元增长到 2023 年的 5.2 亿元，上市以来累计分红金额超过 40 亿元，平均分红率接近 80%。

2. 服装辅料和拉链行业市场空间较大

根据头豹研究院数据，2020—2025 年服装辅料规模的年复合增速预计为 2.84%，2025 年中国服装辅料行业市场规模将达到 4817 亿元（2022 年年末为

4554亿元）。根据中国拉链行业协会数据显示，中国拉链行业市场规模从2010年345亿元增长至2021年455.45亿元，对应CAGR为2.34%。综合来看，未来2%左右的行业收入增速应该是可以期待的。

伟星股份 002003.SZ 12.78 -1.69%	分红统计			
上市以来分红统计				
			伟星股份	万得全A
上市年份	2004			
上市以来累计现金分红次数	20	股息率(近12个月)(%)	3.52	2.47
上市以来累计实现净利润(亿元)	51.18	股息率(最新年度)(%)	4.15	1.34
上市以来累计现金分红(亿元)	40.10	现金分红总额(最新年度)(...	5.26	11,777.64
上市以来平均分红率(%)	78.34	股利支付率(%)	94.28	22.40
派息融资比(%)	169.62	1年股利增长(%)	44.94	-46.27
近3年平均归母净利润(亿元)	4.99	3年股利增长(%)	19.24	-8.03
近3年累计现金分红(含回购)(亿元)	12.88	5年股利增长(%)	14.68	-0.84
近3年累计分红/年均利润(%)	258.38	DPS增长率(一致预测)(%)	28.58	2.13

图4-23　伟星股份分红统计

资料来源：Wind

3. 拉链出口景气度较好，份额有望提升

根据UNComtrade数据，2022年我国净出口金额为14.71亿美元，同比增长13.0%，2017—2022年CAGR为8.9%，出口规模快速增长，超过全球及中国拉链市场规模增速。未来中国制造商有望凭借产品质量和服务水平进一步抢占海外市场份额。

三、公司质地情况

1. 成长性和盈利水平

与公司所在的申万三级行业服装辅料的情况来对比（见表4-6），伟星的收入利润弹性略小，但稳定性更好。值得注意的是，该行业上市的样本股票仅有4只，样本空间较小。资本回报率显著领先于行业，近年来其摊薄ROE水平基本维持在12%~16%区间，考虑到伟星的资产负债率和周转率都略低于行业平均，这一经营成果主要系其更高的利润率贡献的，这也从侧面反映了其相对国内竞争对手更高端化的定位。

从卖方分析师一致预测来看，伟星股份在2024—2026年的预期收入和利润增速均在15%左右；而辅料行业的预期增速相对波动更大，2024—2026年的收入预期增速分别为14%、-9%、13%，利润预期增速分别为22%、3.5%、17%。考虑到我们前文提到的2%左右的全行业增长中枢，这意味着上市公司层面需要持续开发高端产品，并抢占境外厂商在境内的份额。

表 4-6 伟星股份与其所在行业财务对比

伟星股份	2020 年报	2021 年报	2022 年报	2023 年报
营业收入同比增长率 /%	-8.7	34.4	8.1	7.7
扣非净利润同比增长率 /%	-10.0	73.7	7.7	12.7
净资产收益率（摊薄）/%	15.7	16.7	16.9	12.8
投入资本回报率 /%	13.9	15.2	14.4	12.8
销售毛利率 /%	38.8	38.0	39.0	40.9
销售净利率 /%	15.8	13.3	13.4	14.3
总资产周转率 / 次	0.7	0.9	0.8	0.7
资产负债率 /%	23.9	32.3	38.6	27.3
每股自由现金流 / 元	0.6	0.4	0.0	-0.1
每股经营现金流 / 元	0.8	0.8	0.8	0.6
每股收益 - 稀释 / 元	0.5	0.6	0.5	0.5
服装辅料行业（申万）	2020 年报	2021 年报	2022 年报	2023 年报
营业收入同比增长率 /%	2.8	47.8	5.2	10.8
扣非净利润同比增长率 /%	34.4	59.8	-5.2	16.8
净资产收益率（摊薄）/%	10.3	11.0	11.5	10.6
投入资本回报率 /%	8.8	8.8	9.1	9.1
销售毛利率 /%	32.1	29.2	31.3	32.3
销售净利率 /%	11.9	9.8	9.3	10.2
总资产周转率 / 次	0.6	0.7	0.8	0.8
资产负债率 /%	35.8	39.2	37.5	31.8
每股自由现金流 / 元	0.2	-0.4	0.3	-0.6
每股经营现金流 / 元	0.8	0.5	0.6	0.5
每股收益 - 稀释 / 元	0.4	0.5	0.4	0.5

资料来源：Wind

2. 稳定性和确定性

从盈利预测的差异率情况来看，公司近五年的 EPS 的预测误差率为 -1.6%、-15%、-2.8%、8%、-11%，所在行业近四年的预测误差率为 -4.6%、-3.3%、25.6%、-36%。横向对比的结果显示，伟星股份的经营确定性显著好于行业，放在全市场高股息公司对比来看属于中等水平。

从行业的竞争格局来看，根据 Market Research 数据，以 2022 年全球拉链市场规模 139 亿美元计算，2022 年日本 YKK 公司、伟星股份、浔兴股份市场占有率分别为19.5%、2.0%、1.4%。对比来看，YKK收入规模及净利水平均处于绝对龙头地位，该公司业务覆盖72个国家，采用日本精湛的工艺、原料和管理方法，凭借良好的质量在很多中高档市场占据优势，合作厂商主要有Nike、Adidas、Levis。2022年其在中国市场收入约为44亿元。从毛利率来看，伟星股份处于行业较高水平，这主要是由于伟星相较YKK更具人工成本优势，并且近些年信息化水平被提升；对比产能来看，YKK产能是伟星的3.5倍；对比单价来看，YKK凭借高端优势，产品销售单价更高。

从客户集中度情况来看，伟星股份前五大客户销售收入占比8.6%，近年来基本维持在这一水平；前五大供应商占比22.6%，其中第一大供应商占比近10%。

3. 经营的可持续性

从公司ESG评价的角度看，Wind评级为BB，综合得分5.82，公司治理得分5.22，在服装行业排名123/223。嘉实ESG评分60.86，全市场排名1609。

从研发投入来看，近三年平均研发费用投入占收入比例在4%附近，在业内属于较高水平。截至2022年年底，公司拥有授权专利1139项，位列同行业国内专利数之首；2022年连帽服专用滑链获ISPO全场最佳辅料奖，同时获得头部客户和第三方专业机构认证，如Nike实验室、Adidas实验室、Bluesign认证等。

公司的业务竞争壁垒和优势主要体现在：①2023年公司定增加速推进海内外产能布局，其中越南清化的服装辅料生产项目规划产能拉链1.24亿条、金属扣3.98亿套，预计一期于2024年年初投产。这部分新增产能相对本土投产而言具有成本和规模优势。②公司产品定位高端化，具备差异化设计研发能力及稳定的供应链能力，合作国内外知名品牌，包括耐克、优衣库、HM、阿迪达斯、ZARA等国际知名品牌，在客户资源上有一定优势（见图4-24）。

图4-24 伟星股份主要合作客户

资料来源：公司官网

4. 信用和现金质量

在信用资质方面，公司的联合资信评级为 A+，由于该评级结果为 2013 年，后期没有发债因此未调整，大概率低估了实际信用质量。CM 评分为 2-，对应 5 年预期违约率 2.8%。

在现金质量方面，伟星股份的现金创造力尚可。2020—2023 年经营现金流均大于净利润，自由现金流在 2020—2022 年为正，2023 年小幅转负，需要关注短期趋势情况。

四、估值与风险分析

从高股息资产的视角来看，考虑到伟星股份过去多年以来 15% 的 ROE 水平，假设分红比例维持在相对保守的 60%，则在 3 倍 PB 估值附近买入即可获得 3% 左右的股息率。此外公司还有一定的成长逻辑（主要源于对 YKK 等国际服饰辅料巨头的份额蚕食）。从安全边际的角度看，公司历史底部的 PB 水平为 1.6 倍，对应的底价市值大概在 50 亿元附近，尚有一定的理论回撤空间。

在投资风险方面，主要需要关注以下事项：①公司的盈利中包含了较多的汇兑损益，这可能会在一定程度上加剧潜在的利润波动；②东南亚的新增产能在投放初期存在较大的摩擦成本，管理团队的培养周期较长，短期越南项目也存在亏损（预计 2026 年以后才能盈亏平衡），产能利用率的提升存在不确定性。

第五章 高股息资产的对比分析

本章内容将在第四章展示的分析框架的基础上，对相同行业的高股息资产进行对比分析，旨在通过横向与纵向的多维度对比，揭示不同行业高股息企业在经营和绩效表现上的相似之处和差异点。

通过对比分析的方法，我们不仅将审视各个企业的分红政策、盈利能力、成长潜力和市场竞争力，还将对比它们在宏观经济波动、行业发展、政策变化等因素下的稳定性和适应性。本章将覆盖教育出版、中药、大宗商品供应链、植物蛋白饮料及水务公用事业等多个领域，对凤凰传媒、南方传媒、中南传媒、济川药业、江中药业、羚锐制药、建发股份、厦门象屿、厦门国贸、养元饮品、承德露露、洪城环境、首创环保和重庆水务等高股息公司的投资价值进行探讨。

对比分析将贯穿本章的始终，从历史分红记录到未来增长潜力，从财务健康状况到市场竞争力，我们将一一对比这些企业的各个方面，以期为投资者提供一个清晰、全面、客观的投资视角。通过这种细致的对比，投资者可以更好地理解各公司的优势和劣势，评估它们在高股息投资策略中的位置和潜力，并对其所在的行业特性有进一步的认知。

第一节 教育出版行业：凤凰传媒、南方传媒、中南传媒

凤凰传媒、南方传媒和中南传媒是国内教育出版领域的龙头公司，而出版行业也是比较典型的高股息行业，值得红利投资者长期关注。

一、公司基本情况介绍

凤凰传媒是国内头部出版发行公司，以江苏为基本盘，核心业务涉及教育、大众图书等领域，打造多媒体、多业态文化产业圈。公司具备江苏省教材教辅出版资质，垄断江苏中小学教材、评议教辅发行市场。江苏省中小学学生数量是教育相关业务营收保证，根据卖方分析师预测，2024年江苏省中小学生在校

人数的增速约为3%。从营收结构来看，凤凰的教材教辅发行及出版业务在2023年占到了收入规模的67%，毛利率为35%；一般图书的出版发行占比为32%，毛利率为25%。从上市以来的分红情况来看（见图5-1），其历史平均分红率为48.6%，近12个月动态股息率为4.4%。

凤凰传媒 601928.SH 分红统计				
上市以来分红统计				
上市年份	2011		凤凰传媒	万得全A
上市以来累计现金分红次数	17	股息率(近12个月)(%)	4.41	2.47
上市以来累计实现净利润(亿元)	193.84	股息率(最新年度)(%)	5.68	1.34
上市以来累计现金分红(亿元)	94.16	现金分红总额(最新年度)(...	12.72	11,777.64
上市以来平均分红率(%)	48.58	股利支付率(%)	43.11	22.40
派息融资比(%)	210.22	1年股利增长(%)	0.00	-46.27
近3年平均归母净利润(亿元)	24.97	3年股利增长(%)	7.72	-8.03
近3年累计现金分红(含回购)(亿元)	38.17	5年股利增长(%)	10.76	-0.84
近3年累计分红/年均利润(%)	152.89	DPS增长率(一致预测)(%)	-14.85	2.13

图5-1 凤凰传媒分红统计

资料来源：Wind

南方传媒作为广东出版发行龙头，形成了集传统出版发行业务与数字出版、智慧教育、课外教育等创新业务于一体的综合性传媒业务架构，拥有出版、印刷、发行、零售、印刷物资销售、跨媒体经营等出版传媒行业一体化完整产业链。与凤凰传媒类似，教材教辅也是南方传媒的业务基本盘，2023年占比为88.7%，毛利率为25.7%；一般图书占比21%，毛利率为15%。从上市以来的分红情况来看，其历史平均分红率为34%，近12个月动态股息率为3.7%（见图5-2）。

南方传媒 601900.SH 12.49 -0.72% 分红统计				
上市以来分红统计				
上市年份	2016		南方传媒	万得全A
上市以来累计现金分红次数	10	股息率(近12个月)(%)	3.70	2.47
上市以来累计实现净利润(亿元)	67.47	股息率(最新年度)(%)	4.16	1.34
上市以来累计现金分红(亿元)	23.05	现金分红总额(最新年度)(...	4.84	11,777.64
上市以来平均分红率(%)	34.16	股利支付率(%)	37.69	22.40
派息融资比(%)	106.03	1年股利增长(%)	16.71	-46.27
近3年平均归母净利润(亿元)	10.12	3年股利增长(%)	20.32	-8.03
近3年累计现金分红(含回购)(亿元)	11.89	5年股利增长(%)	19.67	-0.84
近3年累计分红/年均利润(%)	117.55	DPS增长率(一致预测)(%)	-11.89	2.13

图5-2 南方传媒分红统计

资料来源：Wind

中南传媒作为湖南省教材教辅的出版企业，同样具有一定的区域垄断特征。公司从2012年起连续作为湖南省义务教育阶段教材单一来源采购的供货方，拥有编辑、印制、发行、物资供应、物流等多环节于一体的完整产业链。公司旗下有 9 家出版社，其中 5 家为全国百佳出版社。其教材教辅业务收入占比为 63%，毛利率在 30% 左右；一般图书占比为 38%，毛利率在 36% 左右。从上市以来的分红情况来看，其历史平均分红率为 56%，近 12 个月动态股息率为 4.57%（见图 5-3）。

中南传媒 601098.SH	分红统计			
上市以来分红统计				
			中南传媒	万得全A
上市年份	2010	股息率(近12个月)(%)	4.57	2.47
上市以来累计现金分红次数	15	股息率(最新年度)(%)	5.41	1.34
上市以来累计实现净利润(亿元)	189.33	现金分红总额(最新年度)(...	9.88	11,777.64
上市以来累计现金分红(亿元)	107.40	股利支付率(%)	53.26	22.40
上市以来平均分红率(%)	56.73	1年股利增长(%)	-8.33	-46.27
派息融资比(%)	253.14	3年股利增长(%)	-4.43	-8.03
近3年平均归母净利润(亿元)	15.90	5年股利增长(%)	-2.05	-0.84
近3年累计现金分红(含回购)(亿元)	32.33	DPS增长率(一致预测)(%)	-7.41	2.13
近3年累计分红/年均利润(%)	203.35			

图 5-3　中南传媒分红统计

资料来源：Wind

从产业链结构的角度看（见图 5-4），出版行业产业链主要包括内容策划、出版印刷、发行、零售等环节，其中，内容策划、出版印刷为上游内容端，发行、零售为下游渠道端。①内容策划：主要包括选题、策划、编辑、制作四大步骤，核心工作是选题与内容创意的提出与制作。②出版印刷：出版社上报省级新闻出版局或上级主管单位审批，申请书号和备案，再完成印刷，至此图书在流入市场前最终定稿和成型。③发行：发行商从出版社购书，通过销售向下游传导，即发行商、经销商、零售商。④零售：渠道方（线上＋线下渠道）将图书销售给终端用户。

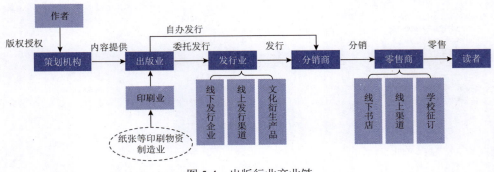

图 5-4　出版行业产业链

资料来源：中泰证券

从三家公司的业务结构来看，教材教辅主业由于占据绝对收入体量、拥有相对更高的毛利率，是驱动国有教育出版利润增长的核心。由于教材教辅类图书主要涉及未成年人教育，国务院教育部门亦对相关出版社资质进行审批和监管，较一般图书而言进入壁垒更高。

从教辅教材的行业空间来看（见图5-5），主要和三个变量有关，即学校在校人数、学生人均持有量和教材对应单价等。考虑到多数出版上市公司均为地方国企，其所在区域的人口净流入水平和家长的购买意愿成为投资这类股票时关注的核心要素。

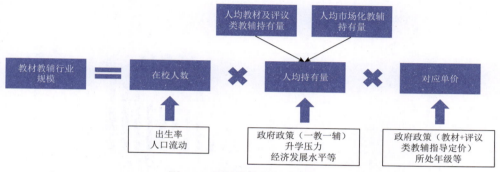

图 5-5　教材教辅市场空间拆分

资料来源：华创证券

二、中长期投资逻辑

1. 传统出版行业进入稳态发展阶段，分红能力较强

出版公司分红水平位于传媒行业前列（见图5-6、图5-7）。2022年出版行业平均分红率约为40%，股息率为2.1%，相较于其他细分行业，分红率水平较高且稳定。具体到教育出版领域来看，近年来股息率持续高于3%，股息支付率在50%左右，现金分红能力更好。从三家公司2023年年报的情况来看，凤凰传媒派发现金红利0.5元/股，分红率在40%左右；南方传媒分红为每股派息0.54元，分红总额4.84亿元，同比增长14.9%，分红率达37.7%；中南传媒每股派息0.55元，现金分红总额9.88亿元，分红率为53%。

图 5-6　教育出版行业股息率统计

资料来源：Wind

图 5-7　教育出版行业股息支付统计

资料来源：Wind

2. 从教材教辅的量价和成本拆分来看，仍有一定增长空间

教材教辅具有一定的必选消费属性，属于家长的"刚性支出"，从历史规律来看，随着年级的提升，在校生的人均教材持有量会上升。考虑到2017年前生育高峰出生的学生正在进入初高中阶段，且发达地区还有人口净流入，因此人口红利期对应的需求增长仍然有一定延续性。价格方面由于教辅教材由政府指导定价，遵循成本导向与薄利原则，皆呈现定价低且稳定的特点。从成本端来看，纸张价格长周期内稳定性高，也能够一定程度保障利润率的稳定。

3. AI 赋能下，新业务带来的潜在增量

大语言模型和教育天然适配，且教育行业市场空间大，商业场景清晰。目前各家出版公司布局的 AI+ 教育以 ToB/G 为主，以充分发挥其渠道优势。考虑到出版公司拥有稀缺的学校渠道及用户（学生）流量价值，未来在 AI 教育的进校产品领域，有望创造更多增量。

三、公司质地情况

1. 成长性和盈利水平

从近年来三家出版高股息公司的业绩对比来看（见表 5-1），凤凰传媒的盈利增速显著更快，同时在统计期间内没有出现过年度负增长，稳定性胜过南方传媒和中南传媒，但其收入增速偏慢，基本上是个位数增长。从净资产收益率来看，三家基本在 10% 以上，同时保持了良好的投入资本回报率水平。净利率是凤凰传媒最高，毛利率是中南传媒最高，主要是中南传媒在一般图书领域有着更高毛利的产品。负债率和周转率数据总体比较接近，均属于"中高利润率、中等杠杆率和低周转"的商业模式。

表 5-1 凤凰传媒、南方传媒和中南传媒的财务对比

指标名称	2020 年报			2021 年报			2022 年报			2023 年报		
	凤凰传媒	南方传媒	中南传媒	凤凰传媒	南方传媒	中南传媒	凤凰传媒	南方传媒	中南传媒	凤凰传媒	南方传媒	中南传媒
营业收入同比增长率 /%	-3.6	5.7	2.1	3.1	10.2	8.2	8.6	6.6	10.0	0.4	3.4	9.2
扣非净利润同比增长率 /%	12.3	26.8	-2.6	4.2	-10.1	9.8	30.6	16.6	12.0	15.8	0.3	5.7
净资产收益率（摊薄）/%	10.8	11.6	10.3	15.2	11.4	10.5	12.1	13.0	9.6	15.4	16.2	12.0
投入资本回报率 /%	8.8	11.2	9.7	13.4	10.6	10.1	10.4	11.9	8.7	9.9	13.5	10.1
销售毛利率 /%	36.9	31.3	41.1	37.2	28.6	44.1	38.4	31.4	42.3	37.6	31.8	41.4
销售净利率 /%	13.3	11.2	14.8	19.8	10.8	14.4	15.5	11.7	11.9	21.7	15.4	14.4
总资产周转率 / 次	0.5	0.6	0.5	0.5	0.6	0.5	0.5	0.6	0.5	0.4	0.6	0.5
资产负债率 /%	40.2	40.9	36.0	42.7	44.5	36.5	40.9	45.7	37.8	38.0	46.1	36.1
每股自由现金流 / 元	0.0	0.3	-0.7	-0.5	0.0	-0.2	-0.4	2.2	0.5	2.0	1.1	1.2
每股经营现金流 / 元	1.4	0.9	0.5	1.3	1.4	-0.3	1.0	2.7	1.1	1.0	1.8	1.1
每股收益 - 稀释 / 元	0.6	0.8	0.8	1.0	0.8	0.8	0.8	1.1	0.8	1.2	1.2	1.1

资料来源：Wind

从卖方分析师一致预测来看，南方传媒的长期成长性相对更好。根据预测，其在 2025—2026 年的利润预期增速均超过 10%，而教育出版行业总体的预期盈利增速在 2025—2026 年分别为 -4% 和 -7.5%。

2. 稳定性和确定性

出版属于典型的弱周期行业，其需求受宏观经济影响较小，从行业内上市公司的总体情况来看，2017 年以来的收入增速基本稳定在 2%~10%，没有出现过大幅的波动，体现出了我们前文提到的必选消费属性，即义务教育阶段家长对孩

子的投入仍然非常刚性。

从盈利预测的差异率情况来看（见表 5-2），南方传媒和中南传媒的预测偏差更小，不过凤凰传媒虽然误差率比较大，但 2020—2023 年都是业绩超预期的情况，即实际业绩大幅好于此前的市场预测水平。

表 5-2　凤凰传媒、南方传媒和中南传媒的盈利预测对比

凤凰传媒 601928.SH- 预测误差					
报告期	公告日期	EPS（摊薄）			
		公布值	一致预测值	预测差异	误差率 /%
2023 年报	2024-04-23	1.16	0.88	0.28	31.52
2022 年报	2023-04-22	0.82	0.72	0.10	13.49
2021 年报	2022-04-23	0.97	0.89	0.07	8.02
2020 年报	2021-04-23	0.63	0.53	0.09	17.29
2019 年报	2020-04-30	0.53	0.58	-0.06	-9.74
南方传媒 601900.SH- 预测误差					
报告期	公告日期	EPS（摊薄）			
		公布值	一致预测值	预测误差	误差率 /%
2023 年报	2024-04-25	1.43	1.36	0.08	5.62
2022 年报	2023-04-28	1.05	0.89	0.16	18.22
2021 年报	2022-04-28	0.90	0.98	-0.08	-8.04
2020 年报	2021-04-28	0.85	0.75	0.10	12.66
2019 年报	2020-04-29	0.82	0.83	-0.01	-1.72
中南传媒 601098.SH- 盈利预测误差					
报告期	公告日期	EPS（摊薄）			
		公布值	一致预测值	预测差异	误差率 /%
2023 年报	2024-04-27	1.03	0.91	0.12	13.05
2022 年报	2023-04-25	0.78	0.90	-0.12	-13.55
2021 年报	2022-04-26	0.84	0.87	-0.03	-3.23
2020 年报	2021-04-27	0.80	0.78	0.02	2.26
2019 年报	2020-04-28	0.71	0.74	-0.03	-4.58

从行业竞争格局来看，出版行业因属于高意识形态领域，根据《国务院关于非公有资本进入文化产业的若干决定》，行业内企业国有资本控股需在 51% 以上，国有属性的要求决定了行业整体竞争格局为国有综合出版集团为主、民营为

辅，特别是教材教辅产品存在更强的垄断经营和区域保护主义特点，本质上是"牌照生意"，因此竞争格局非常稳定；相比之下，大众一般图书的市场竞争更充分，特别是对数字出版发展带来的潜在冲击更为敏感，未来格局的潜在变数更多。从 2022 年各家出版上市公司披露的年报收入来看，凤凰传媒以 135 亿元的收入排名行业第一，中南传媒排名第二，南方传媒排名第七（见图 5-8）。

证券代码	公司名称	主要市场	2022年营收（亿元）	2022年净利润（亿元）	2018-2022年营收CAGR（%）	公司属性
601928.SH	凤凰传媒	江苏省	135.96	21.07	3.6%	地方国有企业
601098.SH	中南传媒	湖南省	124.65	14.84	6.8%	地方国有企业
601921.SH	浙版传媒	浙江省	117.85	14.17	4.6%	地方国有企业
601801.SH	皖新传媒	安徽省	116.87	7.32	4.4%	地方国有企业
601019.SH	山东出版	山东省	112.15	16.66	4.6%	地方国有企业
601811.SH	新华文轩	四川省	109.30	13.91	7.5%	地方国有企业
600373.SH	中文传媒	江西省	102.36	19.17	-2.9%	地方国有企业
000719.SZ	中原传媒	河南省	96.29	10.39	1.7%	地方国有企业
601900.SH	南方传媒	广东省	90.55	10.62	12.8%	地方国有企业
600551.SH	时代出版	安徽省	76.46	3.49	4.4%	地方国有企业
600757.SH	长江传媒	湖北省	62.95	7.32	-11.7%	地方国有企业
601949.SH	中国出版	全国	61.41	6.79	3.6%	中央国有企业
601858.SH	中国科传	全国	27.09	4.77	5.0%	中央国有企业
601999.SH	出版传媒	辽宁省	26.11	0.74	2.8%	地方国有企业
603533.SH	掌阅科技	全国	25.82	0.58	7.9%	民营企业
600229.SH	城市传媒	山东省	25.54	3.34	4.2%	地方国有企业
605577.SH	龙版传媒	黑龙江省	18.06	4.78	6.5%	地方国有企业
300788.SZ	中信出版	全国	18.01	1.10	2.5%	中央国有企业
603230.SH	内蒙新华	内蒙古自治区	16.58	2.68	11.0%	地方国有企业
603999.SH	读者传媒	甘肃省	12.91	0.86	14.1%	地方国有企业
600825.SH	新华传媒	上海市	12.59	0.09	-2.5%	地方国有企业
300364.SZ	中文在线	全国	11.80	-3.59	7.4%	民营企业
603096.SH	新经典	全国	9.38	1.40	0.3%	民营企业
000793.SZ	华闻集团	全国	7.59	-8.43	-33.1%	地方国有企业
002181.SZ	粤传媒	广东省	5.46	0.44	-9.0%	地方国有企业
301025.SZ	读客文化	全国	5.14	0.37	12.6%	民营企业
301052.SZ	果麦文化	全国	4.62	0.41	10.9%	民营企业
300654.SZ	世纪天鸿	全国	4.33	0.37	3.2%	民营企业
301231.SZ	荣信文化	全国	3.21	0.23	-2.2%	民营企业

图 5-8　出版行业市场份额情况

资料来源：Wind

从客户集中度来看，三家公司也呈现了一定的区域特征。凤凰传媒的第一大客户为江苏省教育厅，占比 13%；南方传媒的第一大客户为广东省教育装备中心，占比 21%。

3. 经营的可持续性

从公司 ESG 评价的角度看（见表 5-3），中南传媒的各项评分明显领先。

表 5-3　凤凰传媒、南方传媒和中南传媒的 ESG 对比

公司	Wind ESG 评级得分	Wind 公司治理评分	行业排名	嘉实 ESG 评分	全市场排名
凤凰传媒	BB5.00	4.55	143/186	46.52	2915
南方传媒	B4.74	4.70	170/186	29.00	4392
中南传媒	BB5.76	4.68	89/186	81.36	326

资料来源：Wind

从研发投入来看，由于传统出版属于业态迭代较慢的领域，各家的研发费率

占比都不算高，最高的中南传媒在2022年研发费率达到过1.2%，主要系其在数字化出版领域更高强度的投入相关，除此之外基本没有研发费率占比在1%以上的公司。

从业务壁垒和竞争优势来看，主要体现在出版业的进入壁垒：①从出版环节来看，当前国内图书出版需提前备案和申请版号，且不允许私营企业申请书号，因此具备出版资质的公司皆为国企。此外，由于教材教辅类图书主要涉及未成年人教育，国务院教育部门亦对相关出版社资质进行审批和监管，较一般图书而言进入壁垒更高。②从发行环节来看，虽然一般图书发行业务，民企可参与，但教材及教辅发行具备较强的进入壁垒。国家新闻出版广电总局要求发行单位具备中小学教科书发行资质，并在批准区域范围内开展发行业务。

4. 信用和现金质量

从信用资质对比来看，凤凰传媒相对更好。其股东曾在2016年发行16凤凰EB可交换债，获得上海新世纪评级AAA，中债资信评级AA+，YY等级为3的符号评价，属于绝对高等级的信用债发行人。考虑教材教辅领域的垄断国企性质，另外两家的信用质量实际上也显著好于一般上市公司。

在现金质量方面，南方传媒表现最好，2020—2023年其自由现金流均为净流入，且经营现金流显著高于净利润水平。现金流的稳定程度也优于凤凰传媒和中南传媒。

四、估值与风险分析

凤凰传媒在2021—2023年均保持了12%以上的ROE水平，而且表现非常稳定。未来三年保守假设其ROE大概率能维持在10%左右，且维持现有40%的分红率，按照当前1.4倍PB估值买入保底股息率大概在3%左右，同期其内生增长率低于南方传媒和中南传媒，因此股息率估值视角来看吸引力相对一般。从安全边际的角度看，历史底部PB为1倍，有30%的理论回撤空间。税收政策和补贴政策的变化（对于经营性文化事业单位转型的企业，五年的所得税优惠到期）是行业最大的经营风险。

南方传媒是行业内相对成长性最好的。广东省学龄人口3年内成长高确定性，6~18岁学龄人口2027年才见顶，3年内仍在2013—2017年出生人口加速的红利期，作为对比，不少省份是2025年即见顶。同时，公司还有潜在的并购逻辑加持。从股息率视角来看，2020—2023年分红比例分别为36.5%、36%、44%、37.7%，与同行业可比公司相比尚有比较大的提升空间。主要风险在于南方传媒在本省教材市场并非垄断，这和其他省份高度垄断的环境显著不同，也间接导致其毛利率低于凤凰传媒和中南传媒，需要关注利润率稳定的可持续性。

中南传媒作为湖南省教材教辅出版企业，其区域垄断性质强于南方传媒和凤凰传媒，近年来分红率也明显更高，是出版行业里最稳健的高分红资产。长期 ROE 中枢和凤凰传媒类似，在 10% 左右，安全边际算下来也比较接近，但更高的分红率水平使其预期股息率可能会更高。

第二节 中药行业：济川药业、江中药业、羚锐制药

济川药业、羚锐制药和江中药业都是国内中药板块比较有代表性的高股息标的，本节我们对其高股息的"成色"进行对比梳理。

一、公司基本情况介绍

济川药业长期聚焦儿科、呼吸、消化领域市场，核心大单品蒲地蓝消炎口服液和小儿豉翘清热颗粒，分别占据清热解毒和小儿感冒中成药院内市场份额第一，有一定的品牌优势。近几年公司收入结构中，清热解毒和消化类占比均有所下降（2023 年收入占比为 35%，毛利率为 78%），而儿科药由于受到政策鼓励，占比从 2018 年的 17% 提升至 2023 年的 28%，毛利率更是高达 87%。此外，公司相继与天境生物、恒翼生物、征祥医药展开 BD 合作（Business Development，商务拓展合作），围绕二线产品和 BD 管线打造新的增长点。从上市以来的分红情况来看，其历史平均分红率为 45.7%，近 12 个月动态股息率为 4%（见图 5-9）。

济川药业 600566.SH 分红统计				
上市以来分红统计				
上市年份	2001		济川药业	万得全A
上市以来累计现金分红次数	20	股息率(近12个月)(%)	4.00	2.47
上市以来累计实现净利润(亿元)	159.86	股息率(最新年度)(%)	4.14	1.34
上市以来累计现金分红(亿元)	73.05	现金分红总额(最新年度)(...	11.98	11,777.64
上市以来平均分红率(%)	45.70	股利支付率(%)	42.43	22.40
派息融资比(%)	82.25	1年股利增长(%)	47.54	-46.27
近3年平均归母净利润(亿元)	22.38	3年股利增长(%)	44.16	-8.03
近3年累计现金分红(含回购)(亿元)	26.33	5年股利增长(%)	3.62	-0.84
近3年累计分红/年均利润(%)	117.69	DPS增长率(一致预测)(%)	68.36	2.13

图 5-9 济川药业分红统计

资料来源：Wind

江中药业前身是 1969 年创建的江西药科学校红旗制药厂。历史上公司打造

了"江中""初元"两个中国驰名商标和"杨济生""桑海"两个江西省著名商标,逐步深耕孵化为国内知名品牌。公司主营产品有健胃消食片、复方草珊瑚含片、乳酸菌素片、双歧杆菌三联活菌肠溶胶囊(贝飞达)、多维元素片、参灵草口服液、初元复合肽营养饮品、益生菌、复方鲜竹沥液、八珍益母胶囊等。其中,处方药占比为69%,毛利率为72%;非处方药占比为15%,毛利率为63%。从上市以来的分红情况来看,其历史平均分红率为56%,近12个月动态股息率为5.43%(见图5-10)。

江中药业 600750.SH 分红统计				
上市以来分红统计				
上市年份	1996		江中药业	万得全A
上市以来累计现金分红次数	27	股息率(近12个月)(%)	5.43	2.47
上市以来累计实现净利润(亿元)	67.08	股息率(最新年度)(%)	6.23	1.34
上市以来累计现金分红(亿元)	37.67	现金分红总额(最新年度)(…)	8.18	11,777.64
上市以来平均分红率(%)	56.15	股利支付率(%)	115.52	22.40
派息融资比(%)	406.69	1年股利增长(%)	13.01	-46.27
近3年平均归母净利润(亿元)	6.03	3年股利增长(%)	68.80	-8.03
近3年累计现金分红(含回购)(亿元)	20.90	5年股利增长(%)	40.96	-0.84
近3年累计分红/年均利润(%)	346.51	DPS增长率(一致预测)(%)	—	2.13

图5-10 江中药业分红统计

资料来源:Wind

羚锐制药是一家以骨科和心脑血管疾病为核心的医药制造企业,经过多年发展,公司成功打造以"羚锐"母品牌为核心,包括"两只老虎""小羚羊"等子品牌的"1+N"品牌矩阵,建立起覆盖全国的营销网络体系,成为国内外用制剂领导企业。其主要产品为贴剂(占比为62%,毛利率76%)和胶囊剂(占比21.5%,毛利率为75%)。从上市以来的分红情况来看,其历史平均分红率为55%,近12个月动态股息率为3.27%(见图5-11)。

羚锐制药 600285.SH 24.30 +1.25% 分红统计				
上市以来分红统计				
上市年份	2000		羚锐制药	万得全A
上市以来累计现金分红次数	22	股息率(近12个月)(%)	3.27	2.47
上市以来累计实现净利润(亿元)	36.80	股息率(最新年度)(%)	4.68	1.34
上市以来累计现金分红(亿元)	20.33	现金分红总额(最新年度)(…)	4.51	11,777.64
上市以来平均分红率(%)	55.24	股利支付率(%)	79.41	22.40
派息融资比(%)	198.49	1年股利增长(%)	33.30	-46.27
近3年平均归母净利润(亿元)	4.65	3年股利增长(%)	26.92	-8.03
近3年累计现金分红(含回购)(亿元)	14.10	5年股利增长(%)	38.99	-0.84
近3年累计分红/年均利润(%)	303.57	DPS增长率(一致预测)(%)	-12.65	2.13

图5-11 羚锐制药分红统计

资料来源:Wind

从中药产业链的角度来看（见图5-12），上游行业为中药材加工和原料制造行业，下游行业为医药商业企业及医疗机构等消费终端。部分中药材受到过度采挖、自然灾害和环境破坏等因素的影响，可能会阶段性出现短缺或价格上涨等情况，而化学原料药市场竞争激烈，生产技术进步较快，原材料价格反而比较稳定。

图 5-12　中药产业链梳理

资料来源：招商证券

从三家公司的销售模式来看，济川药业采用以专业学术推广为主、渠道分销为辅的销售模式，不断深化学术平台的搭建，走的是专业化路线；羚锐制药是学术推广和渠道直营"双轮驱动"，而江中药业则采用渠道直营或分销为主，学术推广为辅的销售模式。

二、中长期投资逻辑

1. 中药板块兼具成长性和盈利稳定性，分红能力较强

中药行业基本面是高分红、低估值、稳增长的统筹兼顾。在分红方面，中药上市公司现金流充沛，现金储备丰富，再投资需求偏弱，高额的现金分红较为普遍；在估值方面，中药板块整体估值合理偏低，PB基本在2~4倍左右；增长方面，在政策鼓励、需求加持、价格调整、基药催化等利好背景下，中药公司的业绩具备稳增长属性。如图5-13所示，近年来中药板块的股息率逐步提升至2.4%左右，股息支付率也持续高于50%。同时中药板块的ROE水平稳定在10%左右，这也是持续分红能力的重要保证（见图5-14）。

2. 医药销售改革促使中药公司降本增效

如图5-14所示，随着医疗反腐的深度推进，中药企业的销售模式正在从传

统粗放营销向学术营销转型，销售渠道正在从等级医院向 OTC（非处方药）市场转型，销售人效有望提升，销售费用率有望下降，进而改善中药企业的利润率水平。这对于直接和医院合作较多的济川药业和羚锐制药而言是比较直接的利好。

图 5-13　中药板块分红统计

资料来源：Wind

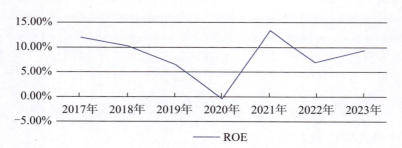

图 5-14　中药板块 ROE 变化

资料来源：Wind

3. 人口老龄化和政策支持带来行业发展的增量

随着人口老龄化加速，养生、保健和慢病管理前景广阔，中医药在慢病管理和养生保健方面具有明显优势，名优老字号中医药有望焕发生机。此外，政策近年来已将中药发展上升为国家战略，2016 年颁布了《国务院关于印发中医药发展战略规划纲要的通知》，2023 年发布了《国家药监局关于进一步加强中药科学监管促进中药传承创新发展若干措施的通知》等。根据国家统计局和弗若斯特沙利文预测，伴随老龄化趋势，预计中国医药市场规模将从 2022 年的 1.66 万亿元增长到 2025 年的 2.06 万亿元（见图 5-15）。

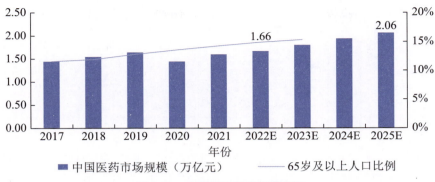

图 5-15　中药板块市场规模预测

资料来源：国泰君安证券

三、公司质地情况

1. 成长性和盈利水平

从三家中药高股息公司的业绩对比来看（见表 5-4），近 3 年济川药业实现了更高的利润增速，而江中药业的收入增速更快。2023 年普遍利润增速显著大于收入增速，反映出行业的利润率正在修复改善，其毛利率稳定，净利润率上行正好印证了我们前文提到的费用率下降的趋势。从资本回报率来看，最低的江中药业常年也维持在 12% 以上，近年来三家 ROE 都在 15% 以上，从杜邦拆解来看基本属于"高利润率、低周转、低杠杆"的经营模式，未来费用率的持续下行可能是 ROE 进一步提升的关键。

从卖方分析师一致预测来看，相对小市值的羚锐制药被给予的成长性期待最高。在 2024—2026 年净利润预期增速为 21.2%、18%、17%，且利润预期增速快于收入预期增速，预期 ROE 维持在 20% 以上，这在高股息板块也属于比较高的水平了。

2. 稳定性和确定性

中药行业作为需求刚性特征最为明显的行业之一，其需求受宏观经济影响较小，不存在明显的周期性、区域性和季节性特征，其需求端的稳健程度与必选消费品类似，不过由于前者更高的技术壁垒，导致其研发周期很长，这也对盈利的稳定性和确定性产生了不利影响。

从盈利预测的差异率情况来看，济川药业近五年 EPS 的预测误差率为 12%、5.9%、0.7%、0.6%、−7.5%，江中药业近五年 EPS 的预测误差率为 1.4%、−6.8%、−8.5%、−17%、−11.7%，羚锐制药近五年 EPS 的预测误差率为 4.5%、3.1%、

表 5-4 济川药业、江中药业、羚锐制药的财报对比

指标名称	2019年报 济川药业	2019年报 江中药业	2019年报 羚锐制药	2020年报 济川药业	2020年报 江中药业	2020年报 羚锐制药	2021年报 济川药业	2021年报 江中药业	2021年报 羚锐制药	2022年报 济川药业	2022年报 江中药业	2022年报 羚锐制药	2023年报 济川药业	2023年报 江中药业	2023年报 羚锐制药
营业收入同比增长率/%	-3.7	39.5	5.1	-11.2	-0.3	8.1	23.8	17.7	15.5	17.9	32.6	11.4	7.3	13.0	10.3
扣非净利润同比增长率/%	-1.7	-5.2	17.1	-21.2	2.8	5.3	26.1	-4.6	18.5	30.3	19.4	15.3	32.7	39.0	30.6
净资产收益率(摊薄)/%	26.6	13.0	13.3	16.5	12.2	14.1	18.9	12.6	15.9	19.1	15.3	18.2	21.1	18.5	20.4
投入资本回报率/%	25.3	12.9	12.5	16.4	11.7	13.2	18.1	11.6	14.8	19.5	13.7	17.3	19.9	15.9	19.1
销售毛利率/%	84.0	66.7	77.3	81.7	65.4	76.9	83.3	64.3	74.3	82.9	64.8	72.3	81.5	65.3	73.3
销售净利率/%	23.4	19.6	13.6	20.7	20.1	13.9	22.5	18.5	13.5	24.1	16.9	15.5	29.3	17.5	17.2
总资产周转率/次	0.8	0.6	0.7	0.6	0.5	0.7	0.7	0.5	0.7	0.7	0.6	0.7	0.6	0.7	0.7
资产负债率/%	29.5	17.5	33.0	26.2	13.7	32.8	24.7	23.6	39.7	24.2	28.0	41.1	26.3	27.0	41.4
每股收益-稀释/元	2.0	0.9	0.5	1.4	0.8	0.6	1.9	0.8	0.6	2.4	0.9	0.8	3.1	1.1	1.0
每股经营现金流/元	2.6	1.2	0.8	2.0	1.2	0.8	2.1	1.5	1.5	2.8	1.6	1.5	3.8	1.6	1.4
每股自由现金流/元	1.9	-0.1	0.7	0.2	0.4	0.5	1.2	0.4	0.8	0.9	1.7	1.3	3.1	3.5	1.7

资料来源：Wind

−9.7%、−5.1%、−3.6%。总体来看，济川药业的业绩可视度最好，预测误差率较低；羚锐制药虽然误差率也不高，但历史上预测的样本量较小，可参考性一般。

从行业格局来看，三家公司处于不同的细分赛道，其中济川药业作为清热解毒和小儿感冒中成药的龙一，行业竞争格局相对最为稳定，其中在雷贝拉唑钠肠溶胶囊产品市场占有率达 65%；江中药业的健胃消食片在中药类非处方肠胃用药领域也能排到行业第一，市场占有率在 30% 左右；羚锐制药则是在芬太尼贴剂领域仅次于强生公司，为市场占有率 20% 的第二龙头。

从客户集中度情况来看，济川药业前五大客户占比为 6%；江中药业前五大客户占比达 44.9%，其中第一大客户占比 22%；羚锐制药前五大客户占比为 15.7%，分布比较均衡。

3. 经营的可持续性

从公司 ESG 评价的角度看（见表 5-5），作为国有企业的江中药业的综合评价最好。江中药业的社会责任和环境打分较高，而公司治理得分偏低。

表 5-5　济川药业、江中药业、羚锐制药的 ESG 对比

公司	Wind ESG 评级得分	Wind 公司治理评分	行业排名	嘉实 ESG 评分	全市场排名
济川药业	BB5.85	5.3	135/294	63.11	1433
江中药业	BBB6.98	4.59	23/294	75.19	614
羚锐制药	BB4.9	4.25	237/294	67.96	1069

资料来源：Wind

从研发投入来看，近三年济川药业的研发费用率在 5%~7%，江中药业为 3%~4.3%，羚锐制药为 3%~3.8%。研发费用率的差别也基本反映了各家销售模式的差异。济川药业在新产品研发的技术路线上走得更远，这也和它中药及西药化学药多主业的定位有关，最终也反映了更高的毛利率水平。从全行业研发投入的绝对金额排名来看，2023 年济川药业的研发投入排名全行业第六（见图 5-16）。

从业务壁垒和竞争优势来看，中药行业的壁垒主要体现在：①行业政策制定了较高的进入门槛。药品的使用直接关系到患者的生命健康，因此国家在行业准入、生产经营等方面制定了一系列法律、法规，以加强对药品行业的监管。②技术的研发和人才培养需要较长的时间周期积累，开发一种新药通常需要 8~10 年，有的甚至长达十几年，对于研发人员的专业知识、技术水平、行业经验等综合素质有很高的要求。

4. 信用和现金质量

从信用资质对比来看（见表 5-6），济川药业的信用资质最好，江中药业次

之。羚锐制药没有信用评级,但从财务质量和偿债相关指标来看弱于前两者,资产负债率也是三家公司中最高的,达到40%。

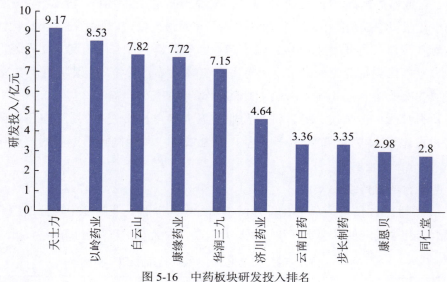

图 5-16 中药板块研发投入排名

资料来源:民生证券

表 5-6 济川药业、江中药业、羚锐制药的信用评级对比

公司	主体评级	YY 评级	中证隐含评级	CM 评分	5 年预期违约率
济川药业	AA	6	AA	2-	1.8%
江中药业	AA	-	-	2-	2%
羚锐制药	-	-	-	-	-

资料来源:Wind

在现金质量方面,济川药业反而是三家公司里相对较差的,因为其应收账款占收入比例达到了 30% 左右,显著高于江中药业和羚锐制药个位数的水平,这也间接导致其营运资本占用较高,大约 30 亿元,是其营收体量的三分之一。另外,济川药业自由现金流虽然长期为正,但是和净利润基本是持平的,而江中药业和羚锐制药都是显著高于其净利润的。

四、估值与风险分析

截至 2024 年 5 月,济川药业账上有现金 110 亿元且拥有持续贡献现金流的中药大单品,预计仍能保持较强的分红能力。从相对估值角度来看,按照分部估值可以简单拆分为存量业务和 BD 管线新业务，前者按照 2025 年 10 倍 PE 大概能给到 330 亿元左右市值，而 BD 管线业务按照销售量峰值测算大概可以给 100 亿元市值，合计目标市值在 400 亿元以上，也有一定的盈利空间。其主要的经营风险在于小儿豉翘清热颗粒产品（贡献收入 30 亿元的基本盘）可能有集采降价压力，如果 OTC 销售占比提升不及预期，影响可能会更大。

江中药业自 2021 年以来每年分红 2 次，合并现金分红比例超过 100%，其中 2023 年三季报分红 3.78 亿元，本次分红 4.4 亿元，全年分红约 8.2 亿元，股息率 4.9%。同时，由于其国企的性质，可作为高股息的国企改革潜在标的进行投资，在三家公司里高股息的纯度最高。不过其主要大单品已经进入成熟期，增长较慢（未来 10% 左右的内生增长），公司要实现更高的增长需要通过自主研发或者外延并购来补充产品梯队。另外，过去几年公司陆续并购桑海、济生、海斯等标的，已并购的资产收入体量仍较小且净利率水平很低，市场潜力有待释放。

羚锐制药从股息率投资的角度看可能是三家中相对弱一些的，预期股息率在 3% 左右，一方面，其 PB 估值接近 5 倍，显著高于江中药业和济川药业，从而让股息回报的"折扣"较多；另一方面，公司估值也隐含了更高的成长性溢价，即未来 3~5 年有望保持收入 10%~15% 增长，利润 15%~20% 增长，销售费用率同时保持每年下降的趋势。另外，其核心产品还有一定的提价空间。需要关注的是，近期公司大股东发布了减持计划，虽然股东表示是流动性需求所致，但还是需要审慎看待。

第三节 大宗供应链：建发股份、厦门象屿、厦门国贸

一、公司基本情况介绍

建发股份、厦门象屿和厦门国贸均为大宗商品供应链的龙头公司，所在行业——原材料供应链服务在 2023 年的股息率普遍超过了 6%（见图 5-17）。

从商业模式来看，大宗商品供应链属于典型的轻资产、低利润、高周转行业。其盈利模式是在不断的采购和销售中，通过空间、时间和形式三种途径套利，利润水平偏低，净利率大致在 0~5% 之间。然而，通过快速周转和财务杠杆，依旧能达到不俗的净资产回报，非大宗牛市情况下，ROE 能做到 15% 及以上。该行业的核心资产是依附于人的购销渠道，以及依附于公司的物流配套和风控体系。

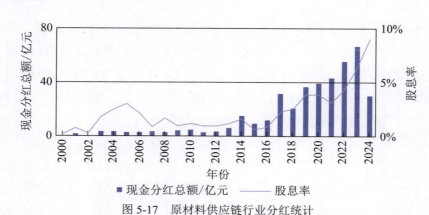

图 5-17 原材料供应链行业分红统计

资料来源：Wind

从盈利的驱动因素来看，大宗商品供应链公司的主营品类决定其营收规模的上限，品类可以横向拓展，但并非完全无边界，根据经验来看，规模上限由大到小分别是能源、矿产、粮食；公司的运营模式决定其回报率的波幅，重资产的公司利润率更高，回报率峰值往往也更高，但波动幅度大；轻资产的公司利润率相对低，但周转效率更高，回报率更为稳健。另外，大宗商品周期波动会小幅影响公司盈利水平，商品价格快速上行期，公司业绩往往表现更好。

从产业链结构来看（见图 5-18），大宗商品位于上游原材料资源环节，主要有金属矿产、能源化工和农副产品三大类别。在金融投资市场，大宗商品指同质化、可交易、被广泛作为工业基础原材料的商品，如原油、有色金属、钢铁、农产品、铁矿石、煤炭等。大宗商品主要分成三个大类别，即金属矿产、能源化工、农副产品，这三大类别的产品几乎涵盖了所有工业制造业原材料。供应链业务主要指的是在商品流通过程中，提供物流（仓储＆运输）、商流（订单）、资金流（供应链金融）、信息流（信用＆信息整合）等服务，使商品能够更高效、低成本地进行流通。

从行业整体的市场规模来看，据厦门象屿 2022 年年报，2018—2022 年，大宗商品供应链服务市场规模稳定在 40 万亿元左右。

二、中长期投资逻辑

1. 全行业分红比例较高，同时低估值导致股息率更高

建发股份 2023 年扣非归母净利润达 24 亿元，年度分红 21 亿元，分红比例为 58.7%（剔除重组收益后的归母净利润占比）；每股分红 7 毛，对应股息率

7%左右；厦门象屿在2023年的分红比例为43%（未扣除永续债利息），参照2024年一致预期、2023年分红比例，公司股息率约5.7%；厦门国贸2023年每股派发现金红利0.5元（含税），分红比例为57.6%，相比上年现金红利比例提高17.7%，股息率约为6.8%。

大宗商品类别	上游（原材料）	中游（半成品）	下游
能源化工	煤炭、原油、天然气	天然橡胶、合成橡胶、成品油、塑料、化纤、甲醇、丙烷等	轮胎、服装、塑料制品等
黑色金属	铁矿石	生铁、粗铜、螺纹钢、热卷、冷轧等	建材、汽车、家电、电子通信等
有色金属	铜精矿、铝土矿、铅矿、锌矿、金矿、银矿	铜合金、铜线、铝合金、铝板、锌饼、金银饰品等	
农副产品	玉米、稻谷、小麦、大豆、棉花、猪、牛、羊	大豆油、棕榈油、大豆粉、面粉、豆粕等	精加工食品

图 5-18　大宗商品产业链结构

资料来源：中银国际证券

从三家公司长期维度的分红统计对比来看（见图 5-19、图 5-20、图 5-21），厦门象屿上市以来的分红率最高，达到 45%，不过其派系融资比仅有 77%，反映出分红质量其实一般。相比之下厦门国贸的派息融资比达到了 268%，分红现金流对融资端的依赖较低。从动态股息率的视角看，厦门国贸达到 8.4%，为三家公司中最高。

建发股份 600153.SH	分红统计			
上市以来分红统计			建发股份	万得全A
上市年份	1998	股息率(近12个月)(%)	7.77	2.47
上市以来累计现金分红次数	26	股息率(最新年度)(%)	7.27	1.34
上市以来累计实现净利润(亿元)	643.27	现金分红总额(最新年度)(...	21.03	11,777.64
上市以来累计现金分红(亿元)	169.76	股利支付率(%)	16.05	22.40
上市以来平均分红率(%)	26.39	1年股利增长(%)	-12.53	-46.27
派息融资比(%)	267.97	3年股利增长(%)	13.67	-8.03
近3年平均归母净利润(亿元)	84.95	5年股利增长(%)	8.21	-0.84
近3年累计现金分红(含回购)(亿元)	63.11	DPS增长率(一致预测)(%)	-45.23	2.13
近3年累计分红/年均利润(%)	74.29			

图 5-19　建发股份分红统计

资料来源：Wind

厦门象屿 600057.SH 6.97 -0.43%	分红统计		
上市以来分红统计			
		厦门象屿	万得全A
上市年份	1997		
上市以来累计现金分利次数	12	股息率(近12个月)(%)	4.30	2.47
上市以来累计实现净利润(亿元)	120.39	股息率(最新年度)(%)	4.47	1.34
上市以来累计现金分红(亿元)	54.26	现金分红总额(最新年度)(...	6.82	11,777.64
上市以来平均分红率(%)	45.07	股利支付率(%)	43.31	22.40
派息融资比(%)	77.83	1年股利增长(%)	-50.73	-46.27
近3年平均归母净利润(亿元)	21.24	3年股利增长(%)	1.80	-8.03
近3年累计现金分红(含回购)(亿元)	31.65	5年股利增长(%)	21.37	-0.84
近3年累计分红/年均利润(%)	149.02	DPS增长率(一致预测)(%)	18.09	2.13

图 5-20　厦门象屿分红统计

资料来源：Wind

厦门国贸 600755.SH	分红统计		
上市以来分红统计			
		厦门国贸	万得全A
上市年份	1996		
上市以来累计现金分利次数	22	股息率(近12个月)(%)	8.40	2.47
上市以来累计实现净利润(亿元)	250.99	股息率(最新年度)(%)	7.17	1.34
上市以来累计现金分红(亿元)	73.90	现金分红总额(最新年度)(...	11.02	11,777.64
上市以来平均分红率(%)	29.44	股利支付率(%)	57.56	22.40
派息融资比(%)	106.91	1年股利增长(%)	-23.68	-46.27
近3年平均归母净利润(亿元)	29.72	3年股利增长(%)	7.07	-8.03
近3年累计现金分红(含回购)(亿元)	36.47	5年股利增长(%)	17.58	-0.84
近3年累计分红/年均利润(%)	122.71	DPS增长率(一致预测)(%)	20.00	2.13

图 5-21　厦门国贸分红统计

资料来源：Wind

2. 龙头企业集中度有望进一步提升

近年来头部大宗供应链企业凭借规模、服务、风控、资金等优势迅速抢占市场，国内供应链行业 CR4（物产中大、厦门象屿、建发股份、厦门国贸）市场占有率从 2018 年的 2% 左右快速提升至 2022 年的 5.7% 左右，5 家上市公司口径的集中度在 2022 年提升至 6.1%（见图 5-22），但是距美日行业龙头市场占有率还有较大差距，例如日本大宗供应链企业前五大公司的集中度达到了 30%（见图 5-23），相比之下中国大宗行业龙头公司在区域、客户、品类拓展上具有广阔的外延发展空间。

3. 行业规模有望维持接近 GDP 的增长速度

中国 GDP 在"十三五"期间平均每年增长 6.7%，而中国的大宗商品社会销售总额保持了平均 5.9% 的增长，二者比较，弹性系数为 0.88。按照这个弹性系数去估算，未来 GDP 每增长 1 个百分点，大宗商品将增长 0.88 个百分点。未来中国经济的长期增长中枢如果在 4%，则意味着大宗商品销售额每年仍有 3% 以上的规模增速。

图 5-22　国内大宗供应链龙头市场占有率

资料来源：华创证券

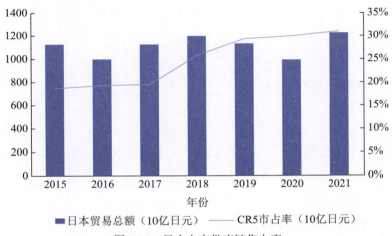

图 5-23　日本大宗供应链集中度

资料来源：兴业证券

三、公司质地情况

1. 成长性和盈利水平

从三家高股息公司的财务绩效表现对比来看（见表 5-7），2023 年建发股份的业绩最好，无论是收入利润增速还是资本回报率都处于行业最高水平。从 ROE 的杜邦分析拆解来看，建发股份的利润率水平是其领先的主要因素，其毛利率和净利率基本上是另外两家的 3~4 倍，在高杠杆运作模式下这一优势又被进一步放大了。这主要是因为建发股份有 20% 左右的住宅地产业务，利润率比传统供应链业务更高，但相对后者也属于重资产业务，后续也要关注地产链的风险。

表 5-7　建发股份、厦门象屿、厦门国贸的财报对比

指标名称	2020 年报			2021 年报			2022 年报			2023 年报		
	建发股份	厦门象屿	厦门国贸	建发股份	厦门象屿	厦门国贸	建发股份	厦门象屿	厦门国贸	建发股份	厦门象屿	厦门国贸
营业收入同比增长率 /%	28.4	32.2	61.0	63.5	28.4	32.4	17.7	16.4	12.3	-8.3	-14.7	-10.3
扣非净利润同比增长率 /%	-10.8	21.6	37.4	12.8	64.5	16.0	-14.0	21.8	-12.2	-34.9	-80.9	-80.2
净资产收益率(摊薄)/%	11.7	8.7	10.0	12.0	12.5	11.7	10.7	15.4	11.9	18.9	7.6	5.9
投入资本回报率 /%	5.7	6.1	6.0	5.6	7.4	7.5	4.4	9.0	7.0	5.5	5.9	4.4
销售毛利率 /%	5.4	1.9	1.9	3.6	2.2	1.7	3.8	2.1	1.9	4.4	1.9	1.4
销售净利率 /%	1.9	0.5	0.8	1.5	0.6	0.8	1.4	0.7	0.9	2.2	0.5	0.4
总资产周转率 / 次	1.3	4.7	3.5	1.4	5.0	4.4	1.5	5.1	5.0	1.0	3.8	4.1
资产负债率 /%	77.8	69.7	69.3	77.3	67.3	63.6	75.1	68.4	66.3	72.6	71.3	65.9
每股自由现金流量 / 元	-2.5	0.2	-2.8	-6.9	1.5	7.6	-0.5	2.0	1.3	14.5	-1.3	-0.2
每股经营现金流量 / 元	3.4	0.6	-0.9	0.1	2.5	3.7	5.2	2.8	0.2	9.8	2.5	1.5
每股收益 - 稀释 / 元	1.6	0.6	1.3	2.1	1.0	1.6	2.1	1.2	1.6	4.4	0.7	0.9

资料来源:Wind

从财报数据来看,较高的 ROE 水平是供应链公司高股息的保障,2020—2023 年三家公司的平均 ROE 超过 11%,如果能维持 40% 以上的分红率,同时以 1 倍以下 PB 买入,则基本可以保障 5% 左右的长期股息率水平。不过较高的资产负债率也使这类公司的主要现金来源不仅是盈利,还有大量的筹资活动,在投资中也需要关注这种资本运作模式是否可持续。

2. 稳定性和确定性

从经营周期性特征来看,供应链公司业绩受大宗商品价格影响,作为价格或价值的发现者,其在价格波动率快速上行的阶段,信息不对称性的增强使公司的套利空间扩大,大宗供应链公司便能通过预测能力和风险管理去增厚利润。不过近年来各家公司都有多元化产品的举措,一定程度上平滑了业绩和大宗商品周期的相关性。

从盈利预测的差异率情况来看,建发股份近五年 EPS 的预测误差率为 -4.4%、-4.1%、14.1%、-17.2%、-0.2%,厦门象屿近五年 EPS 的预测误差率为 -5.3%、-2.7%、-0.2%、-0.5%、1.9%,厦门国贸近五年的 EPS 的预测误差率为 -25.7%、4.5%、0%、-43.8%、-29%。总体来看,厦门象屿的业绩可视度最好,预测误差率极低,厦门国贸的一致预测误差较大,可参考性一般。

从行业格局来看，总体比较分散，头部公司竞争并不激烈。增长的同时，资产回报率和单位人效能够得以保持甚至提升，以销定产，市场参与者的扩张意愿较弱。龙头集中度呈现出缓慢提升的趋势（见上文分析）。

从客户集中度情况来看，三家公司的客户和供应商总体都比较分散。最高的是厦门象屿，其前五大客户占比为 8.7%，前五大供应商占比为 18.3%。

3. 经营的可持续性

从公司 ESG 评价的角度看（见表 5-8），三家公司的评级都较高，建发股份的 Wind 综合 ESG 评级更为领先。

表 5-8 建发股份、厦门象屿、厦门国贸的 ESG 对比

公司	Wind ESG 评级	Wind 公司治理评分	行业排名	嘉实 ESG 评分	全市场排名
建发股份	8.06	8.81	1/47	64.59	1318
厦门象屿	6.08	6.93	23/47	67.2	1118
厦门国贸	7.5	6.7	4/47	65.27	1265

资料来源：Wind

从研发投入来看，三家公司的研发费用率占比均低于 0.1%，这和大宗供应链业务本身的特性有关，即营收体量虚高且技术迭代更慢。相对而言，建发股份和厦门象屿的技术投入更多。厦门象屿在 2021 年研发投入近 5000 万元，研发投入资本化的比重为 36.46%。公司研发人员数量为 40 人，且本科以上学历占比为 85%。建发股份在 2021 年研发投入增速超过 600%，支出规模近 2 亿元。

从业务壁垒和竞争优势来看，大宗供应链业务本身即具备规模效应，当各个环节的供给与配合都形成稳定的流程时，各个环节的成本自然会降低，因此规模优势是企业核心竞争壁垒。另外，产业链一体化和产品多元化程度也是重要的竞争要素。其中，物流能力是大宗供应链服务的最核心要素，具有先占性和稀缺性，网络化物流体系能够形成差异化多式联运服务能力。完善的仓储物流体系可以有效满足企业业务的运输需求，实现供应和运输自给自足。同时，优秀的供应链企业在选择经营商品时往往把鸡蛋放在不同的篮子中进行多元匹配，使业务具有更好的风险对冲能力和增长潜力。

4. 信用和现金质量

从信用资质对比来看（见表 5-9），建发股份最好，厦门象屿次之，厦门国贸最差。这和 ESG 评价结果也是基本吻合的。

表 5-9 建发股份、厦门象屿、厦门国贸的信用评级对比

公司	主体评级	YY 评级	中债资信	中债隐含评级	CM 评分	5 年预期违约率
建发股份	AAA	4-	AA	AA+	2	1%
厦门象屿	AAA	4-	AA-	AA+	2	1.7%
厦门国贸	AAA	5+	-	AA	2-	2.7%

资料来源：Wind

在现金质量方面，三家公司的现金流都比较充裕，从经营现金流占利润的比例来看，厦门象屿最高，经营现金流是净利润的 3 倍以上。从应收账款情况来看，建发股份主要为关联方借款、保证金和押金，前五大占比 17.31%，集中度一般，账龄在一年以内的占 63.46%；厦门象屿的应收账款占比为 18%，2020—2022 年周转天数逐年上升，近年周转效率持续下滑，对资金的占用提升；厦门国贸应收账款占比 8%，1 年以内占比约 78%，账龄结构偏长。

四、估值与风险分析

从高股息资产的视角来看，截至 2024 年 5 月底，三家公司近 12 个月滚动平均的股息率均处于全市场较高水平，各家分红意愿都很强，假设 2024 年建发股份每股分红 0.7 元，厦门象屿维持 50% 分红比例，厦门国贸每股分红 0.5 元，则大概对应股息率分别为 7.3%、5.1%、6.3%。目前都非常低，如果在周期底部逐步买入，拉长看正回报的确定性非常强。相对估值的视角来看，建发股份由于涉及房地产业务，这块市场基本上不给估值，导致其 PB 最低，仅有 0.53，这也是导致其表观股息率最高的重要原因。同时，厦门象屿的股息率虽然略低，但业绩的弹性最大，股价的回报空间可以期待。安全边际对比来看，建发股份的估值定价距离历史底部的 PB 水平更近，理论回撤空间有 10%，厦门象屿 PB 最高，距离底部 PB 尚有近 30% 的市值距离。

在投资风险方面，主要需要关注以下事项：①在"融资－分红"的模式下，三家公司实际的分红持续性依赖于再融资市场的宽松程度，但从融资进展上来看并不尽如人意：厦门象屿战略投资者定增、厦门国贸公开增发、建发股份配股，都在进行过程中，但落地有较大的不确定性。其中，建发股份现在对配股信心不太足，工作排位也不靠前；厦门象屿和厦门国贸尚未获得监管审批，需要持续跟踪进展。②虽然短期看大宗供应链行业基本已经触底，但环比改善的幅度有限。分品类看，今年黑色金属比较弱，有色金属里的金银铜铝价格不错，但量没有特别好；纸浆今年有所改善；农业比去年好，但也没有很强。③三家公司都面临不同程度的资产减值损失，不过对利润的冲击程度可能略好于 2023 年。

第四节 植物蛋白饮料：养元饮品、承德露露

一、公司基本情况介绍

养元饮品是地方国企的改制民企，是国内核桃乳领域的领军企业。2005 年推出核桃乳单品"六个核桃"，通过广告宣传投放、"星级服务体系""零风险代理产品"等一系列营销举措，成功打开销售市场，成就核桃乳细分领域龙头。根据前瞻产业研究院及欧睿报告，2022 年公司在植饮、核桃乳市场占有率分别达到 20%+、80%+。

承德露露公司前身是建厂于 1950 年的承德市罐头食品厂，依托冀北地区丰富山杏资源，1975 年研发出杏仁露产品，相较中国大陆地区其他植物蛋白品类的面世时间，公司明显领先。1991 年露露杏仁露开始面向全国市场进行销售，并迅速打开局面。公司目前产能约 51 万吨，在杏仁乳/露市场占有率达 90%，和养元饮品类似，在快消品领域属于龙头份额极高的细分赛道。

从主营业务结构来看，养元饮品业务的基本盘是核桃乳产品，收入占比达到 92.6%，毛利率达 47%；功能性饮料占比为 7.3%，毛利率达 28.4%。从区域分布来看，主要集中在华东和华中地区，收入占比分别为 32.5% 和 24.6%。承德露露的基本盘则是占比 96.9% 的杏仁露，毛利率为 42%；此外，果仁核桃露占比为 3%，毛利率达 21.3%。

植物蛋白饮料的定位介于乳品和饮料之间，以植物果仁和果肉为主要原料，经过研磨提取等方式加工制成的以植物蛋白为主体的乳状液体饮品，其具有不含或含较少的胆固醇，富含蛋白质和氨基酸，含适量的不饱和脂肪酸，营养成分较全等特点。对比动物蛋白饮料，植物蛋白饮料通常在心血管健康、体重管理和糖代谢等方面存在差异化优势，受到素食主义者与乳糖不耐受人群的青睐。根据 2020 年天猫新品创新中心披露的数据，植物蛋白饮料的消费者以女性为主（占比为 75%），"精致妈妈""都市蓝领""新锐白领""小镇中老年"是最典型的几类消费者画像（见图 5-24）。

从产业链情况来看，养元饮品和承德露露都属于植物蛋白饮料生产商，上游主要是原材料供应商，如杏仁、糖、核桃和其他植物果仁等供应商。下游主要是销售渠道和消费者市场。销售包括线下渠道和线上渠道，线下渠道主要包括超市、便利店等零售商，线上渠道则包括电商平台和官方网站等。消费场景以补充

营养、礼赠、餐饮为主，消费群体主要在二、三线城市。

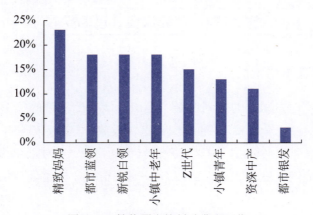

图 5-24　植物蛋白饮料消费者画像

资料来源：东吴证券

二、中长期投资逻辑

1. 分红比例领先，同时开展回购提升股东权益

养元上市以来累计分红超过 140 亿元（见图 5-25），分红率为 92%，动态股息率超过 7%，处于行业领先水平。2022 年公司发放现金红利 22.78 亿元，现金分红比例为 154.51%，股息率为 7.26%。根据公司招股书中的分红规划，未来公司现金分红比例仍有望维持较高水平。此外，2023 年年底公司回购股份注销，并减少公司注册资本，若按本次回购股份数量上限及回购价格上限测算，拟回购资金总额不超过 2.5 亿元，截至 2024 年年初已累计回购股份 110 万股，占总股本比例达 0.09%，使用资金总额约 2447 万元，反映管理层对公司价值被低估的判断，亦有助于提升股东权益。

养元饮品 603156.SH	分红统计			
上市以来分红统计			养元饮品	万得全A
上市年份	2018	股息率(近12个月)(%)	7.27	2.47
上市以来累计现金分红次数	7	股息率(最新年度)(%)	7.53	1.34
上市以来累计实现净利润(亿元)	153.51	现金分红总额(最新年度)(...	20.23	11,777.64
上市以来累计现金分红(亿元)	141.18	股利支付率(%)	137.85	22.40
上市以来平均分红率(%)	91.97	1年股利增长(%)	-11.20	-46.27
派息融资比(%)	416.55	3年股利增长(%)	10.03	-8.03
近3年平均归母净利润(亿元) ?	16.84	5年股利增长(%)	-2.19	-0.84
近3年累计现金分红(含回购)(亿元) ?	68.32	DPS增长率(一致预测)(%)	—	2.13
近3年累计分红/年均利润(%) ?	405.64			

图 5-25　养元饮品分红统计

资料来源：Wind

承德露露自上市以来累计现金分红近 40 亿元（见图 5-26），累计现金分红率为 56%，其中 2023 年分红率达到 65%。动态股息率为 5%，低于养元饮品，不过其派息融资比和股利增长率比养元饮品更高。另外，公司年末账面货币现金有 31 亿元，未来分红的可持续性较强。

承德露露 000848.SZ 7.94 -1.24% 分红统计				
上市以来分红统计				
上市年份	1997		承德露露	万得全A
上市以来累计现金分红次数	22	股息率(近12个月)(%)	5.04	2.47
上市以来累计实现净利润(亿元)	70.08	股息率(最新年度)(%)	5.10	1.34
上市以来累计现金分红(亿元)	39.33	现金分红总额(最新年度)(...	4.21	11,777.64
上市以来平均分红率(%)	56.13	股利支付率(%)	65.98	22.40
派息融资比(%)	831.75	1年股利增长(%)	36.71	-46.27
近3年平均归母净利润(亿元)	6.03	3年股利增长(%)	15.52	-8.03
近3年累计现金分红(含回购)(亿元)	9.29	5年股利增长(%)	1.47	-0.84
近3年累计分红/年均利润(%)	154.02	DPS增长率(一致预测)(%)	28.29	2.13

图 5-26　承德露露分红统计

资料来源：Wind

2. 乳糖不耐受需求和健康消费趋势促进植饮行业增长

植物蛋白饮料行业于 2003—2014 年高速发展，但由于竞品品类的增加，行业内竞争者的增多，2014 年起行业增速明显放缓。与中国香港、中国台湾地区相比，内地（大陆）的植物蛋白饮料人均年消费量偏低，向上增长空间仍然较大。同时，我国乳糖不耐受人群占比超过 20%，明显高于欧美国家。而植物蛋白饮料不含乳糖，可供乳糖不耐受人群补充蛋白质等营养物质，大基数的乳糖不耐受人群基数为我国植物蛋白饮料消费市场提供了发展空间。根据智研咨询的数据，2022 年中国乳糖不耐受人群（含疑似乳糖不耐受人群）占比快到 50%（见图 5-27）。

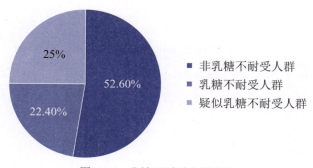

图 5-27　乳糖不耐受人群占比

资料来源：东吴证券

3. 养元饮品接手红牛能量饮料运营，承德露露"杏仁+"开拓新品类，有望开启新增长点

根据欧睿数据，2022年功能性饮料市场零售额超500亿元，未来保持稳定增长，预计2023—2028年市场零售额CAGR约为6%。2020年养元饮品的孙公司鹰潭智慧健饮品有限公司获得红牛维生素牛磺酸饮料长江以北地区全渠道独家经销权，目前已形成了4亿元左右的收入贡献。

承德露露在2021年开始逐步加大研发投入，研发方向以低糖、杏仁奶、"杏仁+"产品为主，2022年继续增加有机杏仁奶、巴旦木产品和果蔬汁气泡水系列产品研发，2023年杏仁奶和巴旦木奶先后面世。从2023年年报来看，杏仁奶业务毛利率达32%，且保持了较快增速。

三、公司质地情况

1. 成长性和盈利水平

与两家公司所在的申万三级行业软饮料的情况对比来看（见表5-10），养元饮品和承德露露近两年的收入和利润增速都偏慢，主要是由其细分的植物蛋白饮料相对更差的景气度水平所致。据统计，2019—2023年中国植物蛋白饮料量/价CAGR分别为-3.94%/1.71%，而动物蛋白饮料量/价CAGR分别为2.72%/3.28%，植物基价格增幅落后于动物蛋白饮料，且前者2023年销售均价仅为后者的83%，国内植物蛋白饮料主流大单品多数定位于3~6元，尚未出现规模化高端单品，也成为制约植饮单品发展的重要因素。

从盈利能力看，养元饮品和承德露露相对行业表现尚可，近五年的资本回报率均超过行业平均水平。从杜邦分析的视角看，财务杠杆和周转率都形成了拖累，但更高的利润率水平使其能够维持相对合理的净资产收益率，特别是承德露露，近五年的摊薄ROE基本在20%以上，在全市场属于非常优秀的水平。

表5-10 养元饮品和承德露露的财报对比

养元饮品	2019年报	2020年报	2021年报	2022年报	2023年报
营业收入同比增长率/%	-8.41	-40.65	55.99	-14.24	4.03
扣非净利润同比增长率/%	-7.47	-50.78	60.09	-32.23	3.89
净资产收益率（摊薄）/%	21.71	13.33	16.94	12.80	13.28
投入资本回报率/%	21.68	12.78	16.87	11.59	11.53
销售毛利率/%	52.83	47.82	49.12	45.11	45.71
销售净利率/%	36.13	35.64	30.57	24.89	23.82

续表

养元饮品	2019 年报	2020 年报	2021 年报	2022 年报	2023 年报
总资产周转率 / 次	0.49	0.29	0.45	0.38	0.40
资产负债率 /%	17.85	21.43	21.53	23.54	31.42
承德露露	2019 年报	2020 年报	2021 年报	2022 年报	2023 年报
营业收入同比增长率 /%	6.29	−17.50	35.65	6.66	9.76
扣非净利润同比增长率 /%	12.59	−7.67	32.17	6.17	5.26
净资产收益率（摊薄）/%	23.29	19.63	24.17	21.82	20.66
投入资本回报率 /%	22.54	19.18	23.20	22.05	20.35
销售毛利率 /%	52.62	50.13	46.79	44.85	41.46
销售净利率 /%	20.66	23.30	22.51	22.35	21.60
总资产周转率 /%	0.76	0.60	0.76	0.74	0.74
资产负债率 /%	34.60	27.64	31.82	26.73	25.29
软饮料行业	2019 年报	2020 年报	2021 年报	2022 年报	2023 年报
营业收入同比增长率 /%	1.18	−20.89	22.18	−0.15	14.82
扣非净利润同比增长率 /%	−51.81	23.31	31.18	−10.43	11.85
净资产收益率（摊薄）/%	−8.83	12.82	14.40	12.05	8.72
投入资本回报率 /%	6.50	11.35	14.63	10.64	9.42
销售毛利率 /%	42.74	39.91	38.20	35.86	35.71
销售净利率 /%	−5.06	18.26	15.13	12.83	8.12
总资产周转率 / 次	0.64	0.53	0.71	0.62	0.65
资产负债率 /%	45.33	36.97	35.46	36.16	38.45

资料来源：Wind

单纯考虑植物蛋白饮料的主营业务，可能增长的潜力短期确实难以兑现。一方面在细分市场的市场占有率已经很高（超过 80%），且目前植物饮料行业尚未摸索出产品高端化的路径，因此在量价两端都难以提升。不过如果能维持当前的 ROE 水平，依旧能保证较高的分红率。只是对其成长性的预期需要相对谨慎看待。

2. 稳定性和确定性

从经营周期性特征来看，由于植物蛋白饮料具备较高的传统送礼属性，在我国传统节日临近及期间，市场需求集中释放，饮料购销存在节前逐渐升温、节后迅速回落的节日效应，其中又以春节、中秋节最为典型，也造就了该行业销售的季节性特征。

从盈利预测的差异率情况来看，养元饮品近五年EPS的预测误差率为-16.7%、-3.1%、-9.5%、-17.9%、-3.5%，承德露露近五年EPS的预测误差率为-0.44%、-1.3%、2.8%、-6.9%、9.4%，所在行业近四年的预测误差率为-7.9%、-12.8%、0.64%、-21.1%。横向对比来看，所在行业的预测胜率一般，特别是在C端消费品中属于相对业绩置信度偏低的赛道。养元饮品在个股层面的预测胜率也比较一般，而承德露露的预测误差率较低，业绩置信度高。

从行业格局来看，饮品行业细分赛道众多，已有品类龙头格局稳固，特别在水、乳制品、功能饮料、凉茶等功能属性强的品类赛道，龙头份额集中度更加突出，如农夫山泉包装水、怡宝饮用水、伊利安慕希、蒙牛纯甄、红牛、王老吉等大单品销售规模已达百亿元级。目前我国植物蛋白饮料市场规模预计近600亿元，细分品类已形成稳定格局，养元饮品旗下的六个核桃（规模60亿元），以及承德露露旗下杏仁露（规模30亿元）等产品稳居细分龙头。从市场占有率角度看，养元饮品在植物蛋白饮料行业份额超过20%，为行业第一；承德露露占比8.5%，排名行业第三（见图5-28）。

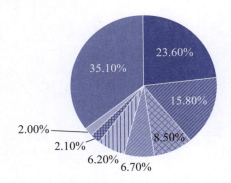

图 5-28 植物蛋白饮料行业市场占有率

资料来源：东北证券

从客户集中度情况来看，和其他大众消费品类似，两家公司的客户集中度在3%~6%，属于极低水平；但前五大供应商的集中度很高，占比分别达到64%和35%，其中养元饮品的第一大供应商——嘉美食品包装占比超过40%。需要关注原材料价格波动对公司业绩的潜在影响。

3. 经营的可持续性

从公司ESG评价的角度看，养元饮品的Wind评级为BB，综合得分5.95，公司治理得分 7.07，属于极高水平，综合得分在饮料行业排名 31/60。嘉实 ESG 评分 65.73，全市场排名 1237。承德露露的 Wind 评级为 BB，综合得分 5.37，公司治理得分 5.61，综合得分在饮料行业排名 40/60。嘉实 ESG 评分 55.65，全市场排名 2090。

从研发投入来看，养元饮品和承德露露的研发开支占比都不高，均在 1% 左右，植物蛋白饮料品类固化相对严峻，大豆、核桃、杏仁、花生、椰汁品类开发较早，燕麦等开发较晚，品类发展既受产品特性限制，也受原料供应产业链限制。在早期品类龙头企业先发优势过于突出的情况下，高集中度高稳定的竞争格局反而制约了企业研发和创新的积极性，所以植物蛋白饮料企业的产品组合总体过于单薄，跨品类意愿弱，成功案例少，从而高峰期后的成长表现雷同。植物蛋白企业在同其他类型饮料企业比较当中，一定维度呈现"规模成长慢，创新活力弱，产品矩阵缺"的劣势。近年来两家公司研发投入的方向，主要在产品质量检测和提高生产工艺上。

核桃露作为类牛奶品类，核心竞争壁垒在于有效终端数量和配套服务能力，养元饮品的主要竞争优势在于：①公司集中广告营销资源宣传打造的特定品类"六个核桃"，使该品类成为品牌联想产品，实现品牌与品类的高度绑定，在消费者中具有显著的认知优势。②特定渠道的占有优势。养元饮品发展初期主要采用"农村包围城市"的战略，抢占低线市场销售份额，2022 年公司在县乡镇市场销售占比在 70% 以上。而承德露露的主要竞争优势在于以其较早培育消费者的先发优势和稳定优秀的品质，始终保持北方市场对"露露"品牌的高忠诚度，北方市场基本盘稳固。

4. 信用资质和现金质量

在信用资质方面，由于两家公司暂时没有公开市场发行债券的动作，暂无信用评级信息。不过从财务报表层面分析来看，其流动比率和速动比率等短期偿债指标表现良好，长期资产负债率基本在 30% 以下，且并无大额资本开支的计划，总体来看信用风险可控。

在现金质量方面，养元饮品和承德露露应收账款占收入比例长期低于 1%，属于全市场极低水平；不过养元饮品的净营运资本占用在 10 亿~50 亿元左右，考虑其 60 亿元左右的营收体量，这一水平明显偏高，反映了公司在产业链中的地位可能较弱；两家公司近 4 年自由现金流均为净流入，具备较好的现金创造能力；现金收入比长期都高于 100%。经营现金流基本持平于净利润，但近年来有持续下降的态势，需要关注。

四、估值与风险分析

从高股息资产的视角来看，养元饮品称得上是 A 股最纯正的高股息公司之一，股息率为食品饮料板块最高，常年分红率维持在 100%+（2023 年年报净利润 14.7 亿元，分红 20.23 亿元），可见管理层的分红意愿极强。同时公司的品牌壁垒和细分赛道内一家独大的格局决定了其利润和收入大概率能保持稳定。其增长的来源主要是红牛代销业务，但占比较低，也没有新产能投放和资本开支，这些都是分红稳定的基础。另外，目前股价基本没有隐含成长预期，因此大概率估值波动较小，是绝对收益组合的纯粹做红利策略的首选。不过公司 2023 年分红比前两年有所下降，虽然绝对水平仍高，但吸引力可能正在弱化。从相对估值法来看，公司历史最低的 PB 水平在 2.1 倍，对应底价市值大概在 250 亿元，安全边际较好。

和养元饮品相比，承德露露的成长性更好一些，2024 年第一季度收入实现了 7% 的增长。长期来看，公司的资本回报水平更高，常年维持在 20%，虽然分红率低于养元饮品导致其股息率更低，但未来股息的增长空间更大，属于能够兼顾股息率和成长性的资产。从安全边际的角度看，承德露露历史最低的 PB 水平是 2.6 倍，与 2024 年 5 月底 3.15 的交易价格比，尚有 15% 的空间，短期回撤也比较可控。

在投资风险方面，养元饮品主要需要关注以下事项：①与同类竞争对手承德露露和椰树集团相比，养元饮品的产品力偏弱，表现为口感平庸，客户黏性弱，主要依靠更激进的推广和营销策略带来收入，这种模式的持续性需要观察；②上游罐头包装在 2023 年大幅涨价，2024 年仍有继续调价的可能性，考虑到养元饮品的包装供应商集中度很高，可能会对利润率造成不利影响；③公司历史上有一些股权投资，从结果上来看综合收益较差，构成了减值损失，需要警惕其找不到增长点时的盲目多元化倾向。

承德露露主要关注：①公司与万向财务有比较大额（30 亿元左右）的关联交易，用于万象汽车零部件项目资金池，利息只有不到 0.4%，存在一定的房地产业务敞口（万向信托），且不能排除挪用资金风险；② 2024 年苦杏仁和糖的价格均有上涨，幅度在 20%~40% 不等，短期内对公司毛利率构成了一定压力。

第五节 水务公用事业：洪城环境、首创环保、重庆水务

一、公司基本情况介绍

三家上市公司分别是江西、北京和重庆的污水处理企业，水务行业主要采

取特许经营的模式，一般特许经营权周期在25~30年，具有地域属性及特许经营壁垒。

从产业链结构来看，水务行业包括供水、排水和污水处理等（见图5-29）。水资源经过原水厂处理到达自来水厂，经过处理后流经管网，流向居民或者工商业用户。工商业用户产生的污水通过排水管网流向污水处理厂，经过污水处理后排向自然水体。

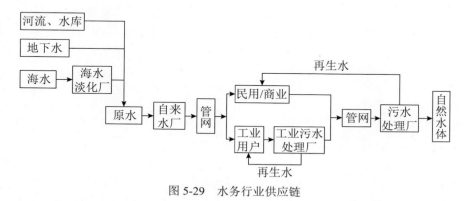

图 5-29　水务行业供应链

资料来源：华创证券

从盈利的驱动因素来看，水务行业盈利主要由量价决定。供水业务营业收入主要由"供水量×水价+其他收益"构成：①供水量主要由供水产能和产销差率决定，目前供水产能已接近饱和，扩张空间有限；产销差率主要由自来水厂产能利用率和管网漏损率决定。②水价是指供水企业供给用户使用的水价格，由政府定价。目前我国水价偏低，提价预期较强，对供水企业利润增长促进较大。③其他收入可能包括工程收入、水表安装收入等。④成本方面，主要包括电费、折旧和药剂费用。

从三家公司的营收结构来看，洪城环境污水处理占比29.8%，毛利率41.5%；燃气销售占比24.9%，毛利率9.8%；自来水销售占比12%，毛利率44.6%。首创环保污水处理占比29.9%，毛利率37.5%；固废处理和供水处理业务分别占比21%和15%，毛利率均为32%左右。重庆水务的污水处理占比53%，毛利率27%；自来水销售占比23%，毛利率13.5%。

对比三家公司的历史分红情况来看（见图5-30、图5-31、图5-32），重庆水务上市以来的分红率最高，达到了72%，同时其派息融资比接近5倍，显著领先于另外两家公司。动态股息率方面比较接近，均在3%以上。从股利增长的角度看，洪城环境的股利增长率最高，分红的提升潜力可能更大。

洪城环境 600461.SH 分红统计

上市以来分红统计

项目	数值	项目	洪城环境	万得全A
上市年份	2004			
上市以来累计现金分红次数	19	股息率(近12个月)(%)	3.27	2.47
上市以来累计实现净利润(亿元)	60.50	股息率(最新年度)(%)	5.24	1.34
上市以来累计现金分红(亿元)	28.53	现金分红总额(最新年度)(…	5.88	11,777.64
上市以来平均分红率(%)	47.16	股利支付率(%)	54.25	22.40
派息融资比(%)	46.20	1年股利增长(%)	23.81	-46.27
近3年平均归母净利润(亿元)	9.50	3年股利增长(%)	13.75	-8.03
近3年累计现金分红(含回购)(亿元)	15.82	5年股利增长(%)	34.35	-0.84
近3年累计分红/年均利润(%)	166.58	DPS增长率(一致预测)(%)	—	2.13

图 5-30 洪城环境分红统计

资料来源：Wind

首创环保 600008.SH 分红统计

上市以来分红统计

项目	数值	项目	首创环保	万得全A
上市年份	2000			
上市以来累计现金分红次数	24	股息率(近12个月)(%)	3.66	2.47
上市以来累计实现净利润(亿元)	192.00	股息率(最新年度)(%)	3.72	1.34
上市以来累计现金分红(亿元)	98.27	现金分红总额(最新年度)(…	7.34	11,777.64
上市以来平均分红率(%)	51.18	股利支付率(%)	45.70	22.40
派息融资比(%)	87.52	1年股利增长(%)	-23.08	-46.27
近3年平均归母净利润(亿元)	23.49	3年股利增长(%)	12.62	-8.03
近3年累计现金分红(含回购)(亿元)	24.22	5年股利增长(%)	10.05	-0.84
近3年累计分红/年均利润(%)	103.12	DPS增长率(一致预测)(%)	—	2.13

图 5-31 首创环保分红统计

资料来源：Wind

重庆水务 601158.SH 分红统计

上市以来分红统计

项目	数值	项目	重庆水务	万得全A
上市年份	2010			
上市以来累计现金分红次数	15	股息率(近12个月)(%)	3.49	2.47
上市以来累计实现净利润(亿元)	239.36	股息率(最新年度)(%)	2.98	1.34
上市以来累计现金分红(亿元)	173.57	现金分红总额(最新年度)(…	8.11	11,777.64
上市以来平均分红率(%)	72.51	股利支付率(%)	74.52	22.40
派息融资比(%)	497.33	1年股利增长(%)	-37.41	-46.27
近3年平均归母净利润(亿元)	16.92	3年股利增长(%)	-12.81	-8.03
近3年累计现金分红(含回购)(亿元)	33.41	5年股利增长(%)	-9.60	-0.84
近3年累计分红/年均利润(%)	197.48	DPS增长率(一致预测)(%)	—	2.13

图 5-32 重庆水务分红统计

资料来源：Wind

二、中长期投资逻辑

1. 行业逐步进入成熟期，资本开支下降，分红维持在高位

近年来，水务企业整体的资本支出持续下降，体现了水务行业上市公司投资

的水务产能逐渐减少的趋势。行业的经营性现金流非常稳定，普遍高于归母净利润，2022 年水务行业的净现金流为净利润的 1.1 倍，全行业近年来的股息率水平在 2% 左右（见图 5-33）。

图 5-33　水务行业分红统计

资料来源：Wind

2. 供水业务方面，直饮水销售及运营的增长空间大

根据东吴证券预测，我国 2025 年、2030 年、2035 年直饮水售水空间分别为 769 亿元、1459 亿元、2030 亿元。2021—2035 年 CAGR 约 20%。2022 年城镇供水总量 801 亿立方米，按供水均价 2 元 / 立方米测算，2022 年市政供水市场约 1600 亿元。到 2035 年直饮水售水市场较 2022 年市政供水市场提供翻倍以上增长空间。

3. 污水处理业务方面，管网建设带来新增投资需求

2024 年 3 月，住建部发布《关于加强城市生活污水管网建设和运行维护的通知》，要求到 2027 年城市生活污水集中收集率达到 73% 以上。2022 年的集中收集率水平大概在 70%，每提升 1% 的收集率大概对应 1000 亿元的投资额，这也将带来新的配套设施建设需求，进而为税务企业带来新的盈利增长点。

三、公司质地情况

1. 成长性和盈利水平

从三家高股息公司的财务绩效表现对比来看（见表 5-11），洪城环境的盈利增长最为稳定，近四年均保持扣非净利润的正增长。而首创环保和重庆水务分别在 2022 年和 2023 年遭遇业绩的"滑铁卢"，其中重庆水务利润下滑主要系政府大幅下调了 2023—2025 年的污水处理价格（地方财政吃紧无法继续补贴）。由于水务企业大多和地方政府捆绑较大，其预期增长一定程度上也受到当地区域经济

和财政的影响。从资本回报的角度看，也是洪城环境最为领先，近4年的摊薄ROE水平稳定保持在13%左右，从杜邦拆解来看主要是因为周转率比另外两家高，利润率和杠杆率上则基本持平。

表 5-11 洪城环境、首创环保、重庆水务的财报对比

指标名称	2020 年报			2021 年报			2022 年报			2023 年报		
	洪城环境	首创环保	重庆水务	洪城环境	首创环保	重庆水务	洪城环境	首创环保	重庆水务	洪城环境	首创环保	重庆水务
营业收入同比增长率 /%	22.7	29.0	12.6	23.8	15.6	14.2	-14.9	-2.9	7.3	3.4	-3.8	-6.7
扣非利润同比增长率 /%	32.7	59.8	8.6	28.3	19.5	4.7	0.0	-34.6	0.0	20.6	44.8	-51.1
净资产收益率（摊薄）/%	12.2	5.7	11.4	13.9	8.3	12.6	13.3	11.5	11.2	13.6	5.5	6.4
投入资本回报率 /%	8.4	3.7	10.2	8.3	4.7	10.6	9.2	7.1	8.7	8.8	3.9	4.9
销售毛利率 /%	24.9	29.9	43.6	24.2	30.8	41.4	29.4	32.8	35.7	30.7	32.2	25.1
销售净利率 /%	11.9	8.3	28.0	11.6	11.7	28.6	14.0	19.7	24.7	15.4	9.8	15.1
总资产周转率 / 次	0.5	0.2	0.3	0.5	0.2	0.3	0.4	0.2	0.3	0.4	0.2	0.2
资产负债率 /%	63.7	64.8	36.5	63.5	64.4	43.6	61.3	63.3	46.3	60.9	64.9	48.4
每股自由现金流 / 元	-0.3	-0.8	0.1	0.1	-0.4	0.1	1.4	-0.2	0.1	0.2	-0.2	-0.5
每股经营现金流 / 元	1.4	0.6	0.5	1.4	0.4	0.6	2.0	0.4	0.6	1.5	0.5	0.5
每股收益-稀释 / 元	0.7	0.2	0.4	0.9	0.3	0.4	0.9	0.4	0.4	1.0	0.2	0.2

资料来源：Wind

从未来成长性来看，洪城环境和首创环保的预期增速接近，均在8%~10%；而重庆水务由于2023年业绩暴雷造成的低基数效应，2024年的利润一致预期增长达到38%，2025年和2026年预期增速则分别为8%和-13%。

2. 稳定性和确定性

从经营周期性特征来看，水务行业商业模式已由单一的自主投资运营模式逐渐发展到政府与社会资本合作的模式，包括BOT、BOO、TOT等模式，在获得政府特许经营权后，供水项目体现出区域垄断性。作为基础民生工程，居民及企业用水需求稳定，需求弹性小，受经济周期影响较少，具有较强的稳定性和防御属性。

从盈利预测确定性的角度看（见表5-12），洪城环境和首创环保的业绩兑现度都比较高，近五年的预测误差率均在10%以内。而重庆水务的盈利预测可靠性较差，即使不考虑2023年业绩大幅不及预期的情况，其2022年依旧有-15%的预测误差率。

表 5-12 洪城环境、首创环保、重庆水务的盈利预测对比

洪城环境 600461.SH- 预测误差				
报告期	EPS（摊薄）			
	公布值	一致预测值	预测误差	误差率 /%
2023 年报	0.96	0.88	0.08	9.08
2022 年报	0.87	0.92	−0.05	−5.34
2021 年报	0.86	0.79	0.07	8.68
2020 年报	0.70	0.69	0.01	1.30
2019 年报	0.52	0.51	0.00	0.51
首创环保 600008.SH- 预测误差				
报告期	EPS（摊薄）			
	公布值	一致预测值	预测误差	误差率 /%
2023 年报	0.22	0.23	−0.01	−5.85
2022 年报	0.43	0.42	0.01	2.36
2021 年报	0.31	0.30	0.01	4.99
2020 年报	0.20	0.18	0.02	13.74
2019 年报	0.17	0.16	0.01	3.82
重庆水务 601158.SH- 预测误差				
报告期	EPS（摊薄）			
	公布值	一致预测值	预测误差	误差率 /%
2023 年报	0.23	0.36	−0.13	−36.77
2022 年报	0.40	0.47	−0.07	−15.49
2021 年报	0.43	0.46	−0.03	−5.77
2020 年报	0.37	0.36	0.01	2.81
2019 年报	0.35	0.36	−0.01	−3.26

资料来源：Wind

3. 经营的可持续性

从公司 ESG 评价的角度看（见表 5-13），Wind 综合评级和嘉实 ESG 评分结果差异较大。其中洪城环境的行业相对排名靠后，分项来看主要是环境保护和公司治理得分较低。

表 5-13 洪城环境、首创环保、重庆水务的 ESG 对比

公司	Wind ESG 评级	Wind 公司治理评分	行业排名	嘉实 ESG 评分	全市场排名
洪城环境	6.16	4.98	20/34	43.56	3179
首创环保	7.95	6.37	2/34	54.51	2190
重庆水务	6.04	5.5	23/34	64.72	1300

资料来源：Wind

从水务行业的竞争壁垒来看，主要包括：

（1）政策壁垒。目前，政府普遍采取区域内特许经营的方式对进入水务行业的企业进行管理和限制。同时，由于水务行业为市政公用行业，关系到国计民生和生态环境安全，各地政府对水务行业企业的投资主体、设立标准、建设规划、设施标准、运行规则、收费标准、安全标准、环保标准等方面均进行严格的审查和资质监管。因此，水务行业的新进入者面临较高的政策壁垒。

（2）地域壁垒。水务行业属于市政公用行业，具有自然垄断的特性。各地水务企业均通过长期、因地制宜的大规模基础设施建设，形成了一定区域内的垄断优势，使水务行业的新进入者面临较高的地域壁垒。

（3）资金壁垒。水务行业属于资本密集型行业。该行业投资主要集中于供排水设施等市政基础设施，投资金额巨大。同时，由于水务行业属于市政公用行业，企业产品、服务的定价均受到政策管制，该类投资的投资回收期一般较长。因此，水务行业新进入者面临较高的资金壁垒。

4. 信用和现金质量

从信用资质对比来看（见表 5-14），首创环保的综合信用评级最好，重庆水务次之，洪城环境相对差一些。信用评级结果和 ESG 评价基本吻合。在现金质量方面，洪城环境最好，其自由现金流近三年均为净流入，且经营现金流显著大于净利润。

表 5-14 洪城环境、首创环保、重庆水务的信用评级对比

公司	主体评级	YY 评级	中债资信	中债隐含评级	CM 评分	5 年预期违约率
洪城环境	AA+	6+	—	—	2-	2.75%
首创环保	AAA	4-	AAA-	—	2+	0.56%
重庆水务	AAA	4	—	—	2	1.66%

资料来源：Wind

四、估值与风险分析

考虑到较好的经营确定性,洪城环境大概率能维持 13% 左右的 ROE 水平,按照 50% 的分红率假设,则只要能以 2 倍 PB 以下的净资产买入,即可获得 3% 及以上的股息率收益。需要关注的问题是洪城转债于 2024 年上半年逐步进入强制赎回转股期,虽然余额不到 10 亿元对其净资产的稀释有限,但仍然需要关注净资产摊薄效应的存在对资本回报率中枢的影响。从安全边际的角度看,公司历史最低的市净率在 1 倍左右,对应的底价市值为 80 亿元左右。

首创环保近年来 ROE 中枢从 10% 以上下滑到 5%~6%,未来预计将在这一水平运行。假设其能提高到 50% 的分红率,如果以 1 倍 PB 的估值买入,则对应 2.5%~3% 区间的股息率,虽然比洪城环境略低,但也要考虑到其更好的信用资质和 ESG 等级带来的"质量溢价"。同时,由于其 PB 估值显著低于洪城环境,距离历史底部更近,安全边际似乎也更可靠一些。

重庆水务虽然在 2023 年业绩下滑,但 ROE 仍有 6% 以上,如果后续有所恢复,均衡状态下预计能保持 8% 左右的 ROE。其历史分红率在三家公司中最高,达到 60% 左右,假设其保持 60% 的分红比例,如果以 1.5 倍以内 PB 买入,则对应 3.2 的股息率,和洪城环境的静态收益比较接近。

第六章 高股息行业的投资分析

本章将在前两章内容的基础上,继续探讨高股息行业的投资分析,通过第四章和第五章的个股案例和公司对比,相信读者对于高股息的行业特性有了一定认知。本章我们将揭示不同行业中高股息资产的独特价值与潜在风险。从泛金融行业的银行和保险,到泛周期行业的煤炭和水电,再到泛消费行业的家电与纺织服装,我们将分析这些行业的投资逻辑、成长性、盈利水平及稳定性。

对高股息行业研究的重点,是其在不同经济周期中的表现、分红政策的持续性及估值的合理性。同时,本章将对各行业的基本情况、盈利模式、行业特有的风险因素进行概述,为投资者提供一个宏观的行业投资视角,来识别真正具有长期投资价值的高股息行业。

第一节 泛金融行业:银行和保险

泛金融行业,尤其是银行和保险领域,是传统的高分红和高股息赛道。值得注意的是,投资者对于这些行业的关注点逐渐从传统的盈利能力转向更为细致的商业模式分析和投资逻辑探究。本节从宏观环境、股息率变化、盈利预测及估值角度出发,深入剖析银行和保险两大板块的投资价值。

一、商业银行投资分析

在低通胀、低增速、低回报率的宏观环境下,高分红策略投资价值通常上升,主要由于相关标的能够提供更加稳定的股息现金流。而国内上市银行大多数银行股股息率在 6% 以上,长期回报跑赢市场,是高股息策略重要的大市值行业选择。

近年来银行板块的股息率变动呈现出逐年攀升的趋势(见图 6-1),从 2019 年的 4% 提升到 2023 年的 6%。不过银行的股息率提升更多是估值下跌造成的。

在此期间，其 ROE 水平反而是下降的。因此从投资的角度看，如果 2019 年冲着 4% 的股息率去投资银行股，最开始的持有体验并不好。直到 2022 年高股息行情启动时，才开始有明显的超额收益。

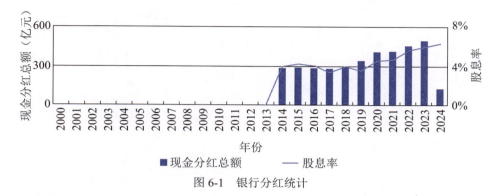

图 6-1　银行分红统计

资料来源：Wind

从盈利预测的确定性来看（见图 6-2），银行板块很少有盈利的预期差，预测误差率基本在 3% 以内。这也是由银行特殊的"利润可调节"商业模式决定的，实际投资中市场参与者往往更关注银行股的资产质量。

银行(申万) (801780.SI) - 盈利预测

历史实际值与盈利预测值差异

年份	差异值/亿元	差异率
2020	520.56	3.09%
2021	440.97	2.3%
2022	317.68	1.54%
2023	291.18	1.39%

图 6-2　银行盈利预测误差率

资料来源：Wind

从 PB-ROE 的视角来看，银行的市净率水平基本位于历史最低水平（见图 6-3），虽然 ROE 只有 10%（见图 6-4），但不到 0.5 倍的 PB 意味着只要有 30% 的分红率投资者就能获得 6% 的股息率，这比银行的次级债券似乎更有吸引力。同时转债市场也有不少存量银行转债，也能在正股分红时获得转股价除权下修的高股息红利。

167

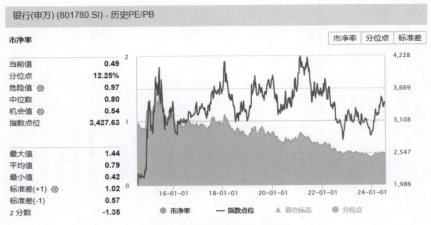

图 6-3 银行历史市净率变化

资料来源：Wind

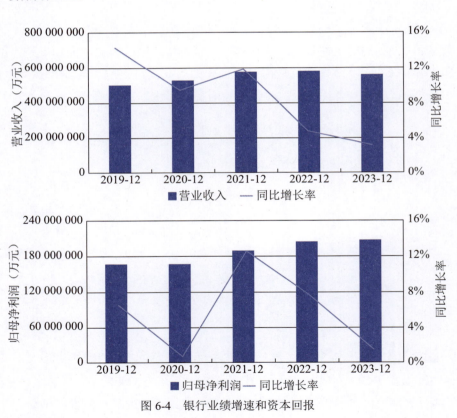

图 6-4 银行业绩增速和资本回报

资料来源：Wind

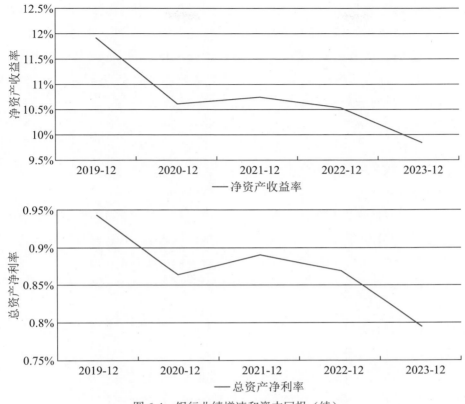

图 6-4　银行业绩增速和资本回报（续）

下面我们将对银行股的商业模式和投资逻辑进行展开探讨。

商业银行是一个"一行通百行"的职业。此言不虚，与其他非银行的金融机构相比，银行业务渗透到企业、居民甚至政府经济活动的方方面面。从资产负债表的角度看，银行业务可以分为资产业务（如贷款与债券投资）、负债业务（如存款和传统理财）、中间业务（收费类、轻资本占用）和非金融服务（主要针对高附加值客户需求）等。从客户导向的角度看，客户可以分为零售客户（普通居民）、私人银行客户（高净值个人）、对公客户（企事业单位）和同业客户（外部金融机构）等。

事实上，从银行经营的角度看，以客户特征的分类方式在实际应用中更为普遍，下面我们不妨看一个虚构的业务案例：银行客户经理小胡，正准备开拓新业务，但苦于没有存量客户，于是先把辖区内没有建立合作关系的企业拜访一遍，先以资产业务为抓手，打着"帮助企业融资"的旗号（贷款和发债业务）和企业谈，最终成功在本银行为 A 企业实现授信 10 亿元，贷款放款后又营销 A 企业把获得的贷款以活期存款的形式放在本银行账户，其中5亿元又购买了理财产品，实现了资产业务和负债业务的双重合作。一来二去和企业的财务混熟了，顺便把企业的工资卡业务也接下了，这样企业所有员工都成了银行零售客户，其中有几位"有钱"的直接升级为私人银行客户，又让小胡多卖了不少银行代销的基金和保险……

这是由于银行商业模式中客户经营的逻辑——俗称"一鱼三吃"。

站在银行业投资者的视角来看，以资产负债表的角度分析业务是更有效的，也更便于跟踪银行的基本面变化。

1. 资产业务

资产业务一般指银行通过自有资金或其控制子公司的表外资金进行信贷投放或债券投资，从而满足企业的融资需求，实现信用派生的过程，我们最熟悉的资产业务便是贷款。从银行基本面分析的角度看，资产业务直接决定了银行资产质量和利息收入，关于这部分我们将在财务分析中重点探讨。

1）贷款业务。

贷款业务堪称银行资产业务的基本盘，占据了资产业务总量的"半壁江山"，按照客户群体又可以分为对公贷款和个人贷款。

对公贷款的用途主要包括：①购置厂房设备，扩充现有产能；②借新还旧，以新发贷款偿还历史债务；③短期资金周转的需要，如上下游客户结算的垫款、发放员工工资等；④资本运作，如为了兼并某家企业采取"杠杆收购"；⑤息差套利，如信用资质较好的企业贷款后再转借给信用资质较差的企业，赚取贷款的"利差"。

个人贷款的用途主要包括：①购买房产，最主流的个人贷款用途，一般以住房按揭贷款的形式完成；②消费类贷款，个人购买家具家电、汽车等产品进行的短期借款；③个人经营类贷款，多见于个体工商户为了经营用途的借款，类似小微企业贷款；④信用卡业务，个人短期消费贷款的特殊形式。

银行贷款业务的核心竞争力本质在于"对信用风险的定价能力"，其实有点类似于信用债券投资，需要发放贷款的银行有相对其他同业竞争者的"超额认知"。因此贷款业务的风险管理在商业银行经营中非常重要，需要综合分析贷款客户的财务状况、所从事业务的发展前景、股东背景、信用历史记录和抵押担保的情况等。同时，为了防范信用风险，银行还要自上而下控制贷款客户的集中度，包括在行业结构和区域结构上都尽可能地实现"分散化"。

此外，贷款与其他资产业务相比在风险管理手段上还有一定的特殊性，即抵、质押品的存在。抵、质押品也被称为"第二还款来源",作为一种信用风险缓释工具,能够有效降低借款人违约情况下银行贷款的损失率,目前我国商业银行有抵押或担保的贷款占贷款总额的25%~30%,有抵押的不良贷款受偿率是30%~70%,显著高于违约信用债平均的预期回收比率。常见的抵、质押品范围包括:①不动产抵押,如建筑物和建设用地使用权、土地承包经营权、交通运输工具等;②动产质押,如汇票、支票、债券、股票、存款单、可以转让的基金份额或股权等;③权利质押,如可以转让的注册商标专用权、专利权、著作权,应收账款等;④创新型抵质押品,多为近年来逐步被市场接受的资产,如活体家禽等具有生产资料属性的生物资产、书法字画等艺术品等。近年来,随着直接融资和中间业务的比例提升,银行的抵押质押贷款比例也在逐步下降(见图6-5)。

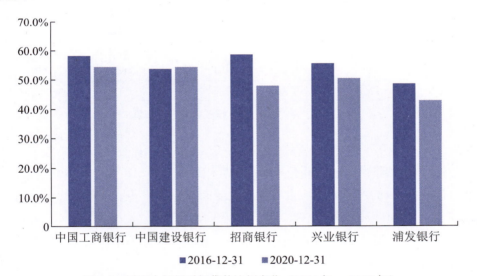

图6-5 国股大行抵质押贷款比例变化(2016年 vs 2020年)

资料来源:Wind,各公司公告

2)金融投资及同业资产。

金融投资及同业资产主要指商业银行以其自有资金投资于以公允价值或摊余陈本计量的金融资产,如债券、贵金属、外汇产品、资管产品、基金、非标资产等。这类资产整体上以债券投资为主(见图6-6),品种上以利率类债券为主(国债、政策性金融债和商业银行债),也包括部分非金融企业债。银行的债券投资按用途可分为三类:一是自主决策的直接投资,即对利率具有方向性的主观判断,因此形成投资决策;二是"包销类"投资,即考虑债券发行人(企业)或债券承销商（财政部、其他金融机构等）的合作关系，为了提升客户黏性，作为一种客户服务的工具进行投资；三是商业银行本身是市场上的核心交易商和债券做市商，为了实现做市交易量，需要直接持有部分债券资产。

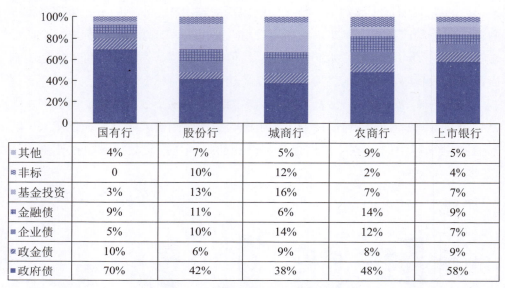

	国有行	股份行	城商行	农商行	上市银行
■其他	4%	7%	5%	9%	5%
■非标	0	10%	12%	2%	4%
■基金投资	3%	13%	16%	7%	7%
■金融债	9%	11%	6%	14%	9%
■企业债	5%	10%	14%	12%	7%
■政金债	10%	6%	9%	8%	9%
■政府债	70%	42%	38%	48%	58%

图 6-6　上市银行金融投资分类占比概览

资料来源：各公司公告

同业资产则包括存放同业和其他金融机构款项、拆出资金、买入返售金融资产；与之相对应的，同业负债也包括三类即同业存放和其他金融机构存放款项、拆入资金、卖出回购金融资产款，这部分我们在负债业务部分再展开。

其中同业拆出类似于存放同业，也是向境内境外银行和非银行金融机构拆借的款项，但与存放同业不同，拆出资金不需要在对方开立账户，相当于资金拆出方向拆入方提供的一种短期贷款；买入返售是指，先签署回购协议，约定先买入，一段时候后再按约定的价格返售给对方，标的物包括票据、债券、贷款等金融资产。同业拆出和买入返售，都需要在银行间货币市场交易，例如，债券逆回购就是一种买入返售，交易时银行接受对方的债券质押，借出资金。

另外，银行因为各类业务结算的需要会在其他金融机构存放备付金，就是前文提到的存放同业，但由于备付金的收益率非常低，所以银行通常会通过货币市场操作来管理超额备付金，从而降低备付金率，提高资金使用效率。

2. 负债业务

负债业务是银行吸收或借入资金的业务，也是其经营资金的重要来源。其按照业务场景的差别又可以分为主动负债和被动负债业务。主动负债业务为银行通过自主设定的利率（基于监管基准）来吸引客户的资金，一般利率较高，如大额存单、协议存款、同业负债、发行债券和资本工具等；被动负债业务是银行在为客户提供综合金融服务的过程中，天然沉淀在本行的资金（如企业先获得贷款后再放到活期存款准备随时使用），以活期存款和保证金的形式为主，这部分负债的利率较低，也是各家银行重点发力的业务领域。

1）存款业务。

存款是银行最重要的负债来源，也是银行牌照特许经营的领域，即可以面向公众吸收存款，相比之下其他非银行金融机构因为没有这样的功能，往往负债成本更高。和贷款业务类似，存款也可分为企业存款和个人存款，按照期限结构又可以分为活期存款和定期存款，虽然活期存款的负债成本更低，但客户主要是基于使用的便利性才选择存放活期，这部分负债来源在个体层面并不稳定，而当客户没有日常结算或经营活动需求时，活期存款往往会转变成定期存款。

从银行经营的角度看，存款经营的核心，一是在总量不变的情况下，尽可能提升低利率存款的比例，这就需要更好的综合金融服务来留住优质客户，提升用户黏性；二是尽量通过非资产业务来吸收存款，这样可以有效控制贷款业务、债券投资的信用风险，提高综合业务的投入产出比。

2）同业负债。

银行的同业负债与前文同业资产对应，包括同业及其他金融机构存放款项、拆入资金、卖出回购款项。由于负债成本基本随行就市，显著高于存款类业务，一般同业负债主要用来调剂短期的负债缺口，并不是银行重点营销的负债产品。而它的优势是体量较大，银行间货币市场的短期资金交易日均成交额可达到万亿元量级，也不需要太多基础设施或综合金融服务的"抓手"。从分类统计结果来看，全国股份制银行对同业负债的依赖程度最高（见图6-7）。

3）发行债券。

这部分业务的情况和非金融企业类似，主要差别在于银行的资本结构分层设计更为复杂，有许多介于股债之间的夹层资本，如核心一级资本、其他一级资本、二级资本等，对应到发行端则包括了优先股、永续债、次级债等资本工具。这部分负债的主要功能是充当银行资本的动能，以满足监管对于银行资本充足率的具体要求，同时提升商业银行抵抗利率风险和流动性风险的能力（见图6-8）。

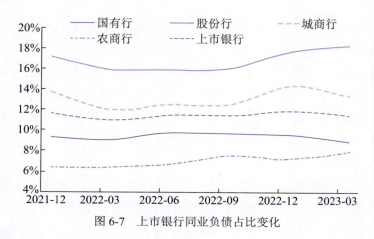

图 6-7　上市银行同业负债占比变化

资料来源：各公司公告

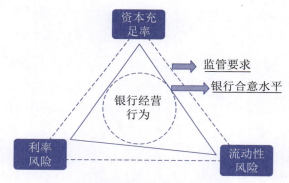

图 6-8　商业银行经营行为与约束框架

资料来源：国泰君安证券

3. 中间业务

与资产业务和负债业务相比，中间业务泛指银行的轻资本业务，即不占用资产负债表的"表外业务"，如债务资本业务、代客理财、资产托管、代销金融产品、交易结算、银行卡业务、担保和代理等，银行往往只根据规则收取手续费或佣金收入。

1）债务资本业务。

虽然根据境内监管分业经营的原则，商业银行无法涉足大部分资本市场业务，但由于银行间债券市场的存在，依然可以深度介入债务资本市场。例如，作为企业发行债券的主承销商，通过债权的形式帮助企业融资，同时可以借助银行雄厚的资金实力，对融资困难的企业债券进行一定的余额包销，这也是其相对于券商债券投行业务的主要优势。

2）代客理财。

代客理财属于当前市场前景较好的财富管理业务,商业银行由于拥有广泛的线下物理网点和分支机构,触达终端个人客户的能力是其他金融机构无法比拟的,因此帮富人理财也就成了重要的"管家式"中间业务。虽然近年来互联网金融的兴起对银行财富管理业务有一定分流,但从金融产品销售保有量上来看,商业银行依旧是重要的市场参与者。

3）资产托管。

资产托管属于商业银行的独家业务,即安全保管委托资产,多见于资产管理人将其获得委托管理的资金交给银行负责托管,以避免委托代理过程中存在的利益输送或其他利益纠纷。在业务实践中,资产托管与金融产品代销往往是一个镜子的两面,即以金融产品代销获取资产管理人客户,同时落地资产托管业务。

4）交易结算。

交易结算是最基础的银行服务,也体现了银行的本职功能。无论是零售个人客户还是跨国大型企业集团,都需要该项业务。银行卡业务则是交易结算和其他业务的基本载体,这也包括具有一定信贷属性的信用卡,但随着移动互联网的发展,传统的银行卡发卡量逐渐下滑,取而代之的是新一代移动支付技术。

4. 银行业投资框架分析

银行业的发展前景深受宏观经济因素影响,这一点已成为业内共识。国内经济的高增长与低通胀环境为上市银行带来了得天独厚的经营条件,尽管股价波动未能完全体现这一点,但其实际经营表现依旧稳健。从理论层面探讨,宏观经济的起伏会同时作用于银行的资产规模与资产质量——前者通过信贷增量来体现,后者则受到信用风险和信贷不良率的直接影响。财务上则表现为银行的资本回报水平与经济体的 GDP 和杠杆率均密切相关(见图 6-9)。

在分析银行基本面时,我们聚焦于资产负债表与利润表,现金流量表则不在此列。资产负债表是利润表产生的根基。具体来看,银行资产主要由能产生利息的债权构成,占比高达 98%,而贷款拨备是对贷款的冲减。与其他行业相比,银行业固定资产占比较低。负债方面,银行负债主要是付息负债,占总负债的 97%。此外,股东权益占总资产比例 7%~8%,凸显了银行业的高杠杆特性,其商业模式本质上可以理解为"左手吸纳资金,右手投放贷款"。

作为银行的客户,我们的存款便属于银行的付息负债。不同类型的银行在负债结构上存在差异,如股份制银行存款占比约为 60%,而国有大行超过 70%。这种差异使国有大行在负债成本上具备优势,进而影响到其经营表现。

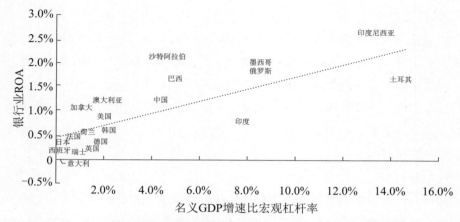

图 6-9　全球主要经济体银行 ROA 和名义 GDP/ 宏观杠杆率的关系

资料来源：广发证券

相较而言，银行在资产端的差异较小。自金融机构"去杠杆"政策实施以来，各家银行业务逐渐回归本源，贷款在各类银行资产中的占比持续提升。但城商行与农商行受限于"资金不出所在区域"的规定，其贷款占比相对较低。为了弥补这一不足，它们往往通过增加交易性金融资产来提高收益。过去，同业资产是大行与中小行的主要区别之一，但随着监管要求的加强（同业负债占比不超过三分之一），同业资产在各家银行总资产中的占比自 2015 年后大幅缩减，现在各银行之间的差异已不那么明显。

利润表方面，银行业收入主要源于净利息收入，占全部营业收入的 70%~85%。大中型银行对净利息收入的依赖程度相对较低。手续费收入作为银行业轻资本业务的代表，在股份制银行中占比更高，但与发达经济体相比仍有提升空间。其他非利息收入则主要包括投资收益等，这部分收入受汇率和债券市场波动影响较大，因此稳定性较差。业务管理费中员工费用占比为 27%~37%，其增速与银行规模及营业收入增速大致相当。资产减值准备受到拨备政策（具有较大弹性，是银行调节利润的重要手段）、不良贷款生成及银行对未来资产质量判断的影响。总体来看，国内银行在资产减值准备方面的表现优于海外同行，并且近年来拨备占资产比例持续提高，为银行提供了充足的安全垫。

通过拆解银行盈利模式公式：ROAE=［净息差/（1-中间业务收入）×（1-成本收入比）-信用成本率］/加权系数（1-所得税税率）×（RWA/Equity），我们可以发现，影响银行股业绩的关键因素包括息差（高频变量）、中间业务收入占比（低频变量）、成本收入比（低频变量）、信用成本率或资产减值损失（高频变量）及加权系数（低频变量；适用高级法的银行更低）。在二级市场上，投资者往往更加关注那些对利率和宏观经济变化敏感的高频变量，如息差和信用成本率等。

具体到盈利驱动因素（见图6-10、图6-11），首先是规模因素。规模扩张是推动银行利润快速增长的重要手段之一。短期内规模受货币政策影响较大，而从长期来看，经济增速、直接融资发展及金融脱媒趋势都会对银行规模产生深远影响。其次是息差因素。在各类生息资产中，贷款收益率最高且受宏观经济、流动性状况及央行政策调整（如加息或降息）影响较大；债券和同业投资利率则随行就市波动。传统存贷业务仍是构成利息收支的重要组成部分；但不同类型银行在结构方面存在分化现象——近年来银行业整体生息资产收益率呈下降趋势，同时付息率虽也同步下降但降幅较慢，因此净利差持续收窄。再次是中间业务收入因素。这包括多样化项目与收入来源，其中手续费收入占据主导地位，如银行卡业务、结算清算服务、资产托管服务、财富管理业务、承销咨询服务及信贷承诺等业务。此外，交易性收入（主要为交易性金融资产公允价值变动损益）及混业经营收入（主要为银行控股子公司如租赁公司、保险公司和信托公司等非银金融机构并表收益）也是重要组成部分。成本收入比反映了银行业务及管理费用与总收入之间的关系，其影响因素包括业务扩张计划（带来资产规模增速提升但也会增加拓展与运营支出）、业务结构（公司业务单笔规模较大，费用较低，而中小企业与零售业务占比提高会增加费用支出），以及财务计划（银行可以通过压缩费用支出来削减成本，但这种方式持续性不强）。需要注意的是，并非成本收入比越低越好，而是需要与息差和中间业务等因素综合考量。在当前金融科技日新月异的背景下，各家银行对金融科技投入力度也成为影响未来成本收入比的重要因素之一。最后要关注资产减值损失情况，这需要从长期视角来审视，重点关注指标包括不良贷款余额变化、不良率走势及逾期贷款率等。

图6-10　上市银行盈利驱动因素拆分

资料来源：公司财报

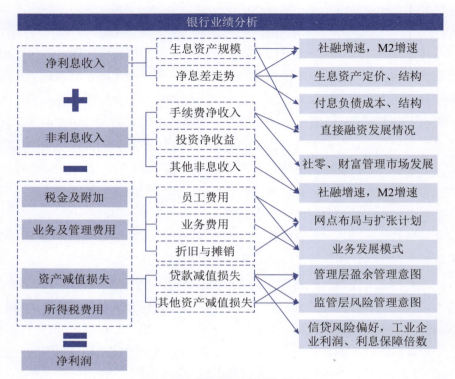

图 6-11　商业银行盈利模式拆分

资料来源：西部证券

目前各家银行均采取预期信用损失"三阶段"模型来计提拨备以应对潜在不良贷款风险。该模型基于前瞻性信息假设不同经济驱动因素未来走势并结合违约概率数据进行计算。阶段一主要考虑 12 个月内预期信用损失，阶段二和阶段三则考虑更长期间内的预期信用损失；当确认信用风险显著增加时资产将进入阶段二（关注类），如果进一步恶化为次级类、可疑类或损失类则进入阶段三。值得一提的是，由于资产质量对利润弹性具有巨大影响，这体现在信用成本与不良生成率之间存在较大利差空间，同时资产减值损失占税前利润比例较高，上市银行平均拨备覆盖率达到 300% 左右，这些因素都为上市银行提供了通过调整拨备来调节利润空间的可能性。风险加权系数是另一个影响银行盈利能力的重要指标，它反映了不同类型资产和贷款所承担风险程度的差异。也可能存在监管套利空间，例如过去某些类信贷业务被归类为同业科目以降低资本占用并规避信贷额度管控和拨备计提要求，但随着监管政策的完善，这种套利空间正在逐步缩小。目前零售按揭类信贷在高级法下风险系数相对较低，但仍需关注其变化趋势。

探讨银行业的长期行业空间，我们可以参考发达经济体金融业增加值的占比情况。以美国为例，其金融业增加值从20世纪70年代持续增长至2000年的7.7%，尽管在金融危机期间短暂下滑至6%，但近年来已回升至8%以上。具体到银行业，其增加值在2002—2003年达到3.5%的高峰后呈下行趋势，直至2010年触及2.8%的底部，然而近年来又逐渐回升至3.7%。

相比之下，日本的金融业增加值在20世纪90年代保持在5%左右的平稳水平，自2000年起上升至6%左右，但在金融危机后下滑至4.3%。德国的金融业增加值则从20世纪90年代末至今呈现曲折下行的趋势，近年来维持在3.8%左右的水平。英国作为金融中心，其金融业增加值自2000年以来持续上升，最高时达到9%，目前虽有所回落，但仍保持在8.3%的高位。

回顾中国的情况，20世纪90年代至2005年期间，金融业增加值占比略有下滑，但随后金融业的发展速度超过了实体经济，增加值持续上升。到了2021年，金融业增加值占比已达到8%。通过国际间的比较可以看出（见图6-12），中国的金融增加值整体已经处于高位。考虑到金融体系中银行业占比显著偏高，未来的行业增长空间可能相对有限。

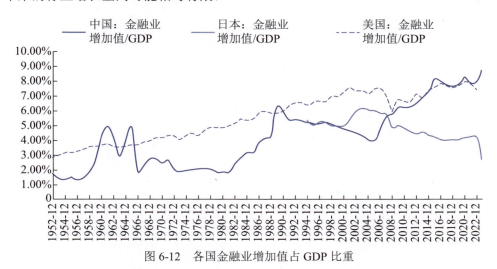

图6-12　各国金融业增加值占GDP比重

资料来源：国联证券

根据笔者对银行股的投资经验观察，与其他行业股票相比，银行股的盈利预测波动区间相对较窄。其股价波动主要来源于估值的变动，因此投资者需要对"市场先生的审美偏好"有一定的预判能力。尽管从行业前景来看，长周期内受经济影响业绩增速大概率向下，但在经济阶段性小幅复苏的区间内，银行股仍具有一定的投资机会。在选股层面，投资者应优先选择资产质量彻底出清、短期业绩增速上升的标的。

近年来，"市场先生"对银行股的看法大致可以归纳为：板块市值庞大、弹性较低、赚钱的想象空间有限，并且随着经济的缓慢下行，ROE也呈现下滑趋势。此外，大型银行近年来经常被要求"让利"，使得其更像政府机关而非上市公司（当然，部分区域性小型银行并不存在这样的问题）。因此，银行股在投资者中并不受青睐，往往被视为市场行情不佳时的"避险选择"。然而，从经济周期及银行股的表现情况来看，按照美林时钟的"滞胀、衰退、复苏、过热"四阶段划分，复苏期是银行股表现最佳的时期，其次是衰退后期和过热早期。

在选股层面，投资者应重点关注政府大力支持的领域。例如，2016—2017年，棚改政策推动了全国地产和基建的发展，同时金融去杠杆压降了同业负债，这使大型银行和优质股份制银行的股票表现良好。在2019—2022年，尽管宏观经济增速因疫情而放缓，但部分区域的基建发展迅速，优质的区域性城商行因此表现出色。而自2023年以来，随着基建政策红利的逐步减弱和政策对小微业务的持续支持，短期内小微业务占比高的农商行迎来了更好的投资机会。如果地产市场在政策托举下能够有所起色，那么对应信贷风险敞口较高的股份制银行也值得关注。

在确定选股方向后，投资者可以进一步通过指标筛选来细分个股。最核心的长期因素是ROE和ROA所代表的资本回报率，但这仅仅是银行经营结果的体现。为了判断后续的变化趋势，投资者还需要关注以下两类指标：首先是资产质量相关指标，如不良率和拨备覆盖率等；其次是规模息差相关指标，如资产规模结构及增速、贷款收益率、存款成本率等。这两类指标需要结合起来进行分析，例如以小微企业为主但资产收益率相对较高的农商行，在理论上其不良生成率也会比以大企业为主的城商行要高一些。

从资产风险收益特征的角度来看，银行股可以粗略划分为传统大行、老牌白马银行、新晋白马银行和潜在黑马银行四类。传统大行包括中国银行、中国农业银行、中国工商银行、中国建设银行等大型国有银行及邮储银行、交通银行等，它们具有高分红低估值的属性，分红收益率普遍在5%~8%（含港股），在熊市时期表现出较强的抗跌性。长期来看，这类银行的股价波动极小，业绩增速基本与宏观经济增速保持一致，因此缺乏成长性，更多地被视为类固收资产而具备配置价值。老牌优质银行如宁波银行、招商银行、平安银行等，在过去以领先的公司治理和优势业务（如零售、财富管理、FICC等）脱颖而出，长时间保持领先的业绩增速。这使它们在过去的若干年里为投资者带来了显著的赚钱效应，并在行业出现系统性机会时更容易受到投资者的青睐。其中，宁波银行近年来还保持了两位数的收入增速，展现出一定的成长股属性。新晋白马银行则包括杭州银行、成都银行等优质区域的城商行和农商行。这些银行在过去的几年里成功清理了历史存量不良资产，并在基建高峰期实现了业绩的高速增长，从而进入利润前置的"甜蜜周期"。它们的收入和利润增速普遍达到15%~25%。然而，投资者也需要关注是否存在风险后置的情况，这需要结合后续当地经济发展状况和银行自身的风控能力来进行评估。值得一提的是常熟银行，它采用了与其他传统银行不同的经营模式，主要依靠扩张人力来做小微业务。这种"高资产收益率、高费用率、低不良率"的商业模式使得它在近年来也取得了行业前列的业绩增速。潜在黑马银行则包括苏州银行、长沙银行等前几年业绩乏善可陈但估值处于底部的银行。这些银行所处区域经济发达但市场关注度较低，在未来有可能实现困境反转并晋升为白马银行。它们普遍以当地区域的大企业作为重点服务对象，因此资产质量较好但资产收益率和息差一般不高。其中苏州银行已经有迎来业绩拐点的迹象，其息差开始缓慢抬升且业绩增速逐步向行业第一梯队靠拢。而浙商银行较为特殊，受到前几年理财不良业务的历史包袱影响（理财子公司也未获批筹），目前仍处于缓慢重整的状态之中。

二、保险公司投资分析

作为市场投资机构而言，保险公司是高股息资产最重要的机构投资者之一，正如我们第一章谈到的，新金融会计准则进一步提升了保险公司持有以收取股利为目的的资产的诉求，因此对保险公司经营情况和商业模式的分析对于理解高股息投资机构是非常必要的。同时，保险股虽然数量不多，但也具有一定水平的股息率，特别是港股保险的股息率往往能达到8%，同样是值得研究的红利类资产。

从历史分红水平来看，近年来保险的股息率也在持续提升（见图6-13），2023年接近4%，虽然不如银行股，但在全市场各行业来看仍属于相对典型的高股息板块。

从盈利预测的胜率来看，最近两年表现比较差，误差率都超过了20%（见图6-14）。主要原因是上市保险公司有不少的房地产投资敞口，在地产周期持续下行的阶段，损失比较大，因此业绩容易不及预期。

图 6-13　保险行业分红统计

资料来源：Wind

年份	差异值/亿元	差异率
2020	146.10	5.98%
2021	84.63	3.91%
2022	728.87	41.66%
2023	336.70	20.42%

图 6-14　保险行业盈利预测误差

资料来源：Wind

PB-ROE 的情况和银行股类似（见图 6-15、图 6-16），即股息率的提升主要源于估值的下降，而盈利水平实际也在下降。不过由于保险股特殊的估值模式，传统的估值分析方法可能并不适用，还需要结合其基本面情况对股息率进行预测。

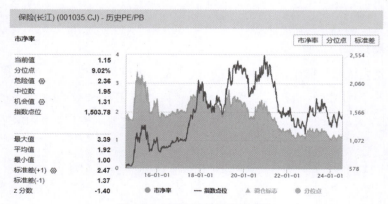

图 6-15　保险行业市净率变化

资料来源：Wind

第六章 高股息行业的投资分析

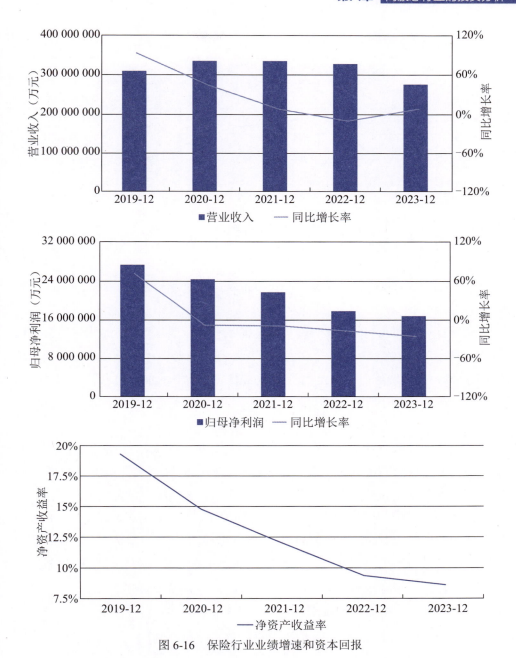

图 6-16 保险行业业绩增速和资本回报

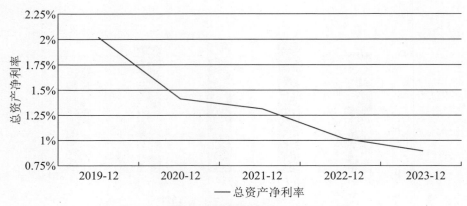

图 6-16　保险行业业绩增速和资本回报（续）

资料来源：Wind

下面我们就对保险的业务情况和投资逻辑进行梳理和讨论。

1. 寿险行业

寿险行业的利润在国内主要源自两方面：利差和死差。利差是指保险公司以较低的利率（2.5%~3.5%）向公众借款，然后利用高杠杆（8~10倍）进行收益率较高（5%）的投资。而死差是由于实际风险发生率低于预设的风险发生率，如预设的年死亡率为10%，实际可能只有5%，从而产生的额外收益，这可以理解为客户为了消除个人不确定性而愿意支付的额外费用。

从长远的行业前景看，保费收入是核心，因为它同时支撑着利差和死差。寿险类似于非必需消费品，其保费的增长往往与居民的可支配收入和GDP增长同步，这与商业银行的模式相似。但考虑到人口老龄化和医疗自费比例的增加，寿险的渗透率提升空间明显大于银行。与海外相比，尽管在相同的人均GDP水平上，我国的寿险深度和海外大致相当，甚至社会保障支出还稍高，但这并不意味着保费增长没有潜力。研究显示，随着人均GDP的提高，保费深度和人均GDP都会相应提升，与海外最高水平相比，我们还有约10倍的增长空间。

寿险行业的一个独特之处在于，保单在客户的生命周期内会持续为保险公司带来利润。因此，评估寿险公司的价值时，不能仅看其现有净资产，已售出的保单也具有很高的价值。这就引出了"内含价值体系"的概念。寿险公司的评估价值计算公式为：$P=(EV+NBM \times NBV)$，其中EV代表内含价值，由有效业务价值和调整后净资产价值组成；NBV代表一年的新业务价值；而NBM是新业务价值的倍数。在这个公式中，调整后的净资产价值类似于我们评估传统企业时使用的市净率（PB）。有效业务价值则是基于精算假设，通过DCF方法将现有保单的未来现金流以一个风险贴现率（约11%）折现得出的。这些精算假设包括投资收益率、死亡率、退保率等，其中投资收益率和风险贴现率对结果的影响最大，因此也最受市场关注。

近年来，由于保险公司估值普遍下跌，许多寿险公司的估值甚至低于了其内含价值。这导致新业务价值倍数在实际应用中较少使用，因为计算出来的结果可能为负值。因此，投资者开始转向使用 P/EV（内含价值倍数）作为替代指标。从海外发达市场的情况来看，这一估值指标通常在 1 以上（见图 6-17）。

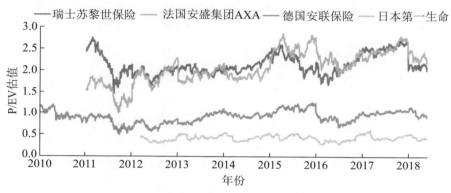

图 6-17　欧美保险公司的 P/EV 估值情况

资料来源：平安证券

如图 6-18 所示，内含价值的增长，主要来源于：①预期回报贡献：来自预期利润的每年释放和净资产的投资收益；②新业务价值贡献（NBV）：约等于当年的新业务价值；③投资回报差益：当年的实际投资收益率与 5% 假设投资收益率的差异。从内含价值的驱动因素也不难看出，保费和投资是最关键的评估因素，投资收益率的波动一般比较大（随行就市），因此保费增长和相关政策便成了投资者跟踪最多的因素。

从行业的竞争壁垒来看，一是牌照，二是渠道，三是资本。

近年来牌照审批的节奏基本是每年新增 1 个，全市场存量牌照在 100 个左右，稀缺性强于银行、券商和公募基金。

渠道主要包括代理人渠道、银行渠道、团险渠道及其他渠道。

寿险行业的销售渠道呈现多样化，其中，代理人渠道是目前最大的销售渠道，拥有约 800 万的代理人队伍。这一渠道主要依靠线下代理人来销售保单，而代理人的数量和产能直接决定了新业务价值的大小。然而，当前国内的代理人队伍经营相对粗放，人均产能远低于海外同行。例如，平安保险的代理人产能不足友邦保险的一半。为了提升效率和竞争力,各家上市险企预计会向精品化、专业化的定位转变。

图 6-18 内含价值增速的贡献度拆分

资料来源:国泰君安证券

银保渠道是寿险行业的第二大销售渠道(见图 6-19),即通过银行销售保险产品。早期,国内银行允许保险公司在其分支机构驻点销售,推动了银保渠道的高速发展。然而,驻点代理人的销售误导问题也让银行付出了沉重的代价,售后服务成本极高。因此,在 2010 年年底,银监会禁止了保险销售人员的驻点销售,要求银行工作人员自行销售保险产品。此后,银保渠道逐渐萎缩。不过,在最近两年存款利率下调、理财净值化、信托暴雷等事件的冲击下,保险产品保本保收益的优势凸显出来,使得银保渠道在 2023 年实现了大幅增长。

此外,专业的保险销售公司,如泛华、明亚、大童等经纪代理商也逐渐崭露头角。这些公司专注于保险产品的销售和服务,为部分小保险公司提供了重要的销售渠道。它们凭借专业性和灵活性的优势在竞争激烈的市场中脱颖而出,成为寿险行业的新兴力量。

2. 财险行业

财险行业,作为承保与投资双轮驱动的领域,其盈利模式既依赖于负债端的承保利润,也离不开投资端的投资收益。具体而言,其净利润可拆解为承保利润与投资收益之和,再乘以(1-所得税税率)。而从更微观的角度看,财险公司的 ROE 也可以简化为承保利润率与承保业务杠杆的乘积,加上投资收益率与投资业务杠杆的乘积（尽管这种拆分会因公司其他营业外收入和支出的存在而与实际披露的 ROE 产生一定差异）。

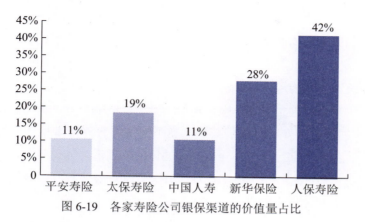

图 6-19　各家寿险公司银保渠道的价值量占比

资料来源：各公司公告

在财险公司的业务结构中，车险占据了半壁江山（见图 6-20），保费收入占比高达 50%~60%，是当之无愧的主力险种。由于商业车险对于家庭自用客车而言几乎是必需品，且其保费计费基础为存量车，因此车险保费收入在多数年份能保持增长态势。然而，与寿险不同的是，汽车作为资产每年都会贬值，这导致车损险的单车保费理论上每年都会下降，从而限制了车险保费的增速。

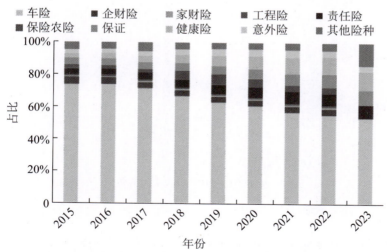

图 6-20　财险行业主要险种占比情况

资料来源：方正证券

除了车险外,非车险也是财险公司的重要收入来源。其中,健康险虽然保费收入占比达到 10%,但由于多为短期险种,其利润率相对较低。农业保险则占据 8% 左右的市场份额,主要以农村生产资料为保障标的。在这一领域,人保财险凭借其广泛的分支机构网络在农村市场的深入渗透而具有独特优势。尽管农业保险初始规模不大,但其利润率却相当可观(最高时可达 30% 左右)。然而,未来随着买单方逐渐转变为地方政府,农业保险的利润率将面临持续压缩的压力。

另外,小额信贷险也是非车险市场的一个重要组成部分,保费收入占比约为 8%。在这一领域,平安财险凭借其集团旗下平安银行和陆金所的资源优势而占据领先地位。在经济上行期,小额信贷险的坏账率较低,为财险公司带来了显著的利润贡献。然而,近年来坏账率出现飙升,给部分财险公司造成了亏损压力。

3. 投资中需要关注的因素

1)老龄化进程:随着老龄化趋势的加剧(见图 6-21),养老储备不足成为政府和居民亟待解决的问题。商业保险在补充原有养老需求缺口方面扮演着重要角色,同时医保支付压力也在逐步加大,客观上需要商业保险辅助支付医疗费用。因此,尽管保险行业存在周期性,但长期看,其始终存在较为刚性的长期需求。

图 6-21 2018—2022 年我国老龄化情况

资料来源:国家统计局

2)居民可支配收入:收入是决定居民支付能力的重要因素,而保险作为商品也具有一定的可选消费属性。随着收入的提升,居民消费储蓄和保险保障的优先级也会发生变化。在收入预期不明朗的情况下,防范重大风险的定期寿险和重疾险的优先级可能会被放在较低的位置,而短期健康险等相对较为灵活的保险产品可能会更受欢迎。

3）主打产品情况：寿险行业主要依靠理财险等产品拉动增长。具有储蓄和养老功能的理财险是近年来保险公司的主线产品。历史上也出现过一些大单品带动整个行业增长的案例。预计在居民收入和风险偏好出现明显恢复之前，主打产品仍然是各类储蓄理财险。投资者需要关注这些主打产品的销售情况和市场反馈，以判断保险公司的盈利能力和市场竞争力。

4）利率和股指的影响：保险公司的资产负债表可以近似类比为高杠杆的偏债基金，其中债权类资产占比较高。因此，股市上涨时对保险公司是明显利好，而利率上涨时的影响则相对复杂。投资者需要关注利率和股市走势对保险公司盈利能力和资产价值的影响。

5）来自保险竞品的机会成本：过去居民资产配置类型中包含多种投资方式，但随着市场环境的变化，一些投资方式的吸引力逐渐降低。在此背景下，保险的消费属性逐渐由可选转向必选。投资者需要关注其他投资方式的收益率和风险情况，以判断保险产品的相对优势和吸引力。同时，需要关注保险公司在产品设计、销售渠道和服务质量等方面的创新和提升，以提高其市场竞争力。

第二节 泛周期行业：煤炭和水电

泛金融行业之后，我们将目光转向泛周期行业，特别是煤炭和水电这两个具有鲜明周期性特征的高股息领域。煤炭作为传统的能源之一，其价格和需求随着经济周期的波动而波动；而水电，以其清洁、可再生的特性，在能源结构转型中占据着越来越重要的地位。本节内容将从行业简析入手，深入探讨煤炭和水电行业的投资逻辑、盈利模式及市场前景，为投资者提供全面的行业分析视角。

一、煤炭行业简析

受益于供给侧结构性改革和行业格局改善，煤炭行业在2016年之后开启"豪横式分红"，股息率水平开始持续维持在5%以上（见图6-22），堪称全市场成色最足的高股息资产。伴随着存量现金、经营现金流入的大幅扩张，分红比例业持续提升。不过近两年 ROE 有下行趋势，龙头长协比例高，全行业盈利波动仍然较大；2021年开始投资需求增加，现金指标高位回落。

图 6-22 煤炭行业分红统计

资料来源：Wind

另外，受限于行业自身较强的经营周期性特点，煤炭板块的盈利预测误差率极高（见图 6-23），最近四年基本在 20% 以上，不过也有小幅改善的趋势，如果未来长协比例持续提升，煤炭价格能够相对稳定，那么其盈利确定性还有进一步提高的空间。

煤炭开采(申万) (801951.SI) - 盈利预测

历史实际值与盈利预测值差异

年份	差异值/亿元	差异率
2020	307.93	35.55%
2021	614.55	40.58%
2022	718.38	30.17%
2023	363.59	19.6%

图 6-23 煤炭行业盈利预测误差

资料来源：Wind

从 PB-ROE 的角度看（见图 6-24、图 6-25），煤炭行业的市净率水平虽然和自身相比已到历史高位，但和其他高股息行业相比，1.5 倍的 PB 估值不算高。即使行业景气度下行，回到 2019 年 10% 的 ROE 水平，在 50% 的分红比例下也仍有 3.3% 以上的股息率水平，这基本上可以看作煤炭板块的股息率下限。不过由于行业的盈利波动大，投资者需要关注估值波动对实际回报的潜在影响，以免"赚了股息，亏了估值"。

第六章 高股息行业的投资分析

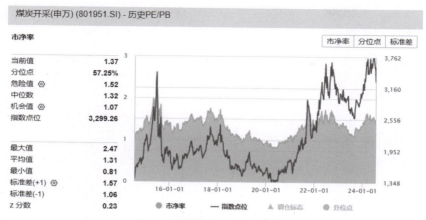

图 6-24　煤炭行业市净率变化

资料来源：Wind

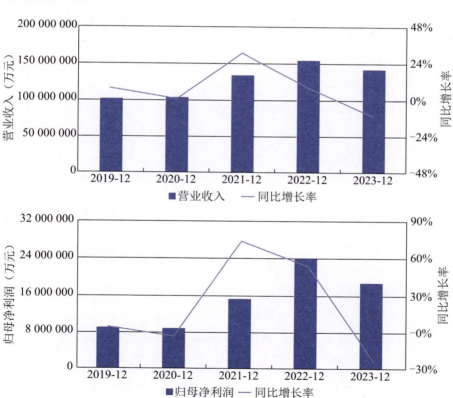

图 6-25　煤炭业绩增速和资本回报

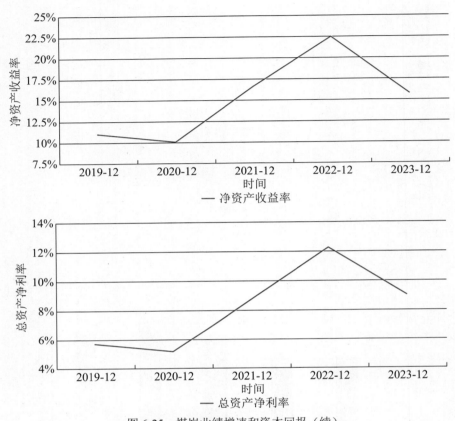

图 6-25　煤炭业绩增速和资本回报（续）

资料来源：Wind

下面我们对煤炭板块的基本面情况进行简要介绍。

1. 煤炭资源的基本情况

煤炭是由古代植物遗体演变而来。古代植物遗体堆积后逐步演变为泥炭和腐泥，由于地壳运动而被掩埋，在较高的温度和压力的作用下，经过成岩作用演变为煤炭。煤炭根据成煤时间、所处底层的压力和温度形成不同的碳化程度，不同煤种的碳化程度从低到高依次为褐煤、烟煤和无烟煤。其中，烟煤可根据干燥无灰基挥发及粘连指数等指标，进一步划分为贫煤、贫瘦煤、瘦煤、焦煤、肥煤、1/3 焦煤、气肥煤、气煤、1/2 中粘煤、弱粘煤、不粘煤及长焰煤。另一种分类方式是基于不同煤种的用途，根据煤炭的具体使用场景进一步划分为动力煤、炼焦煤、喷吹煤和无烟煤。其中，动力煤是用于动力原料的煤炭，如取暖、发电、建材制造等；炼焦煤主要用作生产焦炭的原料；无烟煤（块煤）多应用于化肥、陶瓷、制造锻造等行业，无烟煤（粉煤）可用于冶金行业和高炉喷吹等。

据自然资源局发布的《中国矿产资源报告2022》，我国2021年煤炭储量为2078.85亿吨。从整体分布来看，拥有煤炭储量最多的前五地区为山西、新疆、内蒙古、陕西和贵州，五地区占我国煤炭总储量的78.47%，资源分布较为集中。拆分不同煤种来看，我国资源禀赋差异较大。在我国已探明煤炭储量中，动力煤约占72%，炼焦煤约占26%（其中主焦煤、肥煤、瘦煤等基础煤种比例较少，仅占13.35%），分类不明的占2%。细分煤种产地来看，动力煤主要分布在内蒙古（32.5%）、新疆（28.7%）和陕西（26.5%）；炼焦煤集中分布在山西（46.0%）；无烟煤则主要分布在山西（39.6%）和贵州（28.6%）。

由于煤炭运输量大、运距长，我国煤炭运输以铁路为主。从煤炭运量来看，2022年铁路、公路和水路运输分别占比55.22%、29.73%和15.04%，对应运输成本分别为126.5元/吨、250元/吨和28.1元/吨。从主产地调出方式来看，晋陕蒙的煤炭运输形式是多式联运，先由公路运输将煤炭从矿区运输到铁路枢纽，通过北通路、中通路和南通路满足沿途城市煤炭需求，到达秦皇岛港、唐山港、黄骅港、日照港、连云港等港口下水，再经水路运输到达上海港、宁波港、广州港、厦门港、防城港等港口接卸。与晋陕蒙地区不同，新疆的煤炭外调通过贯穿全疆的"一主两翼"铁路连接，仅供给川、渝、甘、青几个地区，其中兰新线是疆煤唯一外运通道，再经由兰渝线输送至川渝地区。

2. 煤炭的需求、供给和价格情况

从需求端来看，煤炭通过四大高耗能产业，最终消费指向下游的基建和地产。根据《国民经济行业分类》规定，煤炭行业是指煤炭开采和洗选业，由各种煤炭的开采、洗选、分级等生产活动构成。随着开采技术的成熟及工业革命的发展，人们对于煤炭的利用也更加多元化和标准化，按照下游需求分为动力煤、焦煤和无烟煤，主要满足电力、建材、钢铁、化工行业等需求。2018—2022年间煤炭消费量仍在平缓增长，2018—2022年均复合增长率为2.67%。其中，电力、建材、钢铁和化工是四大耗煤产业，四大产业的煤炭消费量占总消费量比重长期超过80%，需求黏性强。其中，电力是煤炭行业最大的下游行业。

煤炭需求周期与经济周期高度关联，呈现出一定的历史规律。穿透下游终端应用，四大耗煤行业的终端应用场景多为房地产、基建、居民生活等，与经济运行景气度高度相关。从实证来看，2002—2011年间，我国经济快速增长，GDP增速在10%以上，经济景气度上行，下游生产扩大带动煤炭消费快速增加；2012—2020年，我国经济增速回落至5%~10%，下游生产降温导致煤炭消费增速持续放缓。2021年以来，我国经济增速平稳复苏，下游需求有所改善，拉动煤炭消费有所回升。往后看，我国2020年首次提出在2030年之前实现碳达峰，2060年实现碳中和。在实现"双碳"目标过程中，仍需煤炭发挥基础能源和兜底保障作用，因此煤炭需求对经济仍具有一定的支撑作用。

从供给端来看，不同政策带来的影响会投射在煤企的生产量上，如安全生产政策是煤炭生产的底线，涉及保供稳价等产能政策会影响煤企的生产能力，"双碳"政策会影响煤企的长期投资计划。因此，对于煤炭供给的判断，投资者应重点追踪国家涉煤政策的走向，包括产能政策、安全生产政策、"双碳"政策、能源清洁利用政策、进口关税政策等，结合原煤产量、重点煤企的产煤量、煤炭行业的固定资产投资实际完成额等重要供给侧数据辅以验证。纵观我国煤炭行业的主要发展阶段，实际供应量与政策指引呈现较高的关联性。从2002年到2020年，我国的煤炭产业经历了一轮从"增产—产能过剩—供给侧结构性改革—保供增产"的产能周期，与之对应的是煤炭接近同步的价格周期。

和其他大宗商品一样，判断煤价变动方向的核心是供需缺口，价格发生实际变动的时间较供需缺口的产生滞后1年左右。从2001年到2022年煤价同比变化和供需缺口的拟合关系来看，存在以下规律：①相对供需格局的转向而言，价格变化的方向存在滞后性。2006年，煤炭市场由前一年的供过于求转变为供不应求，但煤价在2007年才实现同比增长；同样的，煤炭市场在2015年发生了类似的供需关系转换，煤价在1年后同比增长。当行业完成对供需平衡关系的切换，价格运行方向就会发生切换。②供需矛盾没有解决前，价格会在同方向持续演绎。2007年，供需缺口延续了2006年的规模，没有被填补，煤价在2008年提速上涨；2012—2014年，供应过剩的情况没有完全解决，煤价在此期间持续下跌；2016年，供不应求的矛盾在2015年的基础上愈演愈烈，煤价在2017年加速上涨；2017年供需缺口收窄，煤价涨幅放缓。因此，如果市场没有发现供需边际反转的信号或者产生反转的预期，价格方向上的趋势不会停止。

近年来，为了稳住煤炭价格，长协制度应运而生。2022年2月，国家发展改革委印发《关于进一步完善煤炭市场价格形成机制的通知》（发改价格〔2022〕303号，简称303号文），明确了煤炭中长期交易价格合理区间；2022年4月，印发2022年第4号公告（简称4号公告），明确了煤炭领域经营者哄抬价格的具体行为表现，实质上明确了煤炭现货价格合理区间。截至2022年5月底，国家和地方已明确煤炭中长期交易价格合理区间。

这一制度保障使煤价暴涨暴跌的情况有所缓解，也使煤炭股逐渐具备了稳定类资产的特征。

3. 煤炭股的投资逻辑

从中长期的供需格局来看，大概率是"双紧"的态势：一方面，需求长期不看好，但中期内还能维持低速增长，绝对的需求规模也是不争的事实；另一方面，在政府严格的管控之下，煤炭行业的供给端是相对稳定和缺乏弹性的，换句话说，煤炭的供给有一定的稀缺性。

在供需紧平衡的基础上，一旦煤炭行业的需求出现改善或者供给出现收缩（预期），那么煤炭很容易涨价，而煤炭股依然会有很好的周期性机会，这就是煤炭股的核心投资逻辑。

和传统的周期股一样，投资煤炭股需要关注择时，因为它不属于长期增长型行业。除了像2015年那样的大牛市，只有当经济上行的时候，煤炭需求才会回升，煤炭价格回升，煤炭企业的业绩才会改善。比如，最近两次大的煤炭股行情出现在2016—2017年，以及2020年下半年到2021年，都是在经济上行阶段。而当经济下行尤其是衰退、通缩的时候，煤炭价格下跌，煤炭企业的业绩自然也好不了。比如在2018—2020年上半年，煤炭基本上是持续下跌的，中间只有一些小的波段行情。

不过2023年以来的高股息资产行情，在某种意义上改变了这种投资逻辑：虽然经济基本面没有出现系统性修复，但煤炭企业高质量的现金流状态受到大量追求绝对收益的投资者青睐，因而迎来一波估值扩张的行情。考虑到长协机制对煤炭价格的稳定器作用，预计大宗商品价格波动虽然仍是主导煤炭股价的核心因素，但其重要性在下降。反而是投资者偏好和市场风格等结构性因素，可能会是未来影响煤炭股投资更关键的隐含逻辑。

二、水电行业简析

水电的商业模式赋予了板块天生的稳态高股息地位，我们几乎只在水电板块看到了分红比例与PE估值长期同步提升。水电的收入增速在0~30%之间波动，ROE在12%~15%之间波动。账上现金占总资产比虽然不高，但现金流管理较好，经营现金流占收入比稳定在70%，资本开支强度长期走弱、偶有收购资产的需求。板块股息率长期维持稳定（见图6-26），与股价没有明显的负相关性。虽然行业属于典型的"现金牛"，但越来越多的投资者对这类稳定现金流资产的追逐导致估值偏高，进而压低了股息率回报。

图 6-26 水电行业分红统计

资料来源：Wind

水电行业较高的经营确定性一定程度上反映在了盈利预测误差率上（见图 6-27），近三年以来 Wind 卖方分析师一致预期数据与水电的实际盈利差异率均在 10% 以内，盈利确定性较强。

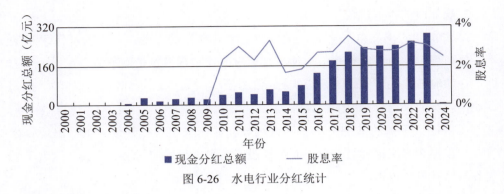

图 6-27 水电行业盈利预测误差

资料来源：Wind

从 PB-ROE 的视角来看（见图 6-28、图 6-29），水电板块几乎是高股息行业中净资产溢价最高的，这反映了市场对其商业模式稳定性和确定性的认可。截至 2024 年上半年，其 PB 估值位于历史同期极高水平（93% 分位点左右）。在保守估计下，假设行业能维持 12% 左右的 ROE 和 60% 的分红比例，则对应的股息率中枢在 2.6% 左右，考虑到行业本身还有一定的内生增长，其静态回报水平尚可。

下文我们将对水电行业的基本面情况进行简单介绍，供读者参考。

1. 水电相关概念介绍

水电，也称水力发电，是一种可再生能源技术，它利用水的流动或重力来驱动涡轮机，进而带动发电机产生电力。水电发电的一般路径为：水能—动能—电能。

第六章 高股息行业的投资分析

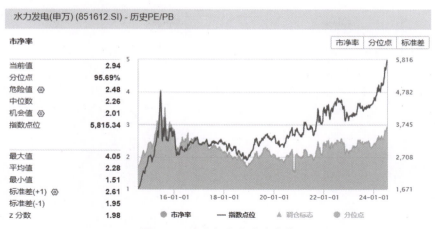

图 6-28 水电行业市净率变化

资料来源：Wind

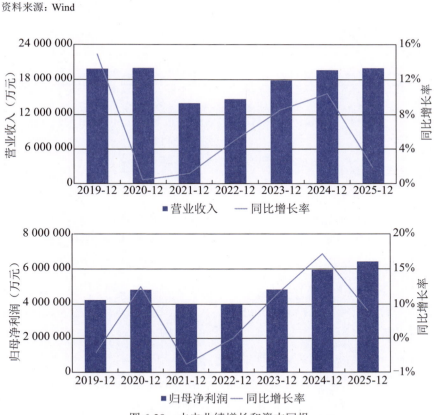

图 6-29 水电业绩增长和资本回报

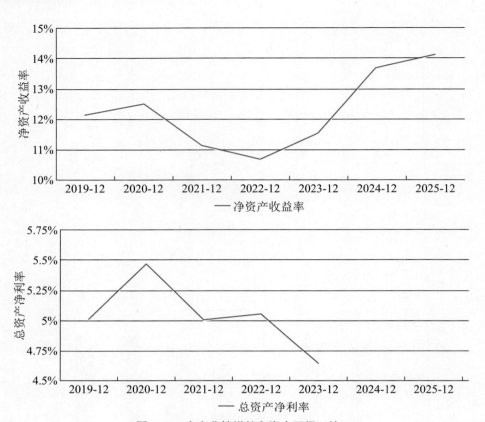

图 6-29 水电业绩增长和资本回报（续）

资料来源：Wind

流量、水位、水轮机效率是水力发电的三要素。水电出力功率取决于水轮机的流量、水库上下游水位差、水轮机组的效率。水轮机的出库流量与入库流量和水位情况相关，入库流量与来水情况密切相关，其与上游的天气（降雨量和气温）相关；水库上下游水位差取决于整个流域的资源禀赋和大坝建设点地势情况。总结来看，流经水轮机的流量越大、大坝上下游的水位差越大、发电时间越长，则发电量越多。

衡量水力发电能力的主要指标包括：

1）蓄能：蓄能是指水库静态状态下，囤积的水的发电能力，可以理解为库存电量的概念，计算公式为：蓄能 = 吨水发电量 × 发电用水。

2）吨水发电量：吨水发电量是计算蓄能的中间指标，既可以计算发电量，也可以用来对比水电站的发电效率。有两种方法可以计算吨水发电量，分别是直接法和间接法。直接法下，吨水发电量 =9.81× 水头 × 发电效率，其中水头是动态变化的，发电效率变化较小可视为定值。由于计算水头需要的下游水位和发电效率均不易得，直接法较难计算吨水发电量，但我们此前发布的两篇报告搭建了水电发电量的测算模型，可以实现水头和发电效率的误差相互抵消，从而可计算吨水发电量。间接法下，吨水发电量 = 发电量 / 发电用水量。

3）水头和流量：水头和流量是决定水电发电功率的两大要素。水力发电是利用大坝聚集水能，经水轮机与发电机的联合运转，将集中的水能（动能和势能）转换为电能。根据水力发电原理，电能大小取决于初始聚集起的水的势能大小，水的势能则是由来水量和水头决定的。因此，流经水轮机的流量越大，大坝上下游的水位差越大，发电时间越长，发电量越多。在水电发电量的公式中可见，流量 Q 和水位差 H（水头）决定水轮机的出力功率，从而决定水电的发电量。

通过水头和流量可估算水电发电量，在水位相差不大的情况下，水电发电量与出库流量呈明显正相关。水利部定期披露主要水库的水情数据，包括水库的流量（入库、出库流量）和水位等。通过入库流量可以评判来水量大小，出库流量为发电用水，两者相对大小可以判断水库当前的蓄水策略，体现为水位变化；上下游水位差即为水头。来水呈现季节性变化特征，一般丰水期是 6 月至 10 月，枯水期是 12 月至来年 4 月。

水电的发电功率首先由流量决定，其次受水头影响。以三峡电站为例，水电在丰水期的特点是流量高、水头低，枯水期则大致相反，2023 年第一季度在来水偏枯 3.5% 的情况下，三峡电站发电量同比降低 19.9%，主要原因是低水头导致发电功率低于上年同期。

2. 水电行业的盈利模式

水电站的盈利模式是直接且易于理解的。其收益主要受发电量和电力售价的影响，而成本主要由资产折旧和财务费用构成。

发电量方面：水电站的发电量由运行小时数和电站的装机容量共同决定。运行小时数不仅依赖于水资源的可用性，这种可用性会因季节性波动而变化，而且可以通过对流量和水位等关键水文参数的分析来预测发电量。此外，通过梯级水电站的联合调度，可以在主要流域内平衡水资源的波动，从而提高发电量。从装机容量的角度来看，根据政策规划，在接下来的两个五年计划中，预计将新增 40 吉瓦的水电装机容量。行业领导者如华能水电和雅砻江水电预计还有约 50% 的增长潜力，而长江电力则通过现有机组的扩容改造来提升装机容量。

电力售价方面：水电的定价机制有四种，包括基于成本加成的定价、基于电能传输到消费地的价格倒推、设定的标准电价，以及市场定价。在非市场化定价中，价格倒推方法如雅砻江锦官电源组和白鹤滩电站向江苏供电、澜沧江上游电站向广东供电的模式，可以参考市场电价的波动。市场化定价在云南和四川这两个水电资源丰富的省份得到了广泛应用。在电力需求紧张和低电价的背景下，市场化电价呈现上升趋势。

成本方面：水电站的成本中有很大一部分是资产折旧和财务费用。在资产折旧方面，水电站的主要成本来自大坝和机械设备的折旧，尽管水电站的设计寿命可达百年，但大坝的折旧周期通常为40~50年，而机械设备的折旧周期更短，通常在20年以内。在财务费用方面，水电站一旦投入运营，就可以利用其稳定的现金流来偿还债务，并通过置换为低利率贷款降低财务费用。

3. 我国水电行业的基本情况

根据国家发展改革委的数据，我国水力资源理论蕴藏量年电量为6.08万亿千瓦时，理论蕴藏量装机为6.94亿千瓦，技术可开发装机达5.42亿千瓦。其中，我国规划的"十三大"水电基地，规划总装机规模达到3.05亿千瓦，截至2021年年底，已建及在建装机占比达到73%。按规划总装机规模来看，国内最大的水电基地区域分别是金沙江、长江上游、雅砻江、澜沧江、大渡河等。前十大的水电站包括三峡（2250万千瓦时）、白鹤滩（1600万千瓦时）、溪洛渡（1386万千瓦时）、乌东德、向家坝等。

金沙江、长江上游、雅砻江、澜沧江干流、大渡河、怒江等基地的水能资源尤为富集，目前主要水电基地的流域开发归属权已完成分配，每个公司运营水电盈利能力存在先天差异，主要分配给了五大发电集团及三峡集团等，不同流域的水资源禀赋存在差异。同时，由于水资源地域分布不均匀，开发难度存在差异。水电需要"西电东送"，外送点落点也会存在差异。因此政策层面已经决定了各个电站和上市公司的水电运营能力会有差异。

从行业格局来看，我国水电行业市场集中度不算高。我国水电行业的其他主要参与者包括三峡集团及中国五大国有发电集团，即中国华能集团、国家能源投资集团、中国大唐集团、中国华电集团和国家电力投资集团，其余为区域水电企业，如川投能源、黔源电力、桂冠电力等。

截至2020年，我国水电装机达3.7亿千瓦。根据全球能源互联网发展合作组织发布的《中国2030年能源电力发展规划研究及2060年展望》，2025—2030年新增电力需求将全部由清洁能源满足，水电装机预计在2025年和2030年分别达到4.6亿千瓦和5.5亿千瓦，5年和10年CAGR分别为4.5%、4.0%（2010—

2020年，水电装机10年CAGR为5.7%）。以此来看，水电行业大概率维持一个中低增速的收入水平。

与其他发电方式相比，水电的经营稳定性明显更好。虽然如此，受全球厄尔尼诺和拉尼娜现象的影响，国内水域流量呈现出西北地区湿暖化、北方降水偏多、南方降水极端性增加和青藏高原雪山融水加速的特点，因此上市公司水电发电量仍有一定波动，从历史统计来看，年度波动率在10%~30%。长江电力和国投电力所在流域的发电量在行业内相对更为稳定。

同时，水电电价远低于其他发电方式。根据统计，2021年火电、水电、核电、风光公司平均上网电价分别为0.40、0.31、0.40、0.53元/度。从定价方式上来看，主要包括：①按照"还本付息电价"或"经营期电价"制定的独立电价；②省内执行的标杆电价；③跨省跨区送电的协商电价。作为我国电价最低的电源品种，未来在完全市场化的交易环境下，水电有望实现价格上浮，这也是水电公司中长期成长性的重要来源。此外，在碳中和的政策背景下，以水电为代表的清洁能源有望获得更多的政府扶持和溢价空间，深度受益于长期的电力消费结构转型。

4. 水电行业的投资逻辑

从短期来看，我国水电开发还有增长空间，主要是基于：

（1）我国水电技术可开发量为6.6亿千瓦，而截至2023年年底，我国水电装机约为4.2亿千瓦（含抽水蓄能5064万千瓦），约占全国发电总装机容量的14%，占技术可开发装机容量的比例超过64%。

（2）对比发达国家，例如美国水电资源已开发约82%，日本约84%，加拿大约65%，德国约73%，瑞士约90%，法国及意大利约80%，我国水电的平均开发度还有一定增长空间。

（3）"水电在清洁电能供应、助力绿色发展方面发挥了显著作用。预计到2030年，水电（含抽水蓄能）装机规模将超过5.4亿千瓦，水电开发利用仍将长期国际领先。"国家能源局总工程师向海平预测。

若按5.4亿千瓦估算，2030年我国水电开发度将提升到80%以上，未来五年，年均增速约5%。

（4）根据《"十四五"水电开发形势分析、预测与对策措施》中的分析，我国水电在设计理念与工程技术方面要进一步与时俱进、推陈出新。这表明我国水电开发不仅在数量上有增长空间，而且在技术创新和可持续发展方面也存在提升潜力。

从中长期视角看，水电业绩的增长来源主要包括：

（1）装机总量：还有一定空间，大概率能维持缓慢增长的态势。根据上述市场格局分析，未来五年，大概率会保持5%左右的行业增速。

（2）平均发电小时数：有望触底反弹。2020年之前，火电利用小时数趋势性下降，体现出清洁能源对火电的挤压；而从2020年至今，由于火电作为调峰电源的角色增强，利用小时数有所提升；反观水电，则趋势相反，2013年以来稳定在3600小时，到了2020年，我国水电设备利用小时数达3827小时，创出新高，首次突破3800小时，之后连续三年下降。近三年下降，一是气候变化，降水量减少，导致蓄水不足。二是水电装机容量提升。利用小时数＝年发电量/装机容量，分母变大，拉低了利用小时数。三是2020—2022年是21世纪首次出现三重拉尼娜事件（即连续三年）。拉尼娜现象导致我国夏季降雨带北移，出现"冷冬热夏、南旱北涝"现象，影响水电发电量。以上水量的丰枯周期过后，随着火电的持续退出，预计水电利用小时数将会回到增长状态。

（3）上网电价提升：电改对水电电价提升有利。中国正在推进电力市场化改革，简单来说，改革的目标，就是让电价"能涨能跌"，由市场供需决定电价。那就意味着，针对当前相对较贵的电力类型，电价有下降的压力，反之，针对当前相对便宜的电力类型，电价有上升的空间。当然，考虑到不同电力类型的多维度价值，比如环境价值（风光等绿电）、灵活性价值（储能）、可靠性价值（火电）等，政策导向也会让相应的价值体现在电力定价机制上。不过总的来说，大方向还是会让电价的两端（太高或太低）向中间靠拢，有利于当前电价处于低位的电力类型。对于水电而言，上网电价无须补贴，水电上网电价0.18~0.36元/度（含税），是当前所有类型中最便宜的电力，市场化电改下，水电相对于火电和其他清洁能源更具竞争性。此外，在新能源取消补贴后，水电将是毛利最高的电源，在市场化电改的过程中，竞争力最强。

（4）水电消纳：持续稳定向好。2018—2022年，全国主要流域水能利用率分别为95%、96%、96.61%、97.9%、98.7%。弃水情况持续缓解，水电消纳情况稳定向好。

（5）固定资产折旧：当期利润并未反映真实的盈利能力，业绩未来可以持续释放。

从发电整个大行业来看，电力的大趋势是市场化，电力行业市场化改革不断推进，目前我国电力供需紧平衡的状态有望持续，而水电在众多发电方式中，品质最好，但是价格最低，未来市场化交易之后部分地区水电的上网电价存在一定的提升空间，水电价格上涨空间大。

同时水电这个赛道集环保清洁、安全稳定、价格低廉等诸多优点于一身；独特又简单的商业模式使水电企业可穿越周期，水电行业上市公司普遍有"类债券"属性；目前国内水电开发进程步入中后期，竞争格局较为稳定，具有垄断行业一定的特征。

随着水电公司的盈利能力稳步提升，其现金牛的商业模式会受到更多投资者的青睐。水电是典型的重资产行业，虽然在建设期间资本开支很大，但投产后运维成本较低，且水电机组在延长寿命后运营期可以达百年。因此水电公司在还本付息和折旧期结束后，现金流通常高于净利润，是典型的现金牛。优质大水电有较强稀缺性，优质小水电也具有稳定的现金流。

第三节 泛消费行业：家电和纺服

在对泛周期行业的探讨之后，我们转向泛消费行业，一个与我们每个人的日常生活紧密相连的领域。家电和纺织服装，这两个行业不仅承载着消费者对生活品质的追求，也是经济发展和居民收入水平提升的直接体现。从家用电器带来的便捷舒适，到纺织服装展现的个性与时尚，消费者的需求不断推动着这两个行业的创新与发展。

本节内容将从家电行业的市场表现、产业链结构、细分领域特点及股价驱动因素等方面进行剖析，进而转向纺织服装行业，探讨其近年来的股息率变化、盈利预测的准确性、市净率与净资产收益率的关系，以及行业的基本面和增长潜力。

一、家电行业简析

家用电器行业属于消费板块中的可选消费。从宏观角度看，可选消费跟经济景气度相关性高。从中观角度看，家电企业属于传统中游制造业，其与上游原材料、下游零售渠道，均对行业的景气度有关联。从微观角度看，消费企业核心的竞争力是商业模式而非技术，商业模式决定竞争格局，市场占有率决定龙头企业的相对景气度。

从复盘家电行业基本面看，在2010—2013年间行业景气度见顶回落，现金充裕度下降，估值下降导致股息率提升，企业自主选择提高分红比例，从而进一步提高了股息率。不过直到2021年家电仍然是由地产周期驱动估值业绩增长，分红不是主要投资逻辑。自 2022 年以来，随着核心资产消化估值和去地产化，行业的 ROE 波动下降的同时现金更充裕，分红比例有了较大提升。近年来股息率基本维持在 3% 附近（见图 6-30）。

图 6-30　家电行业分红统计

资料来源：Wind

从盈利预测的确定性来看（见图 6-31），家电行业持续改善的趋势明显。最近三个财务年度其预测误差率均在 8% 以内，属于高股息板块预测胜率较高的行业，具有较好的业绩兑现度。

家用电器(申万)(801110.SI) - 盈利预测

历史实际值与盈利预测值差异

年份	差异值/亿元	差异率
2020	159.17	21.35%
2021	50.42	5.78%
2022	74.15	7.67%
2023	49.07	4.42%

图 6-31　家电行业盈利预测误差

资料来源：Wind

从 PB-ROE 的视角来看（见图 6-32、图 6-33），家电行业以其优秀而稳定的商业模式和较高的预期盈利增速而有比较明显的市净率估值溢价，虽然自身处于历史较低的估值分位水平，但也属于高股息板块中相对高估值的行业。保守状态下预测其股息率，可以采用 16% 的 ROE 和 50% 的分红比例，按照当前估值线性外推，则对应 3.3% 的股息率。同时，家电行业未来 3 年还有 10% 左右的预期盈利增速，属于和水电类似的稳定现金流增长类资产。

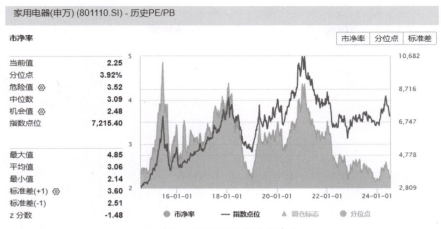

图 6-32 家电行业市净率变化

资料来源：Wind

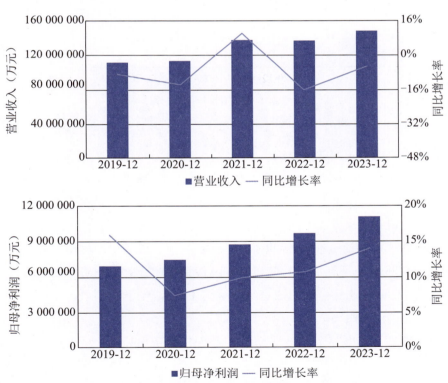

图 6-33 家电业绩增长和资本回报

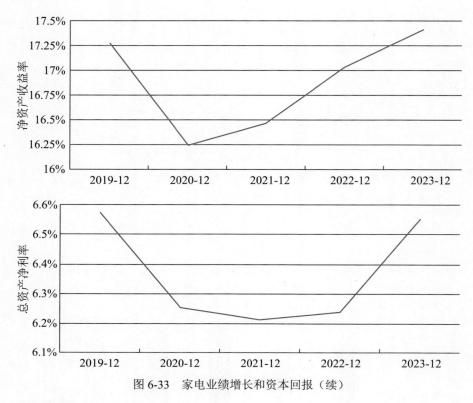

图6-33 家电业绩增长和资本回报（续）

资料来源：Wind

1. 家电产业相关产业链介绍

家电产业链相对简单，上游是有色钢铁等原材料行业，下游是零售行业。家电上市公司主要位于中游的零部件及整机企业。

上游原材料占家电成本高，但产品同质化严重，没有议价能力。家电企业原材料占营业成本的比重在80%~90%，其中钢、铜、铝、塑等材料占营业成本的比重基本在60%以上。原材料及核心零部件集中度分散，并未形成依赖性很强的供应关系。压缩机占空调总成本的30%左右（空调拥有控制权），屏幕占电视总成本的比例近70%（电视没有控制权）。

中游零部件竞争格局分散、议价能力低，主要开拓多元化业务，包括压缩机、电机、面板、闸门等。其技术含量低、利润率低，份额和价格都很难提高，所以部分企业会转型做一些汽车零部件。

中游整机制造业是家电产业的主要价值核心。依据产品功能与用途的不同，可划分为白电、黑电、厨电及小家电四大细分行业。中游整机厂龙头企业的市场集中度高，通过规模效应、分散培育竞争对手、采购原材料反过来提供给零部件厂商等手段，对上游原材料有绝对的把控权。由于商业模式好，对上下游的议价能力强，家电整机制造商的上市公司普遍现金流较好，属于高股息投资者关注的重点领域。

下游渠道直营化、扁平化，逐渐失去掌控力。下游渠道的商业模式相对变化较快，早期家电以苏宁易购、国美等重点客户渠道为核心，厂商对终端覆盖难度大，渠道商大幅挤占企业利润。但后期随着电商兴起，以及中游整机厂自建分销、层级压缩，下游渠道利润已经寥寥无几。虽然渠道模式多变，但中游整机厂通过品牌效应弱化下游的不确定性因素。

2. 家电细分领域对比

白电：保有量快速提升的阶段已过。美的、海尔、格力三家寡头竞争，对上下游把控力最强。

厨电：洗碗机和集成灶等新品类快速成长。厨电产品更新周期较长，与房地产周期关联程度较高。龙头分层竞争，厨电行业中高低端品牌层级清晰。洗牌逻辑不在价格，而在渠道。在新房精装交付的政策下，与工程精装渠道绑定较强。精装渠道形成双寡头格局。例如，精装渠道老板电器大概占40%份额、方太占30%份额。

黑电：行业整体饱和，竞争格局不佳。电视成本中面板占比约60%，但是面板主要来自日韩和中国台湾的企业，不在电视机厂商手里，所以市场份额争夺用最简单的方式——价格战。

小家电：护城河弱、壁垒低、重视新品、重视渠道。细分领域有自己的品牌逻辑，虽然跟自己比空间大，但相对于传统家电市场规模较小。

3. 家电行业股价驱动因素

驱动股价的因素均是对于业绩的预期，从而拔高估值。只是科技板块业绩看得更远，行业空间想象力更大，所以估值给的空间也大。消费板块相对来说"久期会短一点"，最多看3年左右业绩，行业空间也是能看到的，所以估值相对波动没那么大。而且随着保有量接近行业天花板，大家业绩看得更短，行业的贝塔机会越来越短。

消费品企业的底层逻辑都很相似，长期看行业空间与竞争格局，短期看需求与成本。

家电的行业空间就是"量"乘以"价"。"量"与人口数量有关，每个家庭把该买的家电都买了就是量的上限。"价"与竞争格局有关，竞争壁垒决定溢价能力。

短期看需求波动，家电不是必需品，可以今年买，也可以明年买，这就是短期需求波动。盈利不仅看收入端，家电的成本端原材料占比高，上游就是典型的周期品，成本波动影响净利润。

1）家电行业的"量"。

从量的角度来说，主要分为内销和外销。内销又分为新增需求和更新需求。新增需求，一是购房，二是农村市场还有空间，三是消费升级下，对新家电新的需求，比如咖啡机、洗碗机。对于更新需求，家电存在更新周期，一般大家电为10年，小家电为3~5年。

外销也是量的重要因素，美的产品40%的销量是出口，海尔是30%，格力是10%，很多厨电出口占比甚至超过50%。但目前走量不贡献利润，贴牌只赚代工的钱。

家电行业的"量"，先算行业的理论上限，然后分析短期量增速。

行业空间理论上限，就是保有量+更新周期。举个例子，我国人口规模是14.1亿人，总户数为4.9亿户。冰箱每户1台，冰箱保有量上限是4.9亿台。空调家用每户2台，保有量为9.8亿台规模，外加公用场所工程机预计占比30%，保有量上限9.8亿台除以70%约等于14亿台。空调和洗衣机更新周期是10年左右。所以，理论上内销行业空间测算值：冰箱内销量峰值每年4900万台，空调销量峰值每年1.4亿台。

过去几轮地产大周期，带动家电保有量快速提升，除了一些新品小家电，传统家电销量基本上已经接近理论上限。

短期影响销量增长的因素，一是地产周期。一般跟踪地产竣工面积、商品房销售面积。地产周期对不同类型家电影响程度不同。对厨电影响最大，厨电更新需求较少，购房新增需求占比达到70%。对白电影响相对较少，更新需求占比30%，购房新增需求占比30%左右。对小家电影响最小。

二是类似于"家电下乡"的政策刺激。第一轮是2007年到2010年，第二轮是2019年到2021年，刺激家电的销量大幅上涨。目前这个因素影响不大，财政压力下，大家也没啥预期了。

三是季节性因素。比如"618"电商促销、高温天气。

四是库存周期。有时候渠道销量如火如荼，但发现都是在去库存，整机厂也没啥出货量。

2）家电行业的"价"。

首先，价格方面，家电是消费品，不会像科技品因为技术颠覆而大幅提价，只能是局部产品升级带来价格的稳定提升，平均每年 3%~5% 的涨价。

其次，多数家电细分行业的竞争格局比较好，所以不太会打价格战。除了黑色家电。不同的竞争格局，同样是产品升级趋势下，空调、冰箱价格相对比较稳定，而彩电一直在降价。

3）家电行业的成本。

家电行业的成本主要是上游原材料和下游的渠道营销费用，但家电行业对上下游都有议价权，比如白色家电价格与原材料常常"同涨不同跌"。原材料涨价，可以把成本转移到下游，原材料跌的时候，也不会降价，反而利润增加。

成本端主要跟踪铜价和钢价即可。

4）家电股行情的催化剂。

分析了家电股价的驱动因素，最终我们要确定的是什么时候家电股有阶段性行情。

第一，家电保有量快速提升的阶段已过，也就是销量往上的空间已经不大了。所以大家越来越关注短期的业绩，可能是 1 个季度或者最长 1 年。

第二，短期的业绩主要跟地产销售有关。出口销量也对这个板块有影响，但影响不如地产。目前来看，地产政策预期是家电板块股价表现的最重要因素。

第三，季节性的如电商促销、天气短期对销量有影响，也要配合库存状态，所以股价不一定有表现。

第四，成本端在需求较弱的情况下影响大。一般来说，铜价、钢价向下的时候，因为家电不会降价，剪刀差使得对利润改善有预期，可能会促进一小波行情。

第五，竞争格局、商业模式已经稳定，新品、渠道变化对这个行业没有影响。

4. 家电行业中长期的投资逻辑

1）中国家电企业全球自主品牌市场份额提升。

在国内市场已经逐步成熟后，中国家电企业全球自主品牌市场份额提升将是未来龙头企业增长的长期空间。中国家电企业凭借完善的供应链、先进的生产技术及快速迭代产品的能力，有望逐渐打开海外市场。根据欧睿数据，2021 年中国家电全球制造份额已达 40% 以上，而自主品牌（含收购）份额不足 20%，在欧美成熟市场及新兴市场份额提升空间均很大。

同时，中国家电企业有望通过出海并购进一步拓展海外市场。中国家电企业在欧美等成熟市场的品牌力及渠道力较弱，除了在海外投入大量资金推广自有品牌外,中国家电企业也可选择直接收购当地的成熟品牌,借助海外品牌更快速建立销售渠道及打开海外市场。

2)经济长期发展的动能将催化新兴家电品类规模扩大。

虽然从过去 10 年数据来看,我国厨房小家电支出占当期人均 GDP 比重在逐年下降,反馈出以锅煲类、豆料榨类为代表的必选类小家电保有量高,可支配收入上升,不再对此类产品有超额催化。但是对比日本来看,我国消费者在清洁、个护、衣物护理等小家电上支出占比较少,随着经济发展,收入提升将催化此类小家电支出比例提升,而过去 10 年中两者支出比例亦始终处于提升状态。

小家电中清洁电器国内渗透率低,未来成长空间广阔。清洁电器主要细分为扫地机、手持吸尘器和洗地机三个子品类,据统计,近年来扫地机的渗透率在 4% 左右;手持吸尘器的渗透率在 6% 左右;洗地机的渗透率在 0.5% 左右。扫地机、吸尘器、洗地机全国渗透率合计 10% 左右,显著低于主流国家 100% 渗透率,未来渗透率提升空间大。

二、纺织服装行业简析

纺织服装行业近年来的股息率中枢大致在 3% 附近(见图 6-34),行业在 2019 年开始资本开支大幅下行,存量现金积累、经营现金流转好,分红比例加速提升、至极高水平,股息率创新高;2023 开始 ROE 拐点向上,经营现金加速改善,股息率稳在高位,并且分红比例呈现出逐年提升的态势。

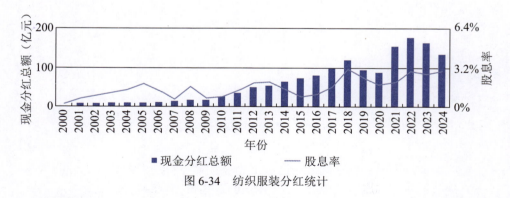

图 6-34 纺织服装分红统计

资料来源:Wind

从盈利预测的确定性来看(见图 6-35),纺织服装行业在 2020 年和 2022 年的预测误差率均超过了 40%,在高股息板块属于确定性较差的行业。不过 2023 年的预测较为准确,行业盈利的可见度有所改善。

纺织服饰(申万) (801130.SI) - 盈利预测

历史实际值与盈利预测值差异

年份	差异值/亿元	差异率
2020	39.60	48.88%
2021	34.69	13.92%
2022	60.93	42.77%
2023	-1.04	-0.38%

图 6-35　纺织服装盈利预测误差

资料来源：Wind

从 PB-ROE 的角度看（见图 6-36、图 6-37），纺织服装行业的市净率估值中枢近年来基本维持在 1.5 倍 PB，全行业的净资产收益率水平在 4%~8%，假定行业能够保持 70% 左右的分红比例，对应的股息率水平在 1.9%~3.7%，而行业龙头公司的股息率水平显著高于平均，精选个股仍能获得更高的股息收益。

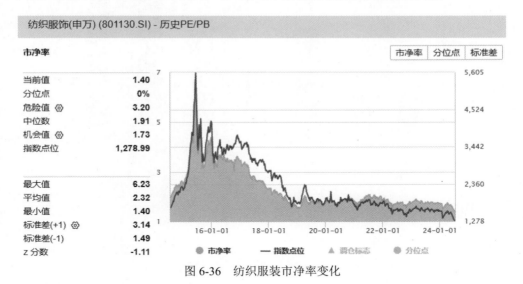

图 6-36　纺织服装市净率变化

资料来源：Wind

下面我们对纺织服装行业的基本面情况进行简要梳理，供读者参考。

1. 纺织服装产业链的基本特征

行业的上游主要包括原材料（棉花、化工纤维）、纺纱和布料，中游为成衣制造，下游为服装销售。从商业模式来看，中上游的企业相对类似，主要服务 B 端客户，更接近制造商；下游主要服务 C 端客户，更接近于品牌商定位。

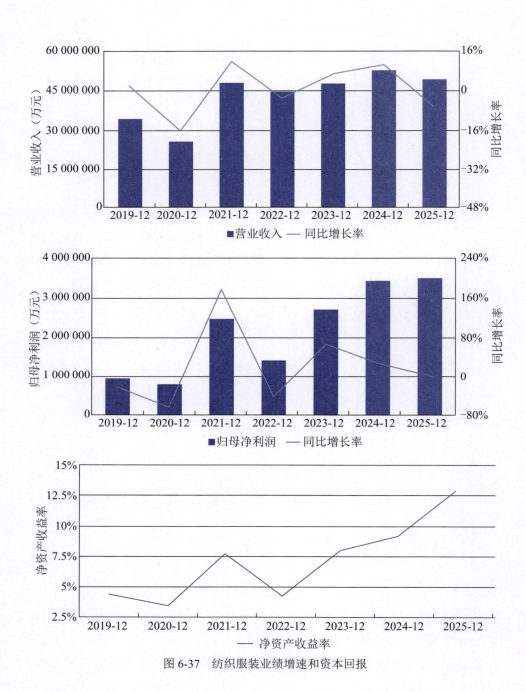

图 6-37 纺织服装业绩增速和资本回报

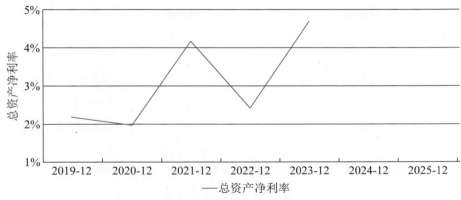

图 6-37　纺织服装业绩增速和资本回报（续）

资料来源：Wind

从行业整体的空间来看，中上游的纺织制造业规模近年来维持稳健增长。2022 年纺织业营业收入实现 26 157.6 亿元，同比增加 1.7%，2020—2022 年 CAGR 为 7.2%。纺织品及成品服装出口连年攀升，2017—2022 年 CAGR 为 3.9%。2019 年中美贸易摩擦出现，国际贸易环境波动不断，服装出口有所承压。2020 年全球疫情首年，国内及时采取封控措施使供应链快速恢复，东南亚订单有所回流。2022 年纺织及服装出口额实现 3233.5 亿美元，同比增加 2.5%，创历史新高。

下游的品牌服饰市场规模达 20 489.7 亿元，居世界第二。近年来增速放缓，2019—2022 年 CAGR 为 -2.1%。剔除疫情影响较大的 2020 年及 2022 年，近 10 年以来，我国品牌服饰市场规模的年均增速保持在 5% 以上。根据 Euromonitor 预测，未来 5 年我国品牌服饰行业仍将持续增长，2027 年将至 26 231.9 亿元，预计 2023—2027 年 CAGR 为 4.0%。

从纺织服装产业链的商业模式来看，上游和中游主要环节具有一定的制造业特征，表现为：①资本密集型：资本支出较高，用来修建厂房，升级设备，扩充产能，增加产线等。②劳动密集型：雇佣工人数量较多，可大量容纳劳动力且单位生产要素的劳动力投入较高。③出口导向型：主要出口对象为美国、欧盟、日本和东南亚等国家和地区，企业订单及利润受海外消费需求和宏观经济影响较大。

而下游的品牌服饰则呈现出一定的可选消费品特征，表现为：①与经济周期相关性较强。经济上行的过程中，品牌服饰消费受到正面影响；经济下行的过程中，品牌服饰消费压力较大。②季节性较强。服装消费季节性较强且 SKU 较多，因此企业需具备良好的库存管理能力，平衡畅销品缺货与滞销品积压的风险。③需求可预测性较差。品牌服饰是商家对顾客销售，影响消费者服装消费的因素众多，需求可预测性较差。

从细分领域的行业竞争格局来看，运动鞋服制造更趋向集中，其余细分赛道仍较分散。纺织制造行业包括运动鞋服制造、内衣制造、辅料制造、箱包制造等多元赛道，不同细分行业在竞争格局上具有较大差异。其中，运动服饰制造的准入门槛较高，并且头部国际运动品牌方要求高，头部企业进入早，优势明显；内衣制造的准入门槛低，但其产品功能性强、制造较为复杂，对技术水平要求高，且高端品牌端格局分散，导致制造端集中度不高；箱包制造和服装辅料制造的技术迭代性较弱，进入门槛低，格局高度分散。

体育品牌服饰呈分散竞争格局，各细分子赛道差异较大。整体看，品牌服饰集中度逐年提高，2022年CR3和CR5分别为4.9%和7.3%，集中度较低。其中，运动鞋服赛道集中度最高，龙头显著，2022年CR3为54.2%；男装赛道和女装赛道较为分散，竞争激烈，2022年CR5分别为15.8%和6.2%。

2. 行业景气度的主要驱动因素

中上游纺织制造的景气度具有一定周期性，并且易受上下游波动和经济环境影响。

从历史上影响行业的中长期驱动因素来看，主要包括：①国际产业转移：2001年，中国加入WTO（世界贸易组织），彼时美国对韩国、中国台湾地区纺织出口开始实施限制，全球纺织服装产业逐渐从中国台湾、韩国、日本向中国转移。2001—2010年，我国纺织服装出口金额从534.0亿美元增长至2 065.3亿美元，占世界贸易总额比重从13%提升至34%，居世界第一。②贸易协定及政策驱动：2008年，金融危机冲击下外需萎缩，纺织出口下滑。2009年，国家多次提高出口退税率以刺激出口，并发布政策指导产业发展。2010年起，纺织出口增速恢复，2009—2014年CAGR达12.3%。③产业升级及绿色产业转型：2012年，全球经济复苏乏力叠加我国外贸优势不断削弱，我国经济开始从高速增长向高质量发展过渡。"十三五"规划中纺织制造为重点企业，此后配合规划出台一系列政策。在此期间，纺织行业科技持续突破，并在绿色制造转型中卓有成效。2016—2020年纺织服装出口金额CAGR为2.6%。

从近年来的短期驱动因素来看，主要包括：①人民币贬值驱动行业利润提升：纺织行业利润受人民币汇率波动影响。当人民币贬值时，以外贸出口为导向的纺织行业成本下降，利润提升。②"一带一路"破局新市场：中国对美国及欧洲的出口逐年下降,"一带一路"沿线国家出口持续提升。③技术突破打破上游供给壁垒:随着部分高性能化纤制品原料国产化取得突破,原材料供给放量、成本下降有望带动产业升级。④龙头企业主动转型,加大研发投入:优质龙头企业主动寻求转型升级,积极投入产品科技研发,获得国际头部品牌的认可。

下游的品牌服饰消费主要与国内经济及居民收入增长有关。

中长期驱动因素主要包括:①金融危机后的复苏性增长。2008年金融危机后,实体经济逐渐修复,服装市场也出现了复苏性增长。2011年,服装类消费增速达到2000年以来的最大值。②居民可支配收入快速增长带动服装消费。经济增长拉动居民收入增长,社会零售总额和服装类零售总额持续走高。国内服装品牌进入原始扩张期,行业规模持续扩大。③电商快速发展拉动行业增长。随着电子商务的兴起,服装品牌纷纷布局电商业务,2014年中国网购市场规模达2.8万亿元,其中服装超了6100亿元,同比增长41.5%。凭借电商渠道各大公司积极转型新零售,推动了服装行业增长。

短期驱动因素主要包括:①消费观的变化。受我国经济增长、服装产业升级和文化自信等多重因素影响,消费者观念也发生变化,崇尚国际品牌的时代已经过去,支持国产成为消费新潮流。②热点赛事催化加持细分赛道增长。例如,根据历史经验来看,一般在我国举办的国际性体育赛事,将会拉动体育运动的新一轮热潮。③疫后出行场景修复服装需求。疫后出行及社交场景逐渐恢复,零售消费自2023年初开始持续回暖。2023年全年,民航客运量同比增长迅速,客流恢复有望持续拉动消费增长。

3. 行业估值的简要复盘

从板块的历史行情来看,制造端与品牌端估值变动趋势基本一致。从市盈率走势来看,纺织服装制造端与品牌端的变动基本同步、趋势一致。2006—2008年受北京奥运会赛事催化,行业估值抬升,该阶段也是纺织服装板块增速最快、涨幅最大的阶段。2008年金融危机爆发,叠加库存危机影响,行业陷入较长时间的低迷期。2014年,行业估值触底反弹。2020年受海内外疫情防控政策及需求恢复影响,行业估值波动。目前,行业整体估值位于历史25%分位水平。

从制造端和品牌端的估值表现对比来看,2000—2018年,得益于人口红利及供应链优势,纺织制造行业指数估值位于纺服板块领先水平。而随着我国国产品牌历经几十年发展,下游上市公司逐渐具备了一定市场基础及品牌力。2018年后,纺织服饰指数估值反超纺织制造。

4. 行业竞争的核心壁垒

从中上游纺织制造的角度看，行业竞争的主要壁垒在于：①规模化生产能力。规模化生产能力反映企业能否按时交付产品并保证品质达标。只有规模化生产能力强的企业，才能慢慢跻身品牌的核心供应商。②管理能力。纺织制造企业的员工人数较多，对企业管理能力提出高要求。③成本控制能力。制造环节整体利润率不高，成本控制能力直接关系到供应商的利润，最终盈利水平很大程度上由企业的成本控制能力决定的。④研发能力、工艺改善能力。近年来制造企业的研发能力及工艺改善能力变得越来越重要，品牌方会把一部分设计工作（如打样等）交给供应链企业负责，有时会购买代工厂的方案，未来研发能力或将成为供应链企业之间决出胜负的关键要素。

从下游品牌服饰的角度看，壁垒在于产品、渠道和供应链能力。产品层面，可关注公司研发设计能力（尤其是功能性服饰）、产品矩阵丰富度及产品结构；渠道层面，可关注公司门店数量、布局、结构、效率，以及经销商忠诚度及盈利能力；供应链层面，可关注公司数字化水平、上下游议价能力及精细化管理能力，尤其关注库存指标。在这三个方面做得比较优秀的公司，能形成较深厚的品牌壁垒，拥有持续提价能力。

5. 行业中长期的增长来源

从品牌服饰来看，长期增长的来源包括：

（1）随着消费者消费观念的改变，功能性服饰渗透率有望提升，最典型的如近年来国民对运动健康的关注度和重视度上升，带动运动鞋服渗透率、消费频次提升。此外，供给端对产品的优化升级也将提高功能性服饰的渗透率，如波司登推出的轻薄款系列羽绒服，具有广泛地域适销、广泛人群适销的特点，有效提升了华南等温暖地区的羽绒服渗透率。

（2）国产替代化趋势：近年来，消费者爱国热情高涨，对国货支持力度加强，国产品牌迎来了发展机遇。同时，国产品牌也在追求品牌升级，持续提高品牌定位，未来有望改变国际品牌占据高端市场的情况。

（3）价格带提升趋势：我国中等收入人群规模庞大，中高端市场潜力较大。近年来部分头部企业中高端化策略成效显著，打破了国内消费者对国牌的固有印象。未来，头部企业产品的价格带有望进一步攀升，同时或将出现更多中高端品牌。

（4）品牌企业针对各自的品牌定位和市场基础，探索不同的渠道运营策略。近年来品牌企业的渠道运营策略逐渐确定、明晰，表现为差异化的渠道布局及销售模式。随着渠道端的优化及变革,品牌企业有望迎来营收增长。

从纺织制造来看,长期增长的来源包括:

(1) 与品牌商深化合作,参与更多利益分配:当前,我国纺织制造龙头企业如申洲国际、华利集团等已具备一定的研发设计能力。随着经验的累积及与品牌商的合作深化,制造企业在供应链中的地位将逐渐上升,能够参与更多利益分配。

(2) 技术突破带来的业务横向扩张:目前,特种安全防护纺织品、军用纺织品和高端羊毛精纺等领域已经出现国产替代趋势,未来制造端龙头有望在技术突破的基础上,进军高端纺织制造领域。

(3) 数字化赋能生产,效率提升:纺织制造是劳动密集行业,目前劳动成本仍是制造企业重点考虑因素之一。随着数字化对供应链的赋能加深,人效将越来越重要,未来数字化程度或将成为影响制造企业盈利水平的重要因素。

第七章 量化选股对高股息策略的启示

在当今资本市场的多变格局中，投资者和分析师们不断寻求更为精准和系统的投资策略，以期在波动的市场中寻找到稳健的收益来源。本章内容深入探讨了量化选股策略，并从中提炼出高股息策略与基于 ESG（环境、社会和公司治理）评价体系的策略，以及盈利质量和传统估值法改良的选股策略的启示。这些策略不仅涵盖了传统的财务分析，还融入了社会责任和可持续发展的理念，体现了现代投资理念的多元化和深入化，对高股息投资具有启示意义。

通过对历史数据的分析和模型的建立，本章展示了高股息策略在不同市场环境和经济周期下的表现，以及 PB（市净率）和股债利差作为择时指标的有效性。同时，引入了 ESG 评价体系，探讨了其在投资决策中的应用，并验证了 ESG 因子在预测股票收益方面的潜力。此外，本章还深入分析了盈利质量对公司未来盈利能力和股票收益率的影响，以及 EV-毛利估值法如何作为一种新的投资工具，为投资者提供新的视角和方法。

需要说明的是，本章内容的数据来源主要为 2021 年及以前，时效性较弱，不建议读者以此直接指导投资。

第一节 高股息策略的历史表现分析

高股息策略以其稳定的现金流和潜在的资本增值吸引着众多投资者的目光。然而，高股息策略是否总能在变幻莫测的市场中保持超额收益，实现长期稳定的超额收益？这需要我们深入探讨和分析。本节内容将从历史的角度出发，审视高股息策略的表现，并探讨如何通过精准的择时来优化这一策略的应用。

我们将通过一系列数据和图表，分析高股息策略在不同市场环境和经济周期下的超额收益情况，以及 PB（市净率）和股债利差这两个关键指标如何成为高股息策略择时的重要参考。通过本节的分析，投资者将能够更深入地理解高股息策略的内在逻辑，掌握其在特定条件下的应用技巧，从而在投资决策中做出更加明智的选择。

一、高股息策略长期超额收益不显著，应用的关键在择时

随着近期国债收益率的快速下跌，以及权益市场避险需求的提升，高股息策略的市场关注度提升。本节试图回答3个问题：①高股息策略长期是否有持续的超额收益？②对高股息策略进行择时，可以采用哪些观察指标？③择时策略在不同的市场环境和经济环境下表现是否稳健？

针对第一个问题，我们发现，长期看高股息策略并未有显著的超额收益。我们以中证红利指数的表现衡量高股息策略的回报。2008年6月至2020年2月，中证红利全收益指数下跌6.9%，中证800全收益指数下跌7.3%。

走势上看二者表现同步性也较强（见图7-1）。因此高股息率策略长期看并没有明显超额收益。

图7-1 中证红利指数与中证800指数对比

资料来源：Wind

在高股息率策略长期无超额收益的情况下，使用高股息率策略时择时异常关键。我们考虑2个择时指标：①高股息率标的的估值水平，以中证红利指数的PB衡量；②股债利差，以中证红利指数的股息率（近12个月）与1年期AAA级企业债券收益率之差衡量。

在计算高股息率策略的回报时，我们计算持有期为6个月、12个月、24个

月和 60 个月的高股息率策略的表现。而高股息策略的收益率同样有 3 个维度：①绝对收益率，以中证红利全收益指数在持有期内的收益率衡量；②股息收益率，以中证红利全收益指数和价格指数推算持有期的股息收益率；③超额收益率，以中证红利全收益指数与中证 800 全收益指数在持有期的回报率之差衡量。

二、PB 和股债利差是高股息策略表现的重要影响因素

站在 2020 年来看，中证红利指数的估值处于历史低位，股债利差处于历史高位（见图 7-2、图 7-3）。截至 2020 年 3 月 11 日，中证红利指数 PE、PB 分别为 7.2 倍和 0.93 倍，分别为 15% 和 1.6% 分位（2010 年以来）。中证红利指数股息率（近 12 个月）与 1 年期 AA 与 AAA 级企业债利差分别为 1.75% 和 1.99%，均为 99% 分位。

图 7-2　中证红利指数的估值达历史低位

资料来源：Wind

在中证红利指数 PB 处于历史低位，股债利差处于历史高位的情况下，我们需要回答：低 PB、高股债利差时，高股息策略是否具有较好表现？

1. 建仓时 PB 与高股息策略表现有显著负相关性

本小节我们研究建仓时中证红利指数 PB 与高股息策略未来表现有怎样的关系。我们发现，中证红利指数 PB 越低，应用高股息策略的表现更好，且持有期中证红利指数收益率、股息收益率、超额收益率均与建仓时 PB 负相关，结论在持有期为 6 个月、12 个月、24 个月和 60 个月的情况下均稳健。

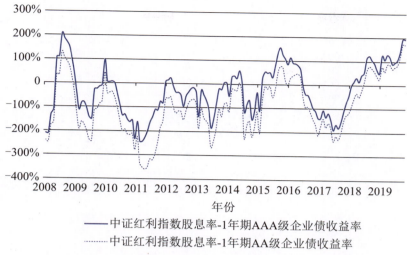

图 7-3　中证红利指数的股息率较债券收益率利差达历史高位

资料来源：Wind

1）绝对收益方面：中证红利指数 PB 与高股息策略未来收益率负相关，且持有期越长，PB 与持有期收益率的负相关性越明显（见图 7-4、图 7-5、图 7-6、图 7-7）。持有期为 6 个月、12 个月、24 个月、60 个月时，中证红利指数在持有期的收益率均与建仓时点的指数 PB 负相关，并且随着持有期延长，以 PB 为 x，以未来收益率为 y 的 PB-收益率散点图的斜率绝对值提高。

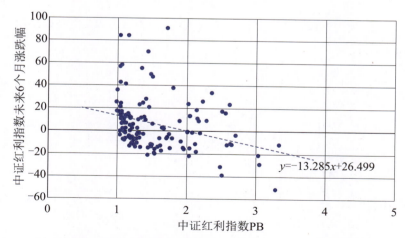

图 7-4　中证红利指数 PB 与高股息策略未来 6 个月收益率负相关

资料来源：Wind

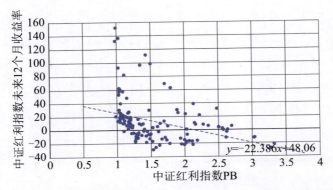

图 7-5 中证红利指数 PB 与高股息策略未来 12 个月收益率负相关

资料来源：Wind

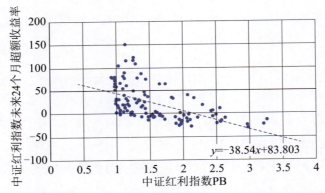

图 7-6 中证红利指数 PB 与高股息策略未来 24 个月收益率负相关

资料来源：Wind

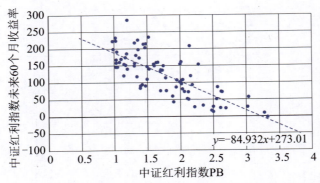

图 7-7 中证红利指数 PB 与高股息策略未来 60 个月收益率负相关

资料来源：Wind

2）股息收益方面：中证红利指数 PB 与高股息策略未来股息收益率负相关，且持有期越长，PB 与持有期股息收益率的负相关性越明显（见图 7-8、图 7-9、图 7-10、图 7-11）。如果仅考虑持有期的股息收益率，持有期为 6 个月、12 个月、24 个月、60 个月时，中证红利指数的股息收益率均与建仓时点的指数 PB 负相关，且随着持有期延长，以 PB 为 x，以未来股息收益率为 y 的 PB-股息收益率散点图的斜率绝对值提高。

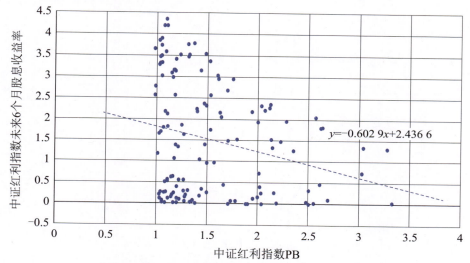

图 7-8　中证红利指数 PB 与高股息策略未来 6 个月股息收益率负相关

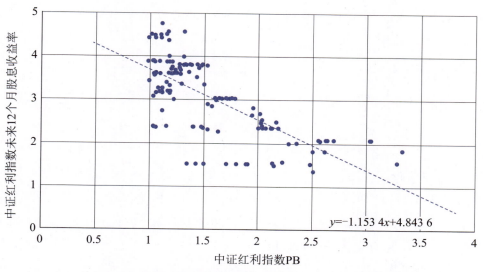

图 7-9　中证红利指数 PB 与高股息策略未来 12 个月股息收益率负相关

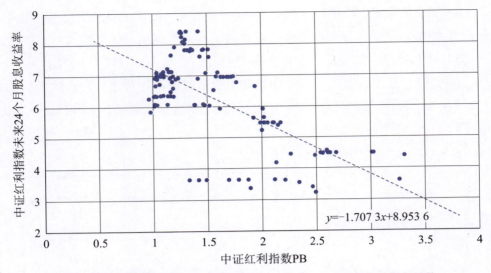

图 7-10　中证红利指数 PB 与高股息策略未来 24 个月股息收益率负相关

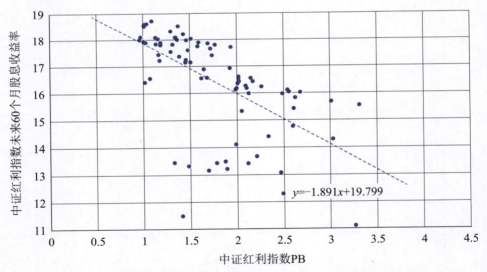

图 7-11　中证红利指数 PB 与高股息策略未来 60 个月股息收益率负相关

3）超额收益方面：中证红利指数 PB 与高股息策略未来超额收益率负相关，且持有期越长，PB 与持有期超额收益率的负相关性越明显（见图 7-12、图 7-13、图 7-14、图 7-15）。我们以中证 800 指数为基准，计算中证红利指数的超额收益率。持有期为 6 个月、12 个月、24 个月、60 个月时，中证红利指数的超额收益率均与建仓时点的指数 PB 负相关，且随着持有期延长，以 PB 为 x，以未来超额收益率为 y 的 PB-超额收益率散点图的斜率绝对值提高。

第七章 量化选股对高股息策略的启示

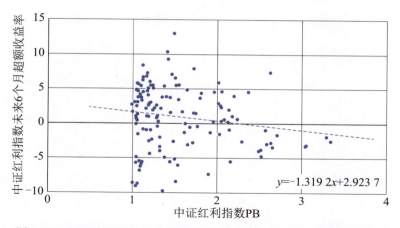

图 7-12 中证红利指数 PB 与高股息策略未来 6 个月超额收益率负相关

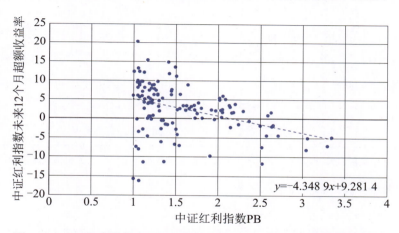

图 7-13 中证红利指数 PB 与高股息策略未来 12 个月超额收益率负相关

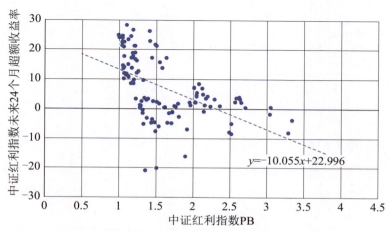

图 7-14 中证红利指数 PB 与高股息策略未来 24 个月超额收益率负相关

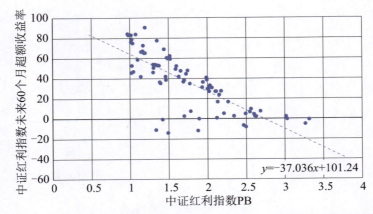

图 7-15　中证红利指数 PB 与高股息策略未来 60 个月超额收益率负相关

小结：建仓时中证红利指数 PB 越低，高股息策略的收益率越高。如表 7-1 所示，我们按买入时点的中证红利指数 PB 分组，并计算每组中未来 6 个月、12 个月、24 个月、60 个月的高股息率回报。不论是高股息率策略的收益率（中证红利指数的收益率）、股息收益，还是超额收益（中证红利指数相对中证 800 指数的累计收益率），如买入时 PB 较低，持有期收益率较高。

表 7-1　中证红利指数处于不同 PB 区间时高股息策略收益率

PB	高股息策略收益率				高股息策略股息收益率				高股息策略超额收益率			
	6个月	12个月	24个月	60个月	6个月	12个月	24个月	60个月	6个月	12个月	24个月	60个月
小于1.1	17.16	45	51.54	183.72	2.18	3.65	6.54	17.94	−0.18	3.97	18.55	70.89
1.1~1.2	7.95	17.97	46.33	171.88	1.38	3.62	6.83	17.9	3.12	4.79	16.26	66.01
1.2~1.5	7.1	6.96	31.24	156.11	1.42	3.34	7.21	16.99	1.45	3.22	3.69	41.44
1.5~2	−1.52	0.17	3.64	124.09	1.48	2.63	6.1	16.31	1.17	2.02	1.17	34.76
2以上	−2.4	−1.07	−8.28	67.82	1.02	2.06	4.64	15.33	−0.53	−0.96	1.23	12.56

数据来源：Wind

2. 建仓时股债利差与高股息策略表现有显著正相关性

本小节我们研究建仓时中证红利指数股息率体现的股债利差与高股息策略未来表现有怎样的关系。我们发现：股债利差越高，应用高股息策略的绝对收益越高。

1）绝对收益方面：中证红利指数股息率体现的股债利差与高股息策略未来

收益率正相关，持有期为 1 年时高股息策略收益率与股债利差相关性最高（见图 7-16、图 7-17、图 7-18、图 7-19）。将中证红利指数股息率（近 12 个月）与 1 年期 AAA 级企业债利率之差记为股债利差，作为股债性价比代理变量。持有期为 6 个月、12 个月、24 个月、60 个月时，中证红利指数的收益率均与建仓时点的股债利差正相关。持有期为 12 个月时，以股债利差为 x，以未来收益率为 y 的股债利差–收益率散点图线性拟合的斜率绝对值提高。

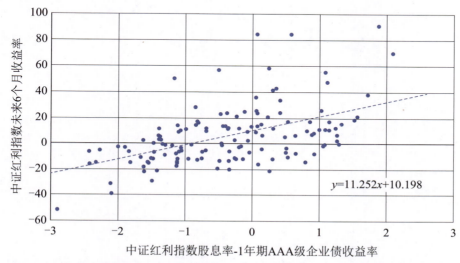

图 7-16　中证红利指数股息率体现的股债利差与高股息策略未来 6 个月收益率正相关

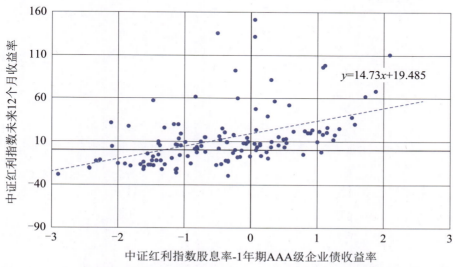

图 7-17　中证红利指数股息率体现的股债利差与高股息策略未来 12 个月收益率正相关

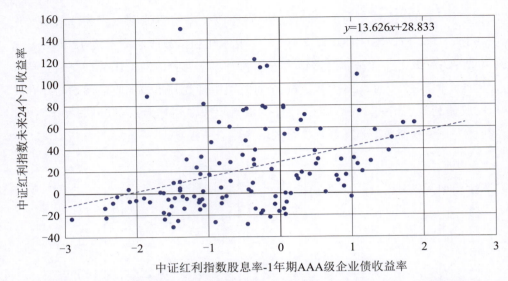

图 7-18　中证红利指数股息率体现的股债利差与高股息策略未来 24 个月收益率正相关

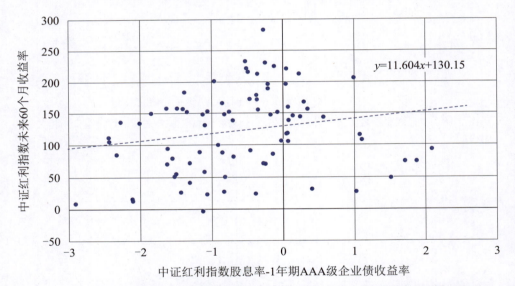

图 7-19　中证红利指数股息率体现的股债利差与高股息策略未来 60 个月收益率正相关

2）股息收益方面：中证红利指数股息率体现的股债利差与高股息策略的股息收益率相关性不强（见图 7-20、图 7-21、图 7-22、图 7-23）。中证红利指数的股息收益率与买入时点的股债利差相关较弱，甚至当持有期大于 1 年时，二者负相关。近年来股债利差的提升更依赖债券收益率下行，高股债利差环境下，高股息策略的收益主要来自股价上涨，而非股息收益提高。

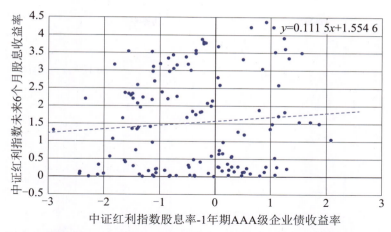

图 7-20　中证红利指数股息率体现的股债利差与高股息策略未来 6 个月股息收益率正相关

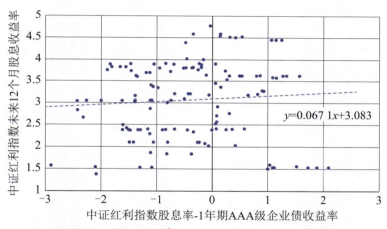

图 7-21　中证红利指数股息率体现的股债利差与高股息策略未来 12 个月股息收益率正相关

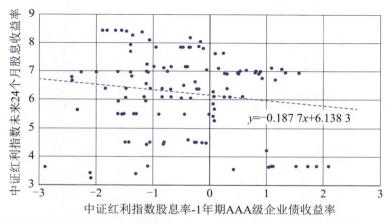

图 7-22　中证红利指数股息率体现的股债利差与高股息策略未来 24 个月股息收益率负相关

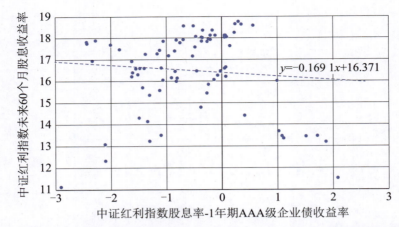

图 7-23 中证红利指数股息率体现的股债利差与高股息策略未来 60 个月股息收益率负相关

3）超额收益方面：中证红利指数股息率体现的股债利差与高股息策略的超额收益率相关性不强（见图 7-24、图 7-25、图 7-26、图 7-27）。中证红利指数的超额收益率与买入时点的股债利差相关性较弱，甚至当持有期为 6 个月或 5 年时，二者负相关。高股债利差时，高股息策略具有收益率，但由于整个市场同样有较好表现，高股息策略超额收益不显著。

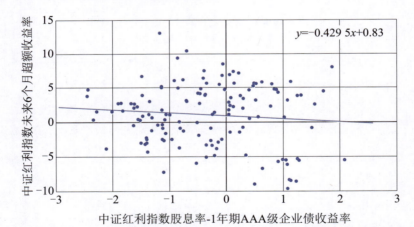

图 7-24 中证红利指数股息率体现的股债利差与高股息策略未来 6 个月超额收益率负相关

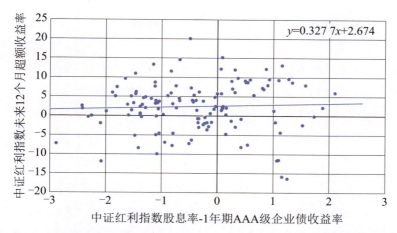

图 7-25　中证红利指数股息率体现的股债利差与高股息策略未来 12 个月超额收益率负相关

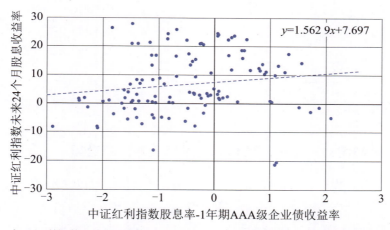

图 7-26　中证红利指数股息率体现的股债利差与高股息策略未来 24 个月超额收益率正相关

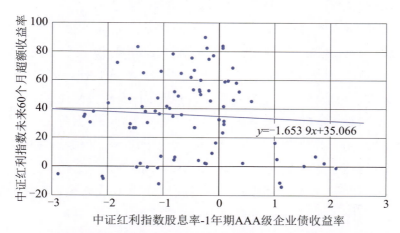

图 7-27　中证红利指数股息率体现的股债利差与高股息策略未来 60 个月超额收益率负相关

小结：建仓时中证红利指数股息率体现的股债利差越大，高股息策略的收益率越高，但高股息策略的股息收益、超额收益均与股债利差关系不明显。如表 7-2 所示，我们按买入时点的中证红利指数股息率与 1 年期 AAA 级企业债收益率之差分组，并计算每组中未来 6 个月、12 个月、24 个月、60 个月的高股息率回报。高股息率策略的收益率（中证红利指数的收益率）随建仓时的股债利差增加而增加，但高股息策略的股息收益率、超额收益率与股债利差关系不显著。

表 7-2　股债利差处于不同区间时高股息策略收益率

股债利差	高股息策略收益率				高股息策略股息收益率				高股息策略超额收益率			
	6个月	12个月	24个月	60个月	6个月	12个月	24个月	60个月	6个月	12个月	24个月	60个月
小于 −1.3	−10.42	−5.7	5.12	94.45	1.31	2.83	6.28	15.79	0.43	1.96	3.4	30.02
−1.3~−0.7	2.17	4.73	10.81	103.05	1.66	2.9	6.24	16.6	1.24	2.25	5.52	33.02
−0.7~0	4.85	11.9	32.68	159.74	1.81	3.3	6.55	17.37	1.61	2.21	8.56	47.86
0~0.6	19.52	28.24	31.1	147.94	0.85	3.34	6.3	17.61	2.27	4.29	14.07	49.23
0.6 以上	17.81	34.91	38.86	94.23	1.91	2.9	5.58	13.5	−0.87	2.19	4.81	1.04

数据来源：Wind

三、股市波动率与经济周期对高股息策略影响有限

前文中我们发现，高股息策略的表现取决于建仓时的 PB 水平及股债利差，即在低 PB、高股债利差时，高股息策略表现较好。那么该结论是否受到股市波动率环境、宏观经济周期影响呢？

1. 股市波动率对 PB、股债利差与高股息策略关系影响有限

本小节我们研究建仓时股市近 1 年的波动率是否影响 PB、股债利差与高股息策略未来表现的关系。我们发现，在不同的波动率环境下，PB 越低，高股息率策略表现越好，股债利差越高，高股息策略表现越好的结论均成立。

在不同波动率情形下，PB 和高股息策略表现的负相关性均存在，但波动率越低，PB 对高股息策略表现的影响越显著（见表 7-3）。根据前文，建仓时中证红利指数 PB 越低，高股息策略的收益率、股息收益率、超额收益率越高。我们按照建仓时 Wind 全 A 指数近 1 年的波动率将市场状况分为 5 组，发现在不同波动率情形下，建仓时中证红利指数 PB 与高股息率策略表现的负相关性都存在，但波动率较低时，PB 对高股息策略收益率的影响更明显。

表 7-3 不同波动率情形下，基于 PB 的股息率策略表现稳健

波动率	PB 与高股息策略收益率（斜率）				PB 与高股息策略股息收益率（斜率）				PB 与高股息策略超额收益率（斜率）			
	6个月	12个月	24个月	60个月	6个月	12个月	24个月	60个月	6个月	12个月	24个月	60个月
小于 17%	-66.22	-100.65	-90.22	-79.94	-1.12	-0.13	0.51	-1.09	6.77	-6.50	-21.69	-26.23
17%~19%	-52.65	-120.36	-99.68	-91.81	-1.37	-1.28	0.40	-1.29	-3.60	-2.15	-28.19	-47.13
19%~23%	-16.49	-40.62	-124.45	-100.24	0.02	-1.92	-1.43	-1.79	3.11	7.30	-14.45	-43.91
23%~38%	-7.61	-13.21	-16.09	-109.11	-0.04	-0.69	-1.51	-1.34	-1.27	-5.89	-6.79	-31.06
38% 以上	-11.96	-17.95	-25.27	-55.26	-0.8	-1.02	-1.63	0.66	-2.28	-7.75	-9.12	2.70

数据来源：Wind

在不同波动率情形下，股债利差和高股息策略表现的正相关性均存在（见表 7-4）。根据前文，股债利差越高，高股息策略的收益率越高。在不同波动率情形下，建仓时中证红利指数股息率体现的股债利差与高股息率策略表现的正相关性都存在，甚至在大多数波动率情形下，股债利差与高股息率策略的股息收益率、超额收益率存在正相关性。

表 7-4 不同波动率情形下，基于股债利差的股息率策略表现稳健

波动率	股债利差与高股息策略收益率（斜率）				股债利差与高股息策略股息收益率（斜率）				股债利差与高股息策略超额收益率（斜率）			
	6个月	12个月	24个月	60个月	6个月	12个月	24个月	60个月	6个月	12个月	24个月	60个月
小于 17%	23.53	30.50	31.66	18.51	-0.13	-0.20	-0.67	0.32	-0.55	2.37	9.84	5.99
17%~19%	13.17	26.44	24.10	30.54	0.35	0.48	0.16	0.45	1.17	-0.56	4.77	16.2
19%~23%	6.63	3.49	32.59	53.80	0.38	0.61	1.00	1.03	-2.32	-5.55	-1.71	11.46
23%~38%	8.20	14.35	12.27	67.49	0.02	0.26	0.59	0.53	-0.67	4.63	2.61	10.25
38% 以上	17.19	14.83	17.02	16.17	0.48	0.26	0.43	-0.02	1.31	3.07	3.10	1.09

数据来源：Wind

2. 经济周期对 PB、股债利差与高股息策略关系影响有限

本小节我们研究建仓时所处经济周期是否影响 PB、股债利差与高股息策略未来表现的关系。我们发现，在不同经济周期环境下，PB 越低，高股息率策略表现越好、股债利差越高、高股息策略表现越好的结论均成立。

我们根据工业产成品存货增速和工业企业营业收入增速将经济周期分为主动去库存、被动补库存、被动去库存、主动补库存。2008 年以来主动去库存、被动补库存、被动去库存、主动补库存分别占库存周期时长的 51% 和 25%、12% 和 12%（见图 7-28）。我们测算了各种经济周期情形下高股息策略的回报。

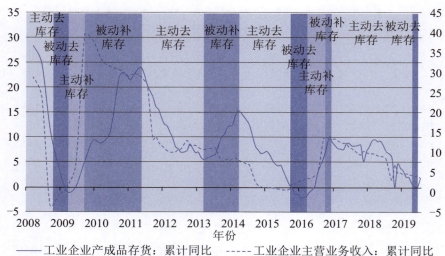

图 7-28 2008 年以来库存周期的划分

资料来源：Wind

在不同经济周期，PB 和高股息策略表现的负相关性均存在（见表 7-5）。我们按照建仓时所处的经济周期将样本分组，发现在不同经济周期情形下，建仓时中证红利指数 PB 与高股息率策略表现的负相关性几乎都存在，且在不同持股周期及收益率计算方法（收益率、股息收益率、超额收益率）下表现均较稳健。由于主动补库存和被动去库存的样本数量相对较少，其结果存在一定不稳定性。

表 7-5 在不同库存周期，基于 PB 的股息率策略表现基本稳健

库存周期	PB 与高股息策略收益率（斜率）				PB 与高股息策略股息收益率（斜率）				PB 与高股息策略超额收益率（斜率）			
	6个月	12个月	24个月	60个月	6个月	12个月	24个月	60个月	6个月	12个月	24个月	60个月
主动去库存	-31.98	-12.45	-54.59	-88.52	-0.67	-1.83	-2.35	-3.65	0.54	0.14	-22.95	-39.00
被动去库存	3.58	-11.82	-16.02	-49.16	-1.12	-1.10	-1.74	1.53	-0.30	-6.76	-8.44	-2.83
主动补库存	-10.49	-15.27	-14.21	-3.63	-0.11	-0.71	-1.46	-2.00	-4.78	-7.54	-7.31	-8.65
被动补库存	-21.37	-54.16	-66.36	-83.36	-0.71	-1.23	-1.27	-2.05	-2.06	-4.63	-14.9	-46.36

数据来源：Wind

在不同经济周期，股债利差和高股息策略表现的正相关性均存在（见表 7-6）。我们按照建仓时所处的经济周期将样本分组，发现在不同经济周期情形下，建仓时中证红利指数股息率体现的股债利差与高股息率策略表现的正相关性都存在。同样，由于主动补库存和被动去库存的样本数量相对较少，其结果存在一定的不稳定性。

表 7-6 在不同库存周期，基于股债利差的股息率策略表现较稳健

库存周期	股债利差与高股息策略收益率（斜率）				股债利差与高股息策略股息收益率（斜率）				股债利差与高股息策略超额收益率（斜率）			
	6个月	12个月	24个月	60个月	6个月	12个月	24个月	60个月	6个月	12个月	24个月	60个月
主动去库存	10.64	16.87	21.97	8.04	0.03	0.10	-0.47	-0.25	-1.5	-2.01	1.61	-2.20
被动去库存	15.57	26.99	24.55	22.94	0.82	0.11	0.11	-0.76	0.61	2.15	1.58	1.03
主动补库存	8.03	12.38	13.61	21.01	-0.13	0.58	1.06	0.61	3.55	6.97	5.53	2.21
被动补库存	15.28	22.14	10.91	38.90	0.17	0.10	-0.01	0.62	-0.57	1.66	3.08	6.90

数据来源：Wind

四、结论：基于 PB 和股债利差的高股息策略效果较好

本节我们试图回答 3 个问题：①高股息策略长期是否有持续的超额收益？②对高股息策略进行择时，可以采用哪些观察指标？③择时策略在不同的市场环境和经济环境下表现是否稳健？我们的研究发现：

（1）高股息策略长期看无超额收益。我们以中证红利指数的表现衡量高股息策略的回报。2008 年 6 月至 2020 年 2 月，中证红利全收益指数下跌 6.9%，中证 800 全收益指数下跌 7.3%，走势上看二者表现同步性也较强，因此高股息率策略长期看并没有明显超额收益。

（2）PB 和股债利差是高股息策略有效的择时指标。PB 方面，建仓时中证红利指数 PB 越低，高股息策略的表现越好，且持有期中证红利指数收益率、股息收益率、超额收益率均与建仓时 PB 负相关，结论在持有期为 6 个月、12 个月、24 个月和 60 个月的情况下均稳健。股债利差方面，建仓时中证红利指数股息率体现的股债利差越大，高股息策略的收益率越高，但高股息策略的股息收益、超额收益均与股债利差关系不明显。

（3）PB、股债利差与高股息策略关系在不同的股市波动性、经济周期环境下稳健性较高。不同波动率情形下，PB 和高股息策略表现的负相关性均存在，但波动率越低，PB 对高股息策略表现的影响越显著，且在不同波动率情形下，股债利差和高股息策略表现的正相关性均存在。在不同库存周期下，PB 和高股息策略表现的负相关性均存在，且股债利差和高股息策略表现的正相关性均存在。

（4）当前中证红利指数 PB 处于历史低位，股债利差处于历史高位，高股息策略具有较高的吸引力。截至 2020 年 3 月 11 日，中证红利指数 PB 为 0.93 倍，为历史上 1.6% 分位（2010 年以来）。中证红利指数股息率（近 12 个月）与 1 年

期 AAA 级企业债利差为 1.99%，为历史上 99% 分位。根据本节研究结论，高股息策略具有较高的吸引力。

第二节 基于 ESG 评价体系的策略

随着全球对可持续发展的重视程度不断提升，ESG（Environmental，Social，Governance，环境、社会、公司治理）评价体系逐渐成为投资决策中不可或缺的考量因素。ESG 投资不仅关注企业的即时财务表现，更着眼于其长期的可持续性和对社会的正面影响。这种投资策略的兴起，反映了资本市场对于企业在社会责任和环境保护方面角色的重新评估。同时 ESG 的公司治理评价部分也是对分红持续性和股息潜力评估的重要依据，因此理解和掌握 ESG 分析方法对高股息投资者而言，至关重要。

本节将详细探讨 ESG 理念如何被纳入投资体系，分析其对投资决策的影响，以及如何在实践中应用 ESG 评价体系来优化投资组合。通过这一节，我们将为读者展示 ESG 评价体系在推动投资策略发展中的关键作用。

一、ESG 的理念：将外部性问题纳入投资体系

随着 A 股机构投资者、外资占比提升，ESG 投资越来越多地得到投资者关注。根据联合国负责任投资原则（UNPRI）的定义（见图 7-29），ESG 涵盖环境、社会、公司治理三个维度，综合评估企业在促进经济可持续发展、履行社会责任及实现公司高效治理方面做出的贡献。

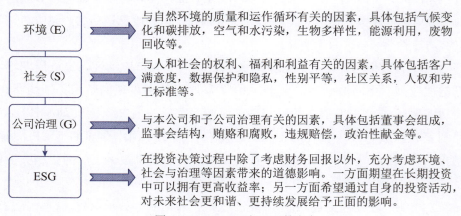

图 7-29 UNPRI 对 ESG 的定义

ESG 投资关注企业的外部性问题。传统投资通常采用财务状况、盈利水平、

估值水平等指标衡量上市公司的投资价值，与此不同的是，ESG 投资主要关注企业发展中产生的外部性问题（环境外部性、社会外部性及公司治理的公共性问题），考量企业发展的可持续性及道德影响，并基于此预判企业未来绩效。ESG 的投资流程为国际组织及专业机构发布 ESG 披露准则—上市公司披露 ESG 信息—ESG 评级机构进行 ESG 评级及指数发布—投资机构制定 ESG 投资策略（见图 7-30）。

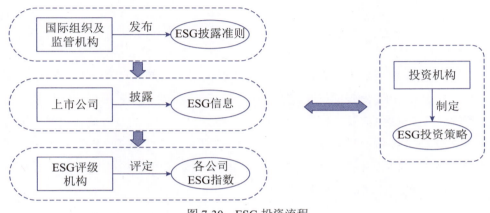

图 7-30　ESG 投资流程

二、ESG 的发展：海外已具规模，国内尚不成熟

海外 ESG 投资兴起较早。从 18 世纪开始，ESG 投资的形态由最初的宗教信仰者的伦理道德投资逐渐过渡到社会责任投资，最终演化为 ESG 投资。各国为对企业经营行为实施有效监管，配套了完善的法律法规体系，采取 ESG 信息强制披露要求，即"不遵守即解释"的原则，例如欧盟的《污染物排放和转移登记制度议定书》、法国的《新环保法》等，这一系列措施推动了 ESG 评价体系建设。

全球 ESG 投资规模已超过 30 万亿美元（见表 7-7），且仍快速增长。截至 2019 年 8 月，全球已有来自 50 多个国家、超过 2000 家投资机构签署了 UNPRI，其中包括 380 多家资产所有者（如主权基金、养老金、保险机构等），其资产管理规模超过 80 万亿美元。全球可持续投资联盟（GSIA）2018 年的趋势报告数据显示，截至 2018 年，全球共有 30.7 万亿美元资产按照可持续投资策略进行管理，比 2016 年增长了 34%，约占全球资产管理总量的 33%。分地区来看，全球 ESG 投资呈现极度不平衡的状态，欧洲与美国占据了绝对主导地位，其中欧美两地的可持续发展投资规模占全球的 85% 以上，UNPRI 签署机构则达到 1749 家，约占全球的 74%。

表 7-7　海外主要地区可持续投资资产（单位：10 亿美元）

地　　区	2016 年	2017 年
欧洲	12 040	14 075
美国	8723	11 995
日本	474	2180
加拿大	1086	1699
澳洲	516	734
总计	22 838	30 683

数据来源：UNPRI

海外 ESG 评级机构较多，评价体系发展也较为成熟（见表 7-8）。ESG 评级一般是基于 UNPRI 提出的 ESG 核心释意构建基本框架，同时根据评级机构的自身理解诠释 ESG 价值观，参照主流的 ESG 披露机制进行细节设计，最终形成各有特色的 ESG 评价。当前国际上主流的 ESG 评价体系主要有 MSCIESG 评价体系、汤森路透 ESG 评价体系、FTSEESG 评价体系、高盛 ESG 评价体系及标普道琼斯 &SAMESG 评价体系等。

表 7-8　MSCI ESG 评价体系指标明细

核心	主　　题	关键评价指标
环境	气候变化	碳排放、融资环境因素、单位产品碳排放、气候变化的脆弱性
	自然资源	水资源稀缺、稀有金属采购、生物多样性和土地利用
	污染和消耗	有毒物质排放和消耗、电力资源消耗、包装材料消耗
	环境治理机遇	提高清洁技术的可能性、发掘可再生能源的可能性、建造更环保的建筑的可能性
社会	人力资本	人力资源管理、人力资源发展、员工健康与安全、供应链劳动力标准
	产品责任	产品安全和质量、隐私和数据安全、化学物质安全性、尽职调查、金融产品安全性、健康和人口增长风险
	利益相关者反对意见	有争议的物资采购
	社会机遇	社会沟通的途径、医疗保健的途径、融资途径、员工医疗保健的机会
内部治理	公司治理	董事会、股东、工资和鼓励及福利等、会计与审计
	公司行为	商业道德、腐败和不稳定性、反竞争行为、金融系统不稳定性、纳税透明度

数据来源：MSCI

与海外相比，国内 ESG 投资体系建设与投资策略搭建并不成熟。海外 ESG 投资是由投资需求推动、国际组织与监管机构主导的，内部驱动力较强，发展也较为迅速。与此不同的是，国内 ESG 信息披露主要源于政府层面引导（见表 7-9）：在经济粗犷式发展、生态环境恶化背景下，政府监管部门愈发重视，自上而下引导企业披露环境与社会责任信息。因此，各企业披露 ESG 信息的主观意愿不强，披露的质量也无法得到保障，所得信息难以进行量化处理。

表 7-9　国内 ESG 信息披露政策

时间	机构	文件	主要内容
2002.01	证监会	《上市公司治理准则》	对上市公司治理信息的披露范围作出了明确规定
2006.09	深交所	《上市公司社会责任索引》	要求上市公司积极履行社会责任，定期评估公司社会责任的履行情况，自愿披露企业社会责任报告
2007.04	国家环保局	《环境信息公开办法（试行）》	鼓励企业自愿通过媒体、互联网或企业年度环境报告的方式公开相关环境信息
2007.12	国资委	《关于中央企业履行社会责任的指导意见》	将建立社会责任报告制度纳入中央企业履行社会责任的主要内容
2008.02	国家环保局	《关于加强上市公司环境保护监督管理工作的指导意见》	环保总局与中国证监会建立和完善上市公司环境监管的协调与信息通报机制，促进上市公司特别是重污染行业的上市公司真实、准确、完整、及时地披露相关环境信息
2008.05	上交所	《上海证券交易所上市公司环境信息披露指南》	倡导上市公司积极承担社会责任，充分关注包括公司员工、债权人、客户、消费者及社区等利益相关者的共同利益
2008.12	上交所	《〈公司履行社会责任的报告〉编制指引》	明确上市公司应披露的在促进环境及生态可持续发展方面的工作
2010.09	生态环境部	《上市公司环境信息披露指南（征求意见稿）》	规范上市公司环境信息披露行为，要求上市公司积极履行保护环境的社会责任，应当准确、及时、完整地向公众披露环境信息
2015.02	深交所	《上市公司规范运作指引》	规定上市公司出现重大环境污染问题时，应及时披露环境污染产生的原因、对公司业绩的影响、环境污染的影响情况、公司拟采取的整改措施等
2016.09	人民银行等七部委	《关于构建绿色金融体系的指导意见》	计划分步骤建立强制性上市公司披露环境信息制度
2017.12	证监会	第 17 号公告和第 18 号公告	鼓励公司结合行业特点，主动披露积极履行社会责任的工作情况；属于环境保护部门公布的重点排污单位的公司或其重要子公司，应当根据法律、法规及部门规章的规定披露主要环境信息

续表

时间	机构	文件	主要内容
2018.09	证监会	《上市公司治理准则》修订	增加了利益相关者、环境保护与社会责任章节，规定了上市公司应当依照法律法规和有关部门要求ESG信息
2019.03	上交所	《上海证券交易所科创板股票上市规则》等10份配套规则与指引	明确科创板上市和监管要求，要求上市公司应当在年度报告中披露履行社会责任的情况，并视情况编制和披露社会责任报告、可持续发展报告、环境责任报告等文件

国内ESG信息披露相关投资取得了长足的进步，未来发展前景广阔。证监会、上交所、深交所、国家环保局及生态环境部等各部门逐步完善上市公司社会责任报告的披露准则，ESG信息披露取得明显进展。截至2020年6月，共有961家上市公司发布了2019年企业社会责任报告，同比增长了12.9%。与此同时，投资者也将ESG纳入投资体系。2019年中国责任投资报告显示，投资资金超过600万元以上的个人投资者中，有40%左右会在投资时考虑ESG因素；截至2019年年底，A股共有43只泛ESG指数，国内共有95只泛ESG公募基金，其中股票及混合型公募基金整体规模达到485亿美元。虽然当前泛ESG基金只占国内基金总规模的2%，但养老金入市及MSCI（摩根士丹利资本国际公司）提高A股纳入因子将促进监管部门推进ESG信息披露政策，并强化ESG投资倾向，国内ESG投资面临巨大的发展空间和广阔的发展前景。

在监管部门引导、行业协会推动下，各机构也加大对国内ESG投资的重视程度。Wind在公布商道融绿、社投盟和OWLESG指数的基础上，相继又与华证指数、FTSEESG评价体系合作；新浪财经在2019年8月推出ESG频道，随后与中财大绿金院、商道融绿、社投盟和OWL达成合作；华夏银行通过开展策略研究、构建ESG数据库、发行主题理财产品及举办主题活动等多种方式推进ESG理念，ESG主题系列理财产品已累计募集资金超过100亿元。同时，发布企业社会责任报告的企业数量逐年增长（见图7-31）。

当前A股市场上广泛应用的ESG评级体系由第三方评级机构提供。较有代表性的包括商道融绿ESG评价体系、社投盟ESG评价体系、华政指数ESG评价体系、和讯CSR评价体系、商道纵横MQIESG评价体系等，这些评价体系是在借鉴海外成熟的ESG评价体系框架的基础上，根据国内上市公司的信息披露情况及政府和媒体信息等数据源进行设计的。

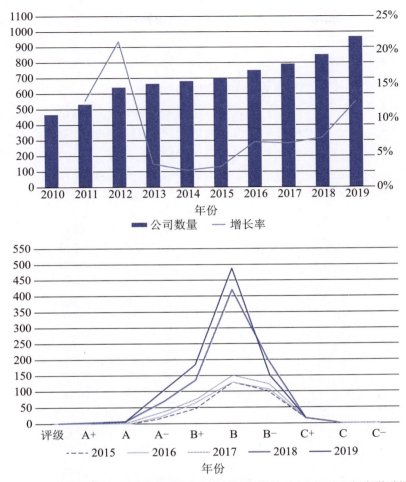

图 7-31　发布企业社会责任报告的企业数量逐年增长（上），2019 年商道融绿 ESG 评分分布以 B 级居多（下）

资料来源：Wind

同海外相比，国内的 ESG 相关建设还存在以下问题：

（1）缺乏披露的统一框架，企业的披露意愿和标准化程度不够。由于企业缺乏 ESG 信息披露的统一框架和健全的指标体系，目前国内上市公司已披露的 ESG 报告信息价值较低，例如本报告自行构建的 ESG 指数就因为数据缺失问题剔除了一些优质公司，导致最后正向投资策略的收益并不符合预期。

（2）缺乏有说服力的指标体系和评价标准。首先，MSCI 和汤森路透 ESG 评价体系都有较详细的用户手册介绍其评级体系，基本可以掌握其评级逻辑，而国内很多机构对其评级方法介绍较笼统，甚至只公布评价结果，说服力有限；其次,国内机构在建立评价体系时会参考海外的指标体系和评价方法,但很多指标和方法在国内并不适用,应该根据具体情况进行调整。

(3)评价体系覆盖面较小,时间维度和更新频率也亟待改善。目前商道融绿的 ESG 评价体系覆盖了 800 家公司,而社投盟仅有 300 家,华证指数有 3000 多家,相对较多,但其评级仅从 2018 年开始,无法满足全面的投资要求。

(4)ESG 评价机构和投资机构分离,无法起到有效的正向修正效果。海外的 ESG 评价机构通常也担任 ESG 指数编制与投资的角色,在这一过程中,他们真正了解各自的 ESG 评价体系的底层逻辑、指标框架、权重分配等,并根据投资中的需求和收益不断修正,两者之间起到正向反馈的作用;但国内的评价机构与投资机构通常是厂商与客户的关系,因此评价结果容易偏高(见图 7-32),投资机构仅仅根据评价机构提供的评级结果、辅以其他因子构建投资策略,不利于长远的 ESG 发展。

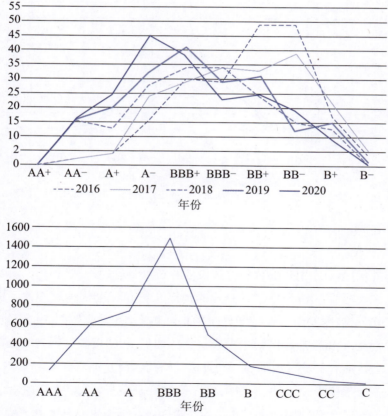

图 7-32 2020 年社投盟 ESG 评级分布中 A- 居多(上),2020 年 4 月华证指数 ESG 评级分布(下)

资料来源:Wind

三、ESG 的实践：负面剔除、正面筛选与指数投资

ESG 投资的应用包括负面剔除、正面筛选、指数投资。最初的 ESG 投资主要采取负面剔除策略，即基于企业行为与 ESG 标准，从投资组合中剔除特定行业或特定公司；随着企业披露的 ESG 信息逐渐增多，投资者会选取行业内 ESG 表现较好的上市公司，将其纳入投资组合当中。现代化 ESG 投资策略则主要使用 ESG 评级指数。

主要的 ESG 投资策略构建方法如下：

（1）因子筛选法：根据 ESG 评级筛选股票池，例如 ESG 评级不低于 C+ 级别，在筛选出的股票池中选择 BM（账面市值比）、ROA 等传统因子进行打分，选取评分靠前的企业进行投资。

（2）因子打分法：将 ESG 评级转化为连续型变量，例如 D 为 0 分，评级每上升一档加 1 分，得到 ESG 评级的连续打分；随后选取传统因子打分，与 ESG 评分采用截面标准化后等权加总的方式，选择综合打分较高的公司构建投资策略组合。

（3）因子加权法：增加 ESG 评级高的公司的权重。具体来讲，A+ 公司的评分为 9 分，C- 公司的评分为 1 分，则构建投资策略组合时 A+ 公司的权重是 C- 公司的 9 倍。

国内外的 ESG 指数及投资策略普遍可以取得较好的回报。目前，中证 ESG 指数等主要 ESG 指数及 ESG 投资策略均采用上述方法进行编制。另外，部分券商自建了 ESG 指数，或采用第三方 ESG 评级进行了投资组合的收益率回测。大多数 ESG 指数和投资策略表现较好，Wind 数据显示，2011 年到 2017 年，海外 ESG 指数投资的累计收益率超过同期道琼斯指数约 20%；相应地，国内也涌现出了众多 ESG 指数基金，以沪深 300ESG 价值指数为例，2017 年以来年化收益率为 5.5%，高于沪深 300 指数的 3.3%。但由于部分国内 ESG 评价体系的样本时间较短，评级覆盖范围集中于大盘股，指标的选取及定性指标的量化方式并不成熟且缺乏透明度，权重的设计和计算方式也存在较大差异，部分 ESG 指数并未取得超额收益，如表 7-10 的部分指数。

表 7-10 以沪深 300 为样本空间的 ESG 指数表现

指数名称	发布时间	编制方式	累计收益	超额收益
中证 ECPIESG80 指数	2019-2-27	从沪深 300 指数空间中选取 ESG 评分在 E+ 以上，过去 6 个月波动率最低的 80 只股票作为成分股，并采用波动率倒数加权	4.60%	-24.69%
中证中财沪深 100ESG 领先指数	2019-6-27	从沪深 300 指数样本股中选取 ESG 评分较好的 100 只股票作为指数样本	21.50%	-2.52%
沪深 300ESG 基准指数	2020-4-30	从沪深 300 指数样本股中剔除中证一级行业内 ESG 分数最低的 20% 的上市公司股票，选取剩余股票作为指数样本股	19.85%	-1.70%
沪深 300ESG 领先指数	2020-4-30	从沪深 300 指数样本股中选取 ESG 分数最高的 100 只上市公司股票作为样本股	18.28%	-3.27%
沪深 300ESG 价值指数	2020-4-30	从沪深 300 指数样本股中选取 ESG 分数较高且估值较低的 100 只上市公司股票作为样本股	15.93%	-5.62%
中证 ESG120 策略指数	2020-4-30	从沪深 300 指数样本股中剔除 ESG 分数较低的上市公司股票，依据估值、股息、质量与市场因子分数计算综合得分，选取综合得分较高的 120 只股票作为指数样本股	20.20%	-1.35%
中证华夏银行 ESG 指数	2020-4-30	从沪深 300 指数样本股中剔除 ESG 分数较低的上市公司股票，依据估值、股息、质量与市场因子分数计算综合得分，选取综合得分较高的代表性股票作为指数样本股	20.31%	-1.24%

注：累计收益是指数发布以来的累计收益，超额收益的基准是同期沪深 300 指数。
资料来源：中证指数、Wind

四、ESG 评价因子的构建：基于 Lasso 回归等方法

本小节旨在构建基于量化分析的 ESG 因子，并用于指数增强等投资实践。当前主流 ESG 评价体系的打分标准和权重设置大多采用定性方式，主观性较强，缺乏统一标准和依据。本书为解决这一问题，初步构建 ESG 评价因子，试图从 ESG 的投资理念中找寻真正能够对企业绩效、企业可持续发展带来贡献的因素，在实现 ESG 的投资价值的同时，充分考虑 A 股公司现阶段的特征，为进一步筛选优质公司带来更多的帮助。

我们以沪深 300 指数成分股为样本，选取 26 个底层指标构建 ESG 评价因子。首先根据环境、社会责任、公司治理三个维度，选取可量化的指标。当前国内 ESG 底层指标数据大多来源于企业社会责任报告，各公司披露的情况参差不齐，数据缺失现象较严重；而沪深 300 指数成分企业的社会责任报告披露质量相对较好，因此，笔者选取沪深 300 指数成分股作为分析样本。另外，由于国内上市公司从 2009 年开始逐步披露环境和社会责任相关数据，因此本报告将数据的起始时间定为 2009 年。在进行数据处理时，笔者剔除了样本缺失较严重的指标，例如股东关联、纳税情况等，同时对其中的缺失值进行填补，例如将未披露社会捐款和违规处罚的公司数值设置为 0。具体指标选取见表 7-11。除 ESG 指标外，本节还将市盈率、市净率等传统财务指标纳入分析框架。

表 7-11 ESG 评价因子的底层指标明细

环境指标	环保支出		国有股占比
	是否参照 GRI		违规处罚（数量）
	是否披露环境和可持续发展		是否披露股东权益保护
公司治理指标	内部控制审计	社会指标	是否披露债权人权益保护
	高管持股占比		是否披露职工权益保护
	财务审计		是否披露供应商权益保护
	流动比率		是否披露客户及消费者权益保护
	速动比率		是否披露公共关系和社会公众事业
	股息率		是否披露社会责任制度建设及改善措施
	股东数量		是否披露安全生产内容
	董事长是否兼任总经理		是否披露公司存在的不足
	前三董事、监事、高管的工资		员工数量
	是否经过第三方机构审验		社会捐赠

本书使用回归方法确定底层指标的权重。我们采用当年 5 月 1 日到次年 4 月 30 日的股票收益率对期初 ESG 底层指标进行回归，回归后得出各公司的底层指标系数，并以此权重与下一年数据进行拟合，得到下一年换仓所需的 ESG 评价因子。例如，使用 2010 年和 2011 年的 5 月 1 日到次年 4 月 30 日的股票收益率，对 2009 年和 2010 年的底层指标进行回归，以回归结果作为指标权重，与 2011 年底层指标数据进行拟合后，构建 2012 年 5 月首个交易日换仓所需的 ESG 评价因子。这种方法根据沪深 300 公司数据之间的内部关系构建 ESG 评价因子，更具客观性且保留了 A 股市场股票的特性。

为了防止单一模型结果的偶然性，我们采取多种计量方法构建 ESG 评价因子。本文使用的方法包括个体固定效应模型及双向固定效应模型、Lasso 回归法、主成分分析法。个体固定效应模型是指在进行回归分析时控制个体效应，可以衡量模型中随个体变化但不随时间变化的因素；双向固定效应模型同时控制个体效应和时间效应，可以衡量模型中的个体和时间差异，剔除年份差异引起的模型变动；Lasso 回归法是一种采用了 L1 正则化的线性回归方法，它以缩小变量集（降阶）为中心思想，通过构造一个惩罚函数，可以将变量的系数进行压缩并使某些变量的回归系数变为 0，防止发生过拟合的问题；主成分分析法则通过研究各指标相关矩阵内部的依赖关系，从信息重叠、具有错综复杂关系的变量群中提取共性因子。

从 ESG 评价因子与未来股票收益率相关性角度来看，主成分分析法和 Lasso 回归所得出的 ESG 评价因子明显优于其他两种方法。我们使用每年的股票收益率对期初 ESG 评价因子进行回归，检验 ESG 评价因子与未来股票收益率是否存在相关性，结果如表 7-12 所示。从各年度显著性来看，根据主成分分析法所得出的 ESG 评价因子与股票收益率更加显著，其次是 Lasso 回归；从总体显著性来看，主成分分析法所得出的 ESG 评价因子与股票收益率均在 1% 显著性水平上正相关，其他模型结果不显著；从相关性系数方向来看，个体固定效应模型和双向固定效应模型的结果并不稳定，某些年份的 ESG 因子与股价收益率显著负相关。

表 7-12　未来股票收益率与 ESG 评价因子相关性较高

年份	Lasso	个体固定效应	双向固定效应	主成分分析
2011	0.101	—	—	0.013*
2012	0.383	−0.008	−0.029	0.027
2013	1.138***	0.06	0.007	0.058***
2014	2.208	1.555**	1.826***	0.016
2015	0.063	−0.039*	−0.052	0.055***
2016	0.204	−0.001***	−0.001***	0.001
2017	1.918***	−0.024	−0.014	0.052***
2018	0.960***	0.206**	0.339*	0.035***
2019	1.507***	−0.285***	−0.524***	0.062***
总体	0.169	−0.000 4	−0.000 4	0.026***

注：***、**、* 表示在 1%、5%、10% 水平显著。
资料来源：Wind

根据主成分分析法和 Lasso 回归得到的 ESG 评价因子构建的投资组合具有显著超额收益。我们每年 4 月末对根据主成分分析法和 Lasso 回归所得到的 ESG

评价因子排序，并将公司等分为 5 组，计算等权加总的股票收益率，并以等权加总的沪深 300 股票收益率为基准计算超额收益。由图 7-33 可知，2010—2019 年间，由主成分分析法构建的评分最高的投资组合的年均超额收益率达到 18.6% 左右，评分最低的组合的年均超额收益率为 -4% 左右；由 Lasso 回归构建的评分最高的投资组合的年均超额收益率达到 12% 左右，评分最低的组合的年均超额收益率为 -2.2% 左右。这说明基于本文构建的 ESG 评价因子的投资策略具有稳定的超额收益，且 ESG 评价因子可以用来进行风险预警。

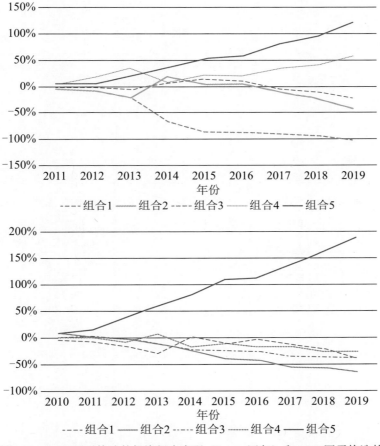

图 7-33 ESG 因子构造的投资组合表现（Lasso 回归）和 ESG 因子构造的投资组合表现（主成分分析）

资料来源：Wind

基于 ESG 评价因子的投资策略在 2017—2019 年表现较好。我们将各投资策略 2016 年以来的累计收益率单独列出，如图 7-34 所示。与图 7-33 相比，ESG

评价因子由高到低的组合间呈现出更明显的收益率单调变化。这与2016年以后用作回归的样本量较为充足，且刨除了2015年A股的异动情况，表明ESG评价因子近3年表现较好。

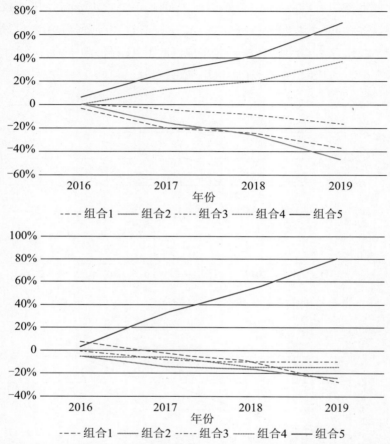

图 7-34　2016年以来ESG因子组合表现（Lasso回归）和2016年以来ESG因子组合表现（主成分分析）

资料来源：Wind

信息系数（IC）和信息比率（IR）指标显示，Lasso回归和主成分分析得到的ESG评价因子均表现出较高的因子显著性。我们基于IC和IR对ESG因子的显著性进行评价。首先，我们对ESG评价因子和下一年股票收益率进行行业中性化和Barra十大风格因子中性化处理，分别得到经行业和风格调整后的ESG评价因子和下一年收益率。其次，我们分别采用皮尔逊相关系数（Normal IC）和斯皮尔曼相关系数（Rank IC）检验ESG因子与未来收益率之间的相关程度，并基于此计算 ESG 因子的信息比率。结果如表 7-13 所示,Lasso 回归计算得到的 ESG 因子的 Normal IC 为 0.066,Rank IC 为 0.083,Normal IR 为 0.729,Rank IR 为 0.940;主成分分析计算得到的 ESG 因子 Normal IC 为 0.060,Rank IC 为 0.084,Normal IR 为 0.952,Rank IR 为 1.224。两种算法得到的 ESG 因子均表现出了较高的显著性。

表 7-13　ESG 因子的信息系数和信息比率均较高

ESG	Normal IC	Rank IC	Normal IR	Rank IR
Lasso 回归	0.066	0.083	0.729	0.940
主成分分析	0.060	0.084	0.952	1.224

资料来源:CSMAR、聚宽

五、ESG 评价因子的应用:指数增强效果良好

我们依据 ESG 评价因子,以分层抽样的方法来构建沪深 300 指数的增强策略,检验 ESG 评价因子的应用效果。在分层抽样策略中,我们尽可能使策略组合在市值和行业两个维度上的暴露与沪深 300 指数保持一致。具体做法为将沪深 300 指数的成分股根据申万一级行业和市值大小划分为(行业数量 × 市值划分组数)个子集,随后在每个子集中选择预期收益最高的股票作为下一期的持仓,并根据(股票所处行业 × 市值子集)的市值占沪深 300 指数成分股总市值的比重作为该股票的持仓权重。我们以 2012 年 5 月 1 日—2020 年 4 月 30 日作为回测时间段,根据每年 4 月 30 日计算得到的加权因子值作为个股的预期收益,根据该预期收益大小和分层抽样策略选取当年 5 月 1 日至次年 4 月 30 日的投资组合,每年换仓一次,不考虑换仓成本。

从回测结果上看,基于 ESG 评价因子的策略能够有效地提升指数增强的效果,在绝大多数年份能够获得超额收益。为了得到更直观的策略表现,我们分别将单个 ESG 评价因子值、Barra 风格因子等权值、风格因子 +ESG 因子等权值三类不同的加权因子值作为个股的预期收益,并根据该值大小构建了三个不同的指数增强组合。

1)图 7-35 和图 7-36 显示基于 ESG 评价因子(Lasso 回归)的指数增强策略效果良好。根据三种选股策略构建的指数增强组合在收益表现上均优于沪深 300 指数。横向比较时,根据单个 ESG 评价因子值进行分层选股的投资组合表现明显优于其余两种,2012—2020 年累计收益约 110%(沪深 300 指数同期收益率约 40%)。在风格因子的基础上加入 ESG 评价因子的指数增强组合与不加入

ESG 评价因子的组合差别不大，加入 ESG 评价因子仅在个别年份表现占优。

图 7-35 基于 ESG 评价因子（Lasso 回归）构建的指数增强策略（日净值）

图 7-36 基于 ESG 评价因子（Lasso 回归）构建的指数增强策略（日累计超额收益）

2）图 7-37 和图 7-38 显示基于 ESG 评价因子（主成分分析）的指数增强策略效果良好。与 ESG 评价因子（Lasso 回归）的回测结果类似，根据三种选股策略构建的指数增强组合在收益表现上均优于沪深 300 指数。横向比较时，根据单个 ESG 评价因子值进行分层抽样的投资组合表现明显优于其余两种，累计收益约 95%。在风格因子的基础上加入 ESG 评价因子的指数增强组合，在大部分年份表现明显优于不加入 ESG 评价因子的组合。

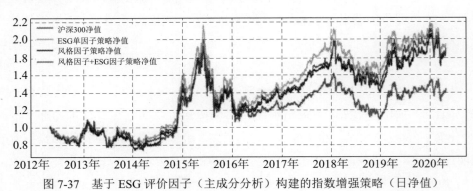

图 7-37 基于 ESG 评价因子（主成分分析）构建的指数增强策略（日净值）

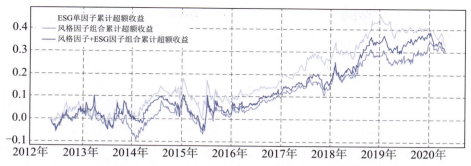

图 7-38 基于 ESG 评价因子（主成分分析）构建的指数增强策略（日累计超额收益）

我们对基于 ESG 评价因子的指数增强组合进行了收益归因。通过对结构化风险模型进行分解，我们可以将投资组合的预期收益分为行业因子、风格因子、ESG 因子和特质因子的线性表达式：

$$R_p = \sum_{i=1}^{N} w_i \cdot \left(\sum_{k=1}^{K} X_{ik} f_k + u_i \right)$$

式中，R_p 为组合的收益率，w_i 为个股 i 在组合中的权重，X_{ik} 为个股 i 在因子 k 上的暴露，f_k 为因子 k 的因子收益（包含行业因子），u_i 为个股的特质收益。在上述方程中，若因子暴露是在时刻 t，则组合收益率、因子收益率和特质因子收益率对应（$t+1$）期。

因子的收益归因可以表示为当期组合在因子上相对于基准的主动暴露与当期因子收益率的乘积。具体地，在第 t 期，组合 m 在因子 k 上的敞口暴露可以表示为：

$$\left(w_m^T - w_{bench}^T \right) X_k$$

式中，对于基准组合的权重 w_{bench}^T，我们依旧选择沪深 300 指数成分股权重作为基准权重，并将非成分股的权重设置为 0。

随后，将因子 k 相对于基准的主动暴露（因子敞口）与因子 k 的因子收益相乘，得到：

$$\left(w_m^T - w_{bench}^T \right) X_k f_k$$

即为第 t 期因子 k 的因子收益贡献。

因子归因分析显示，ESG 评价因子能够给组合带来较大的正向收益，并且加入 ESG 评价因子，降低了组合在动量因子、流动性因子的暴露。我们对基于 ESG 评价因子的指数增强策略进行收益归因，考察将单个 ESG 评价因子值、风格因子等权值、风格因子 +ESG 评价因子等权值三类不同的加权因子值作为个股的预期收益构建指数增强组合的因子敞口和收益归因，结果如图 7-39、图 7-40、图 7-41、图 7-42 所示（仅展示风格因子和 ESG 评价因子）。从因子敞口上看，将单个 ESG 评价因子值、风格因子+ESG 评价因子等权值作为选股依据的组合在 ESG 评价因子上的暴露均为正向暴露，并且明显高于将风格因子等权值作为选股依据的组合。在风格因子的基础上加入 ESG 评价因子后，组合在动量因子、流动性因子上的暴露明显减小。从因子收益上看，ESG 评价因子能够给策略带来较大的正向收益，其对收益的贡献甚至大于部分风格因子，如成长因子、杠杆因子等，表明 ESG 评价因子能够在选股上发挥一定作用。

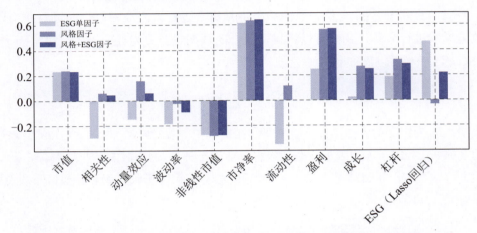

图 7-39　基于 ESG 评价因子（Lasso 回归）构建的指数增强策略（因子敞口）

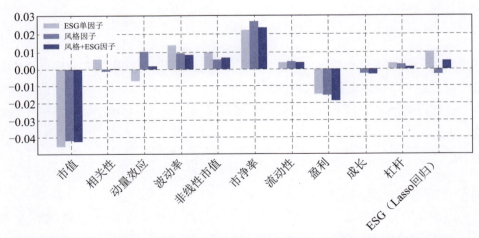

图 7-40　基于 ESG 评价因子（Lasso 回归）构建的指数增强策略（收益归因）

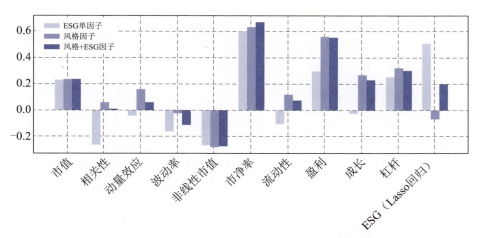

图 7-41 基于 ESG 评价因子（主成分分析）构建的指数增强策略（因子敞口）

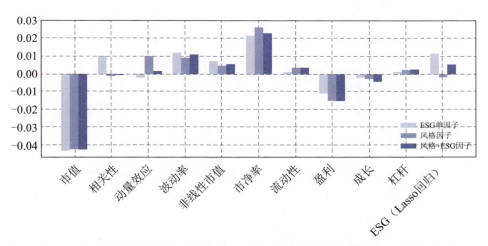

图 7-42 基于 ESG 评价因子（主成分分析）构建的指数增强策略（收益归因）

第三节 基于盈利质量的选股策略

在股票市场中，盈利质量是评估公司内在价值和未来增长潜力的关键指标。与短期利润相比，盈利质量的高低更能反映企业经营活动的持续性和稳健性。对于高股息投资者而言，盈利质量也是衡量公司未来现金创造能力和股息增长潜力的核心要素。本节将从盈利质量的角度出发，探讨其对股票收益率的预测作用，并筛选出盈利质量较高的行业和盈利质量改善的细分行业，为投资者提供把握结构性机会的依据。

通过实证研究，我们将展示盈利质量如何显著影响公司未来的股票收益率和盈利能力。从应计利润、操纵性应计利润到应收与应付项目差额，这些维度的深入分析将帮助我们识别出具有长期投资价值的优质企业。随着对盈利质量重要性的逐步认识，投资者可以更加科学地构建投资组合，实现稳健的投资回报。

一、盈利质量较高的公司未来收益率较高

如何把握结构性机会？本节我们从盈利质量视角出发，旨在挖掘相关的投资机会。我们首先通过回测总结了盈利质量对未来股票收益率及盈利能力的预测作用，结果显示盈利质量与未来的股票收益率及盈利成正比。之后我们筛选盈利质量较好的行业及盈利质量改善的细分行业。

我们使用 2003—2020 年的季度面板数据，通过截面回归模型及分组方法实证检验盈利质量与未来股票收益率的关系，结果显示盈利质量越高的公司，未来的股票收益率越高。

我们从 3 个维度衡量盈利质量：应计利润、操纵性应计利润、应收与应付项目差额。应计利润与操纵性应计利润衡量当期盈利的质量，应收与应付项目差额则从资产负债表角度衡量历史盈利质量的存量。3 个变量我们均除以期末总资产进行标准化。

1）应计利润（ACCRUE）的计算。应计利润（ACCRUE）= 净利润（含少数股东权益）+ 财务费用 - 投资收益 - 经营活动现金净流量。此处我们将盈利分解为现金与应计利润，由于现金的确定性更强、真实性更强，因此应计利润占比越高，盈利质量越低。

2）操纵性应计利润（DA）的计算。权责发生制下部分应计利润是合理的，应计利润可以分为正常应计利润和操纵性应计利润，后者与盈余管理有关，持续性相对较差。根据希利（1985）和迪·安格罗（1986）的理论，操纵性应计利润（DA）= 应计利润（ACCRUE）- 非操纵性应计利润（NDA）。

第一步，参考琼斯（1991），陆建桥（1999），Dechow（2002），科塔里（2005），我们用修正的琼斯模型计算应计利润，分行业进行横截面回归：

$$\frac{ACCRUE}{ASSET} = \beta_0 + \beta_1 \frac{1}{ASSET} + \beta_2 \frac{\Delta REVENUE}{ASSET} + \beta_3 \frac{FIX}{ASSET} + \varepsilon$$

式中，ACCRUE 为应计利润 TTM，ASSET 为期末总资产，ΔREVENUE 为营业收入 TTM 同比增长额，FIX 为固定资产、油气资产与生产性生物资产净额之和，ε 为残差项。

第二步，我们将分行业回归估计的系数代入以下公式，计算非操纵性应计利润。

$$\frac{\text{NDA}}{\text{ASSET}} = \hat{\beta}_0 + \hat{\beta}_1 \frac{1}{\text{ASSET}} + \hat{\beta}_2 \frac{\Delta\text{REVENUE} - \Delta\text{RECIEVE}}{\text{ASSET}} + \hat{\beta}_3 \frac{\text{FIX}}{\text{ASSET}}$$

式中，ΔRECEIVE 为应收账款同比变化额。操纵性应计利润 DA=ACCRUE-NDA。

3）计算应收与应付项目差额 REC。应收与应付项目差额 REC= 应收项目－应付项目。其中，应收项目＝应收票据＋应收账款＋预付款项＋其他应收款＋合同资产，应付项目＝应付票据＋应付账款＋预收账款＋合同负债＋其他应付款。

我们使用 2003—2020 年的季度面板数据，通过截面回归模型及分组方法实证检验盈利质量与未来股票收益率的关系。

构建因子截面回归模型。我们使用全 A 非金融上市公司 2003 年 1 月—2020 年 3 月的数据，以季度为频率做横截面回归。参考 Barra 因子模型（见表 7-14），我们以 t 季度收益率为因变量，截至 $t-1$ 季度末的最近一期季度报告数据及收盘价计算的因子暴露为自变量构建线性回归模型。自变量（因子）包括盈利质量因子（ACCRUE、DA 或 REC）、BETA（贝塔系数）、MOMENTUM（动量效应）、SIZE（规模）、EARNINGYIELD（市盈率的倒数）、VOLATILITY（波动率）、GROWTH（净利润增长率）、VALUE（市净率倒数）、LEVERAGE（负债率）、LIQUIDITY（换手率）。回归包含国家因子（系数为1），以及根据中信一级行业构建的虚拟变量。我们以总市值的平方根为权重，加权最小二乘法估计模型。

表 7-14　截面因子回归的变量定义

因　　子	因 子 定 义
ACCRUE\DA\REC	3 个盈利质量因子，定义如上文所述，回归中除以总资产标准化
BETA	近 1 年的日频个股收益率对沪深 300 指数回归计算的 β 系数
MOMENTUM	近 13 个月—近 1 个月的累计收益率
SIZE	总市值的对数
EARNINGYIELD	净利润 TTM/ 总市值
VOLATILITY	近 1 年的日波动率
GROWTH	近 3 年净利润复合增长率
VALUE	净资产 / 总市值
LEVERAGE	扣除预收账款的资产负债率
LIQUIDITY	近 1 个月的日均换手率 (根据自由流通股本计算)

资料来源：Wind

因子回归结果显示，ACCRUE、DA、REC 均与下季度收益率负相关，表明盈利质量越高，未来收益率越高。ACCRUE 因子系数为 -0.31，t 值为 3.30，在 1% 水平下显著；DA 因子系数为 -0.31，t 值为 4.24，在 1% 水平下显著；REC 因子系数为 -0.15，t 值为 1.26。这表明，在控制其他因子的影响后，这三个因子仍对未来收益率具有解释能力，其中 ACCRUE 和 DA 因子的显著性很高（见表 7-15）。

表 7-15　回归结构显示 ACCRUE、DA 因子具有较高的显著性

变量	回归系数（括号中为 t 值）		
截距项（国家因子）	4.03*（1.48）	4.03（1.48）	4.51（1.57）
ACCRUE	-0.31**（-3.30）		
REC		-0.15（-1.26）	
DA			-0.31*（-4.24）
BETA	0.11（0.58）	0.10（0.53）	0.02（0.11）
MOMENTUM	0.25（1.28）	0.26（1.33）	0.11（0.56）
SIZE	-1.45**（-4.01）	-1.46***（-4.06）	-1.57**（-4.33）
EARNINGYIELD	0.41**（2.60）	0.35**（2.20）	0.36*（2.31）
VOLATILITY	-0.18（-0.97）	-0.19（-0.99）	-0.14（-0.80）
GROWTH	0.09（0.77）	0.02（0.19）	0.08（0.64）
VALUE	0.54*（2.03）	0.55*（2.06）	0.48（1.78）
LEVERAGE	0.15（0.71）	0.12（0.57）	0.11（0.51）
LIOUIDITY	-1.50**（-7.91）	-1.50***（-7.83）	-1.51**（-8.34）

备注：* 为在 10% 水平下显著；** 为在 5% 水平下显著；*** 为在 1% 水平下显著。
资料来源：Wind

从基于盈利质量策略的回测来看，在行业中性条件下，我们检验基于盈利质量的策略的收益率。每个季度末，我们在每个一级行业中，根据最近季度报告计算的盈利质量因子（ACCRUE、DA 或 REC）将上市公司排序并分为 5 组（H、MH、M、ML、L），计算每组公司下季度收益率均值。取每个行业的同一盈利质量水平的组的收益率均值为该盈利质量水平公司的收益率（H 组收益率为各行业 H 组收益率均值），并计算累计收益率。我们以 Wind 全 A 非金融石油石化指数为基准，计算了每一组的累计超额收益率。

回测结果显示，盈利质量策略具有显著的超额收益。

1）基于 ACCRUE 的策略（见图 7-43）：2003—2020 年超额收益率 259%。我们将公司按 ACCRUE 分为 5 组，ACCRUE 越低的组，累计超额收益率越高，

其中 ACCRUE 最低的组 2003 年 1 月—2020 年 3 月的累计超额收益率，高达 259%。以 ACCRUE 最低组-最高组收益率作为多空收益率，则累计多空收益率为 140%。ACCRUE 最高组累计收益率为 1204%，年化 16.1%（同期 Wind 全 A 非金融石油石化指数累计收益率 347%，年化 9.1%）。

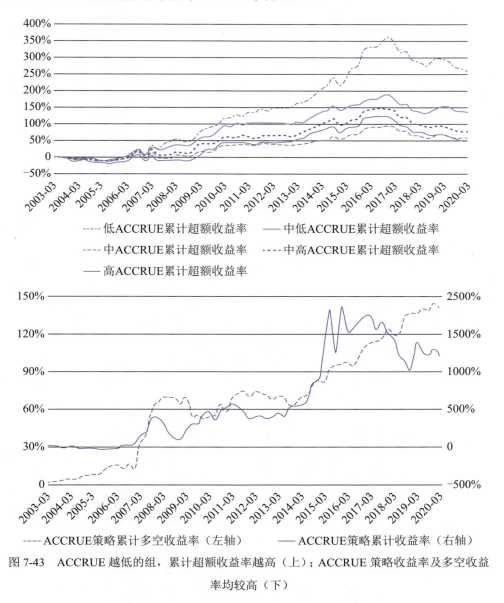

图 7-43　ACCRUE 越低的组，累计超额收益率越高（上）；ACCRUE 策略收益率及多空收益率均较高（下）

2）基于 DA 的策略（见图 7-44）：2004—2020 年超额收益率 287%。我们将公司按 DA 分为 5 组，则 DA 越低的组，累计超额收益率越高，其中 DA 最低的组 2004 年 1 月—2020 年 3 月的累计超额收益率高达 287%。以 DA 最低组 - 最高组收益率作为多空收益率，则累计多空收益率为 117%。DA 最高组累计收益率为 1326%，年化 17.8%。

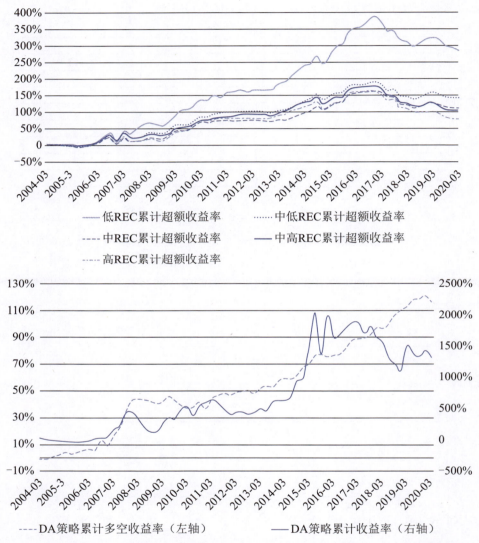

图 7-44 DA 越低的组，累计超额收益率越高（上）；DA 策略收益率及多空收益率较高（下）

3）基于 REC 的策略（见图 7-45）：2003—2020 年超额收益率 295%。我们将公司按 REC 分为 5 组，则 REC 越低的组，累计超额收益率越高，其中 REC 最低的组 2003 年 1 月—2020 年 3 月的累计超额收益率高达 295%。以 REC 最低组 - 最高组收益率作为多空收益率，则累计多空收益率为 111%。REC 最高组累计收益率为 1400%，年化 17.0%。

图 7-45　REC 越低的组，累计超额收益率越高（上）；REC 策略收益率及多空收益率均较高（下）

二、盈利质量较高的公司未来盈利能力提升

我们使用 2003—2020 年的截面数据，通过分组比较进行实证检验，结果显示，在行业中性条件下，盈利质量较高的公司，未来盈利能力提升，盈利质量较低的公司，未来盈利能力下行。

1）基于 ACCRUE 变量的结果（见图 7-46）：ACCRUE 越低，当年 ROE 越

低,下一年 ROE 提升越大。按照前述行业中性的分组方法,每个季度我们将公司按照 ACCRUE 分组,并看各组在当年(以所在季度最近财报 TTM 计算),以及下一年的 ROE 及其变化,然后计算 2003—2020 年季度的时间序列平均值。结果显示,ACCRUE 越低的组,当年 ROE 越低,但下一年 ROE 的同比增长越高。较低的 ACCRUE 意味着盈利中现金的比重更大,盈利质量较高,未来盈利能力提升较大。

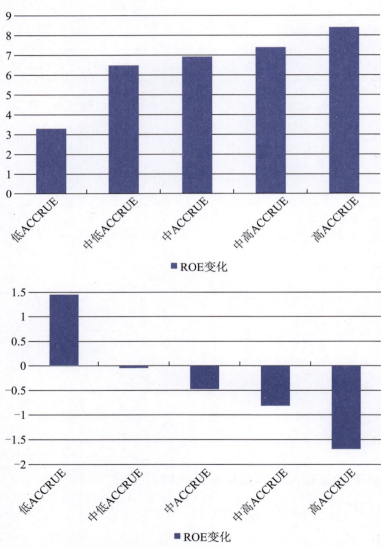

图 7-46　ACCRUE 越低的组,当年 ROE 越低(上);ACCRUE 越低的组,下一年 ROE 提升越高(下)

2）基于 DA 变量的结果（见图 7-47）：DA 越低，当年 ROE 越低，下一年 ROE 提升越大。利用类似的方法对 DA 分组，结果显示，DA 越低的组，当年 ROE 越低，但下一年 ROE 的同比增长越高。较低的 DA 意味着保守的会计处理，当年盈利较低，但未来盈利能力提升较大。

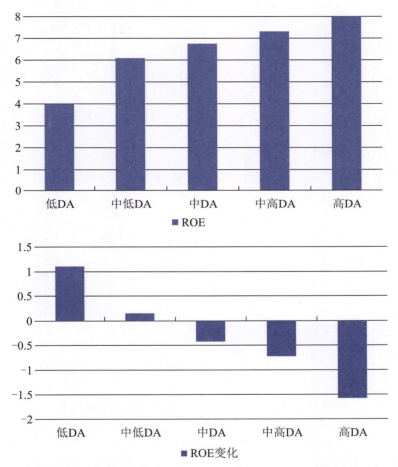

图 7-47　DA 越低的组，当年 ROE 越低（上）；DA 越低的组，下一年 ROE 提升越高（下）

3）基于 REC 变量的结果（见图 7-48）：REC 越低，当年 ROE 越高，下一年 ROE 提升越大。利用类似的方法对 REC 分组，结果显示，REC 越低的组，当年 ROE 越高，并且下一年 ROE 的同比增长越高。较低的 ROC 表明公司对上下游的议价能力长期处于较强水平，ROE 则较高，且高 ROE 优势将继续扩大。

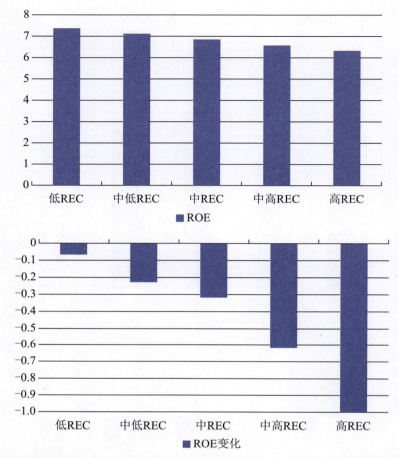

图 7-48 REC 越低的组，当年 ROE 越高（上）；REC 越低的组，下一年 ROE 提升越高（下）

三、A 股全景：近两年上市公司盈利质量呈改善趋势

我们计算了 10 年全 A 非金融上市公司的应计利润（ACCRUE）与应收与应付差额（REC）的时间序列，发现 2018 年以来全 A 盈利质量呈改善趋势。

从应计利润看，2018 年以来 ACCRUE 呈下降趋势（见图 7-49），显示盈利质量改善。我们以整体法、简单平均、总资产加权平均、中位数 4 种方法计算全 A 非金融上市公司的 ACCRUE 时间序列。结果显示，2018 年以来，4 种计算方法下 ACCRUE 均呈下降趋势，显示 A 股上市公司盈利质量呈改善趋势。

从资产负债表的应收与应付项目差额看，2018 年以来 REC 呈下降趋势，显示盈利质量改善，资产负债表得到修复。我们以整体法、简单平均、总资产加权平均、中位数 4 种方法计算全 A 非金融上市公司的 REC 时间序列。结果显示，

2018年以来，4种计算方法下REC同样均呈下降趋势，显示A股上市公司盈利质量，并且资产负债表得到修复。

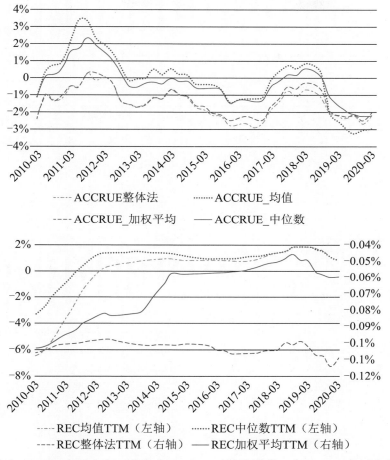

图7-49　2018年以来全A非金融ACCRUE呈下行趋势（上）；2018年以来全A非金融REC呈下行趋势（下）

综合考虑ACCRUE与REC，则石化、通信、汽车、家电、农林牧渔行业盈利质量较高。我们根据整体法计算的2019年年末的ACCRUE与REC（TTM），对各一级行业进行排序。结果显示，传媒、通信、石油石化、基础化工、计算机行业ACCRUE较低，从应计利润角度看盈利质量较好；房地产、钢铁、家电、建筑、商贸零售行业REC较低，从资产负债表看盈利质量较高。综合考虑ACCRUE与REC，则石化、通信、汽车、家电、农林牧渔行业盈利质量较高，医药、机械、轻工、消费者服务、电力设备行业盈利质量较低（见图7-50）。

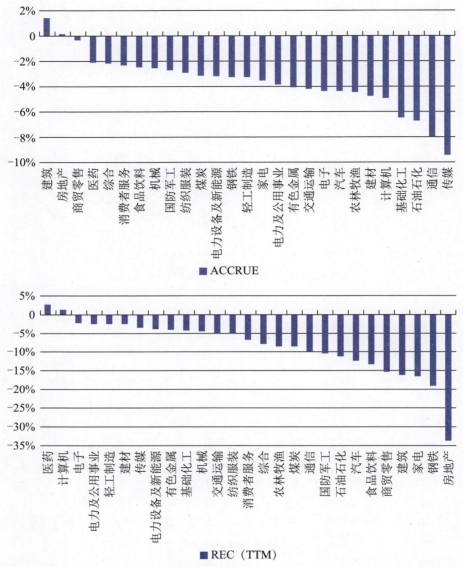

图 7-50 传媒、通信、石化、计算机行业 ACCRUE 较低（上）；房地产、钢铁、家电、建筑、零售行业 REC 较低（下）

四、细分行业：环保、计算机、电网设备盈利质量改善

我们从市场关注度较高的行业中，选取市场对盈利质量较为重视的细分行业作为样本，研究这些行业的盈利质量及其变化趋势。我们的样本行业包括环保、基建、白酒、家电、电信设备、计算机系统集成、工程机械、电网设备、房地

产、医药商业。结果显示，环保、计算机系统集成、电网设备行业的盈利质量持续改善，基建、白酒、家电、电信设备、工程机械、房地产、医药商业盈利质量呈下降趋势。

细分行业样本选择依据与计算方法。我们主要选择融资需求大，通过经销商销售，下游为政府或强势央企的3类细分行业。我们从每个细分行业选取10家代表性标的，整体法计算ACCRUE和REC（TTM）自2014年以来季度时间序列，判断行业盈利质量趋势。

1）工程类行业：环保行业盈利质量持续改善，基建行业持续恶化（见图7-51）。环保行业ACCRUE和REC自2018年以来持续改善，2020年第一季度的REC（TTM）约为-7%，ACCRUE小于零。基建行业自2018年以来ACCRUE持续大于零，并且REC持续上行，显示行业盈利质量持续恶化。

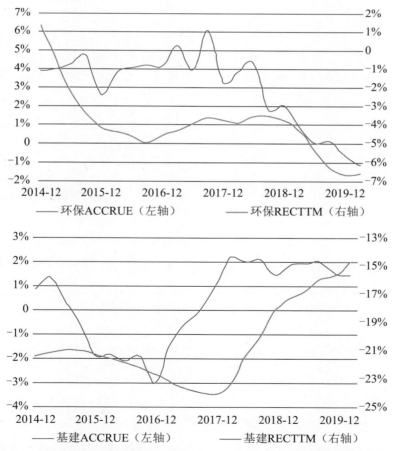

图7-51 环保行业盈利质量持续改善（上）；基建行业盈利质量持续恶化（下）

2）消费行业：白酒和家电行业盈利质量有所下降（见图 7-52）。白酒行业自 2019 年以来 ACCRUE 拐点向上并开始大于 0，REC 降幅趋缓，行业盈利质量有所下降。家电行业自 2019 年以来 ACCRUE 持续上行，且 REC 拐点向上，显示行业盈利质量开始恶化。

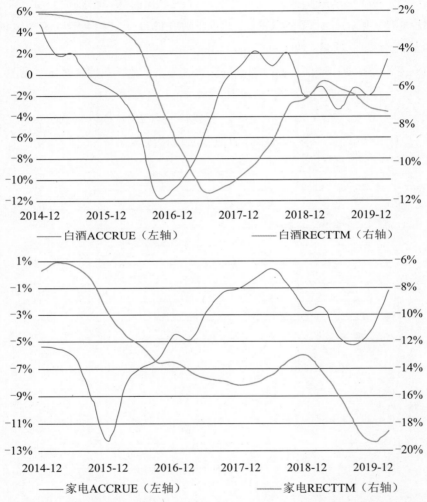

图 7-52　白酒行业盈利质量有所下降（上）；家电行业盈利质量开始恶化（下）

3）TMT 行业（见图 7-53）：电信设备行业盈利质量快速下降，计算机系统集成行业盈利质量持续改善。电信设备行业自 2019 年以来 ACCRUE 持续大于 0，REC 快速上升，行业盈利质量快速下降。计算机系统集成行业自 2018 年以来 ACCRUE 持续下行并开始小于 0，且 REC 快速下降，显示行业盈利质量持续改善。

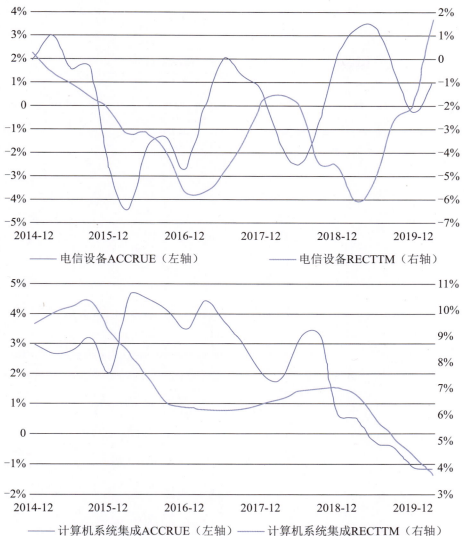

图 7-53　电信设备行业盈利质量快速下降（上）；计算机系统集成行业盈利质量持续改善（下）

4）装备制造行业：工程机械行业盈利质量走弱，电网设备行业盈利质量持续改善（见图 7-54）。工程机械行业自 2019 年以来 ACCRUE 开始加速上行，REC 大于 0 且呈下降趋缓，行业盈利质量开始恶化。电网设备行业自 2018 年以来 ACCRUE 持续下行并开始小于 0，且 REC 快速下降，显示行业盈利质量持续改善。

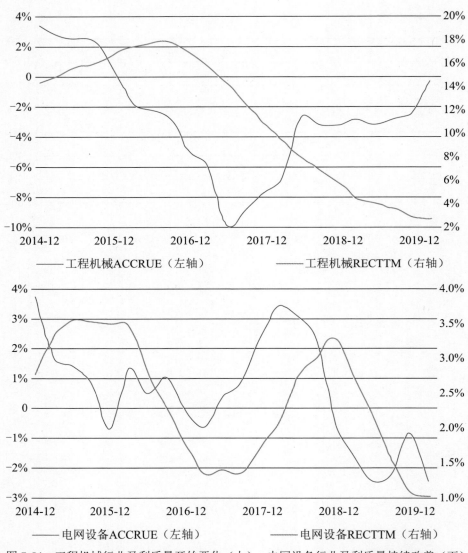

图 7-54 工程机械行业盈利质量开始恶化（上）；电网设备行业盈利质量持续改善（下）

5）融资依赖较高的行业（见图 7-55）：房地产和医药商业行业盈利质量向下。房地产行业自 2019 年以来 ACCRUE 开始出现上行趋势，REC 出现上行拐点，行业盈利质量开始恶化。医药商业行业自 2020 年第一季度，ACCRUE 与 REC 出现向上拐点，显示行业盈利质量开始下降。

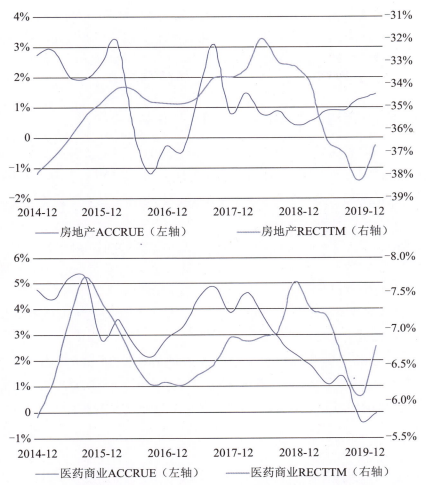

图 7-55 房地产行业盈利质量开始恶化（上）；医药商业行业盈利质量开始下降（下）

第四节 传统估值法改良的选股策略

在股票投资领域，估值是判断企业价值和投资潜力的核心环节。然而，传统的市盈率（PE）、市净率（PB）等估值方法，虽然在某些情况下行之有效，却可能因为忽略了企业盈利潜力或资本结构的细微差别而导致评估失真。为了弥补这些不足，本节将介绍一种创新的估值方法——EV-毛利估值法（EVM），旨在通过更全面的视角揭示企业的真实价值，从而对红利高股息的分析方法做出有效的补充。

EVM 方法不仅关注企业的盈利能力，还考虑了其财务结构和潜在的盈利弹性，从而为投资者提供了更为精准的估值工具。通过实证分析和策略回测，我们将展示 EVM 如何帮助投资者捕捉被市场低估的投资机会，并构建出具有超额收益的交易策略。随着对 EVM 深入理解的逐步加深，投资者将能更加敏锐地洞察市场，把握投资先机。

一、EV- 毛利估值法定义：传统估值法的完善

EV- 毛利估值方法（EVM）可以发现 PE、PB 等估值法无法发现的投资机会。我们通过大样本回测与因子模型发现：行业中性条件下，基于 EVM 的交易策略有显著的超额收益。之后，我们将 EVM 与 PE 估值结合，构建了发现困境反转标的的策略。

传统的估值方法存在局限性。PE 估值法适用于经营较为成熟的公司。若公司盈利能力仍有较大提升潜力，则 PE 可能畸高导致 PE 估值失效。PB 估值法适用于金融及重资产行业。此外，公司可以通过回购等资本运作对 PB、ROE 进行操纵，使 PB 估值有效性下降。如麦当劳、家得宝等美股通过回购，使净资产为负值，ROE 则处于较高水平。

我们构建 EV- 毛利估值法（EVM）对传统估值法进行完善。EVM=（企业价值－类货币资金）/（毛利－销售费用－经营活动净收益+所得税+扣非净利润）。其中，企业价值＝总市值+带息债务；类货币资金包括货币资金、交易性金融资产、其他流动资产；经营活动净收益＝毛利－销售费用－管理费用－财务费用－研发费用。

为什么构建 EVM 估值？EVM 估值可以发现传统估值方法难以发现的投资机会。一方面，EVM 估值的分母口径大于 PE，使得盈利潜力未充分释放、PE 畸高的公司可以用 EVM 估值；另一方面，将 EVM 和 PE 结合（高 PE- 低 EVM 组合）可以发现盈利弹性大的困境反转机会。

对 EVM 估值法进行具体解释：

（1）分母扣除销售费用的目的是剔除销售模式的影响。如表 7-16 所示，古井贡酒直销占比高于口子窖，在二者净利润规模相似的情况下，古井贡酒的营业收入、毛利润、销售费用均明显高于口子窖。分子扣除销售费用使得二者估值可比性提高，截至 2019 年 10 月末，二者 EVM 估值均为 8.6~8.9 倍。

（2）分母调整经营活动净收益与扣非净利润减少联营企业收益的影响。该调整加回联营企业贡献的利润，使利润主要来自联营企业的公司估值更合理。如上汽集团 2019 年扣非净利润为 216 亿元，经营活动净收益为 94 亿元，对联营企业

的投资收益达 230 亿元。上汽集团的主要利润来源为其参股的合资企业，若不调整则将高估其估值。

表 7-16 销售模式差异导致古井贡酒与口子窖利润表结构有明显差异

证券简称	企业价值/亿元	营业收入/亿元	毛利/亿元	扣非净利润/亿元	销售费用/亿元	EVM 倍数
古井贡酒	512	101	77.4	20.3	28.4	8.86
口子窖	335	45	33.6	16.1	3.7	8.67

注：财务数据为 2019 年第三季度 TTM 值，估值为 2019 年 10 月末值。
资料来源：Wind

（3）分母调整经营活动净收益与扣非净利润在一定程度上减轻少数股东损益的影响。如健康元 2019 年归母净利润为 8.9 亿元，而少数股东权益为 9.6 亿元（其对控股子公司丽珠集团持股比例仅 24%），若不调整则将更严重地低估其估值。由于毛利润口径大于净利润，该调整难以完全消除少数股东损益的影响。

我们采用以上 EVM 估值法对安恒信息进行具体分析，发现该估值法具有较高的应用价值。安恒信息于 2019 年 11 月 5 日在科创板上市，市盈率估值法显示公司估值较高，但 EVM 显示公司显著低估（见表 7-17）。由于公司处于快速发展期，费用投入较大，盈利能力相对较低。当时的市盈率 TTM（78 倍）或市盈率 2020E（50 倍）显示，公司估值水平较高。但以 EVM 看，公司仅 16.8 倍，在同行业中仅高于南洋股份。此外，考虑到科创板新股整体较其他板块同行业公司溢价较高，但安恒信息 EVM 估值较低，显示公司被显著低估。2019 年 11 月 6 日以来，安恒信息上涨 185%，其他信息安全标的同期平均上涨 19%。

表 7-17 EVM 估值显示安恒信息上市首日被严重低估

证券简称	市盈率 TTM	市盈率（2020E）	市净率 LF	EVM	2019 年 11 月 6 日以来涨跌幅
南洋股份	58.50	31.71	2.21	14.94	49.94
安恒信息	77.62	49.95	4.13	16.81	184.85
山石网科	97.70	70.48	5.50	18.92	3.26
启明星辰	61.19	34.09	8.44	21.37	15.30
绿盟科技	92.57	46.06	5.03	21.43	1.89
格尔软件	105.53	37.31	6.28	21.44	29.32
北信源	91.16	43.19	4.31	23.80	7.91
中孚信息	141.66	44.08	15.97	27.73	53.22
卫士通	145.00	61.46	5.03	40.31	-12.00

资料来源：Wind

单案例的说服力也许有限，下面我们将通过大样本的检验，回答EV-毛利估值方法是否具有持续的超额收益。

二、EV-毛利策略回测：具有持续的超额收益

我们使用2003—2020年的季度面板数据，通过截面回归模型及分组方法进行实证检验，结果显示，在行业中性条件下，基于EVM估值法的交易策略具有持续的超额收益。在具体实证检验中，我们取EVM的倒数MEV，以使负值有意义，并且能消除异常值干扰。

构建因子截面回归模型。我们使用全A非金融上市公司2003年1月—2020年3月的数据，以季度为频率做横截面回归。参考Barra因子模型，我们以t季度收益率为因变量，截至$t-1$季度末的最近一期季度报告数据及收盘价计算的因子暴露为自变量构建线性回归模型。如表7-18所示，自变量（因子）包括MEV（EVM的倒数）、BETA（贝塔系数）、MOMENTUM（动量效应）、SIZE（规模）、EARNINGYIELD（市盈率的倒数）、VOLATILITY（波动率）、GROWTH（净利润增长率）、VALUE（市净率倒数）、LEVERAGE（负债率）、LIQUIDITY（换手率）。回归包含国家因子（系数为1），以及根据中信一级行业构建的虚拟变量。我们以总市值的平方根为权重，加权最小二乘法估计模型。

表7-18 截面因子回归的变量定义

因子	因子定义
MEV	（企业价值－货币资金）/（毛利－销售费用－经营活动净收益＋所得税＋扣非净利润）
BETA	近1年的日频个股收益率对沪深300指数回归计算的β系数
MOMENTUM	近13个月—近1个月的累计收益率
SIZE	总市值的对数
EARNINGYIELD	净利润TTM/总市值
VOLATILITY	近1年的日波动率
GROWTH	近3年净利润复合增长率
VALUE	净资产/总市值
LEVERAGE	扣除预收账款的资产负债率
LIQUIDITY	近1个月的日均换手率（根据自由流通股本计算）

资料来源：Wind

因子回归结果显示，MEV 因子对下季度收益率具有较强的解释能力。EV-毛利因子 MEV 的系数（因子收益率）为 0.23%，t 值为 3.80，在 1% 水平下显著，即在控制其他因子的影响后，MEV 因子仍对未来收益率具有较强的解释能力（见表 7-19）。

表 7-19 回归结构显示 EVM 因子具有较高的显著性

变 量	回 归 系 数	t 值
截距项（国家因子）	4.11	1.85
MEV	0.23	3.80
BETA	0.06	0.34
MOMENTUM	0.21	1.04
SIZE	-1.42	-3.98
EARNINGYIELD	0.34	2.14
VOLATILITY	-0.17	-0.93
GROWTH	0.02	0.17
VALUE	0.51	2.00
LEVERAGE	0.10	0.52
LIQUIDITY	-1.51	-8.05

资料来源：Wind

基于 EVM 估值法的交易策略回测方法。在行业中性条件下，我们检验该策略的收益率。每个季度末，我们在每个一级行业中，根据 MEV 数值大小将上市公司排序并分为 5 组（H、MH、M、ML、L），计算每组公司下季度收益率均值。取每个行业同一 MEV 水平的组的收益率均值作为该 MEV 水平公司的收益率（H 组收益率为各行业 H 组收益率均值），并计算累计收益率。我们以 Wind 全 A 非金融石油石化指数为基准，计算了每一组的累计超额收益率。

回测结果显示，MEV 策略具有显著的超额收益（见图 7-56）。我们将公司按 MEV 分为 5 组，则 MEV 越高的组，累计超额收益率越高，其中 MEV 最高的组 2003 年 1 月—2020 年 3 月的累计超额收益率高达 411%。以 MEV 最高组－最低组收益率作为多空收益率，则累计多空收益率为 289%（年化 8.2%）。MEV 最高组累计收益率为 1952%，年化 19.1%，夏普比 0.41（同期 Wind 全 A 非金融石油石化指数累计收益率为 347%，年化 9.1%，夏普比 0.17）。

图 7-56 MEV 越高的组，累计超额收益率越高（上）；MEV 策略收益率及多空收益率均较高（下）

综上，我们发现基于 EVM 估值法的交易策略具有显著的超额收益。下面我们通过分析 EVM 估值与公司特征的关系，解析该策略收益的来源。

三、EV-毛利策略收益来源：市场对盈利预期过度反应

我们发现高 MEV 的公司（即估值低）未来股价表现更好。那么该表现更好的原因是什么？我们首先看为什么有的公司 MEV 较高（较低），市场担心（期待）什么，然后看实际情况如何，市场此前对预期是否过度反应。

MEV 反映了市场对未来盈利增速的预期。按照前述行业中性的分组方法，

我们将公司按照 MEV 分组,并看各组在当年(以所在季度 TTM 计算)及下一年的营收和净利润增速。结果显示,MEV 越高的组,下一年营收增速越低。而 MEV 与当年净利润增速成正相关,与下一年净利润增速负相关,即高 MEV 公司盈利基数较高,未来增速较低。因此 MEV 反映了对未来盈利增速的预期(见图 7-57)。

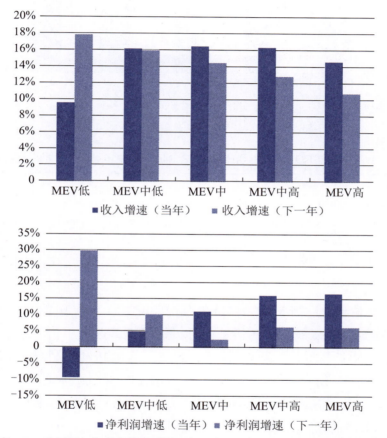

图 7-57 高 MEV 公司下一年营收增速明显下行(上);高 MEV 公司下一年净利润增速明显下行(下)

MEV 策略收益来源:实际的 ROE 和盈利增速显示,市场低估高 MEV 公司,高估低 MEV 公司。尽管高 MEV 公司在下一年 ROE 同比下降(低 MEV 公司 ROE 同比增长),但高 MEV 公司 ROE 仍显著高于低 MEV 公司(见图 7-58、表 7-20)。

假设各组公司 ROE 以下一年实际值为基础(高 MEV 组为 8.72%,低 MEV 组为 3.22%),未来净利润增速也保持下一年实际值水平(高 MEV 组为 6.23%,低 MEV 组为 30.14%)。

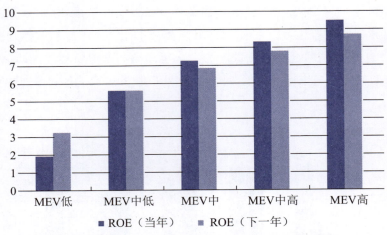

图 7-58 ROE 与 MEV 正相关，但高 MEV 组 ROE 下降

表 7-20 根据下一年 ROE 和盈利增速模拟，高 MEV 组在 10 年后 PE 才低于低 MEV 组

第 × 年	1	2	3	4	5	6	7	8	9	10
高 MEV 组（EPS）	0.87	0.93	0.98	1.05	1.110	1.18	1.25	1.33	1.41	1.50
高 MEV 组（PE）	23.30	22.00	20.70	19.50	18.30	17.20	16.20	15.30	14.40	13.50
低 MEV 组（EPS）	0.32	0.42	0.55	0.71	0.92	1.20	1.56	2.04	2.65	3.45
低 MEV 组（PE）	125.20	96.20	73.90	56.80	43.60	33.50	25.80	19.80	15.20	11.70

资料来源：Wind

（1）从估值看，高 MEV 组的 PB 为 2.03 倍，低 MEV 组的 PB 为 4.03 倍；则 10 年后高 MEV 组 PE（13.5 倍）才开始低于低 MEV 组（11.7 倍）。

（2）从 DCF 模型看，假设贴现率为 6.5%，未来 10 年净利润增速保持下一年水平（高 MEV 组为 6.23%，低 MEV 组为 30.14%），此后永续增长率为 0。根据 PB 估值，假设高 MEV 组股价为 2.03 元，低 MEV 组股价为 4.03 元，则高 MEV 组的 DCF 估值为 2.09 元，低 MEV 组的 DCF 估值为 3.91 元，即高 MEV 组当前股价低于 DCF 估值，低 MEV 组当前股价高于 DCF 估值。

因此，即使在对低 MEV 组较乐观（高 MEV 组较悲观）预期下，高 MEV 组估值仍较低 MEV 组公司有吸引力，与市场对低 MEV 组过度乐观、对高 MEV 组过度悲观的假设一致。

四、EV-毛利与 PE 结合策略：把握盈利反转

EVM 估值与 PE 估值具有相似的本质，均为公司证券价值与盈利水平之比，差异主要体现在 EVM 的分母口径大于 PE 的分母（净利润）。对于盈利能力有

较大提升潜力（高 PE）、毛利水平相对企业价值较高（低 EVM）的公司，可能意味着较大的盈利弹性，即利润增速远大于收入增速。下面我们检验高 PE- 低 EVM 估值策略的有效性。

回测结果显示（见图 7-59），高 PE- 低 EVM 策略具有显著的超额收益。我们将公司按 MEV-EP 分为 5 组，则 MEV-EP 越高的组（即高 PE- 低 EVM），累计超额收益率越高，其中 MEV-EP 最高组 2003 年 1 月—2020 年 3 月的累计超额收益率高达 334%。以 MEV-EP 最高组 - 最低组收益率作为多空收益率，则累计多空收益率为 442%（年化 10.3%）。MEV-EP 最高组累计收益率为 1481%，年化 17.4%，夏普比 0.34（同期 Wind 全 A 非金融石油石化指数累计收益率为 347%，年化 9.1%，夏普比 0.17）。

图 7-59　MEV-EP 越高的组，累计超额收益率越高（上）；MEV-EP 测量收益率及多空收益率均较高（下）

MEV-EP 反映了市场对公司在成长性与盈利能力两方面的预期。①成长性方面，按照前述行业中性的分组方法，我们将公司按照 MEV-EP 分组，并看各组在当年（以所在季度 TTM 计算）及下一年的营收和净利润增速。结果显示（见图 7-60），MEV-EP 与当年及下一年营收增速均呈负相关，且与当年净利润增速成反比。②盈利能力方面，我们将公司按照 MEV-EP 分组，并看各组在当年及下一年的 ROE 水平。结果显示，MEV-EP 与当年 ROE 成反比。从 PB 估值看，低 MEV-EP 组 PB 为 3.54 倍，高 MEV-EP 组 PB 为 2.23 倍。因此，MEV-EP 体现了投资者对成长性与盈利能力的预期，高 PE、低 EVM 的公司成长性与盈利能力预期均较低。

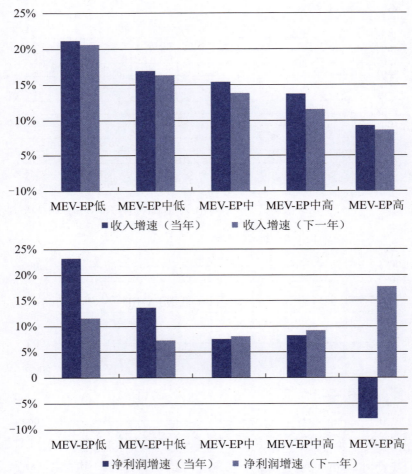

图 7-60　MEV-EP 与营收增速成反比（上）；MEV-EP 与当年净利润增速成反比，但与下一年成正比（下）

高 PE- 低 EVM 策略收益来源：盈利能力出现反转（见图 7-61）。根据 MEV-EP 分组的结果显示，高 MEV-EP 组的公司在下一年 ROE 提升（其他组均下行），且盈利增速显著提升。高 MEV-EP 组当年的盈利、收入增速及 ROE 均较低，使得市场预期较低，而下一年的盈利反转是超预期的利好，导致高 PE- 低 EVM 策略具有较高的收益率。

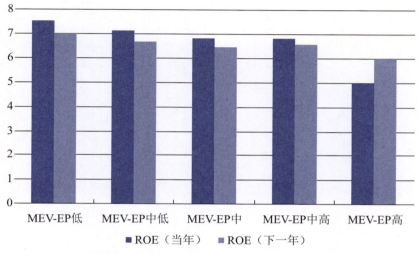

图 7-61　高 MEV-EP 组 ROE 在下一年出现反转

假设各组公司 ROE 以下一年实际值为基础（高 MEV-EP 组为 6.02%，低 MEV-EP 组为 6.99%），未来净利润增速也保持下一年实际值水平（高 MEV-EP 组为 17.78%，低 MEV-EP 组为 11.62%）。

（1）从估值看，高 MEV-EP 组的 PB 为 2.23 倍，低 MEV-EP 组的 PB 为 3.54 倍；未来 10 年高 MEV-EP 组市盈率均低于低 MEV-EP 组，且差距不断拉大。

（2）从 DCF 模型看，假设贴现率为 6.5%，未来 10 年净利润增速保持下一年水平（高 MEV-EP 组为 17.78%，低 MEV-EP 组为 11.62%），此后永续增长率为 0。根据 PB 估值，假设高 MEV-EP 组股价为 2.23 元，低 MEV-EP 组股价为 3.54 元，则高 MEV-EP 组的 DCF 估值为 3.22 元，低 MEV-EP 组的 DCF 估值为 2.44 元，即高 MEV-EP 组当前股价显著低于 DCF 估值，低 MEV-EP 组当前股价显著高于 DCF 估值。

因此，由于高 MEV-EP 组公司在低预期下，盈利能力出现反转，其股价相对低 MEV-EP 组公司被严重低估（见表 7-21），这是 MEV-EP 策略具有较高收益率的原因。

表 7-21 根据下一年 ROE 和盈利增速模拟，高 MEV-EP 组被显著低估

第 × 年	1	2	3	4	5	6	7	8	9	10
高 MEV-EP 组（EPS）	0.87	0.93	0.98	1.05	1.11	1.18	1.25	1.33	1.41	1.50
高 MEV-EP 组（PE）	23.30	22.00	20.70	19.50	18.30	17.20	16.20	15.30	14.40	13.50
低 MEV-EP 组（EPS）	0.32	0.42	0.55	0.71	0.92	1.20	1.56	2.04	2.65	3.45
低 MEV-EP 组（PE）	125.20	96.20	73.90	56.80	43.60	33.50	25.80	19.80	15.20	11.70

资料来源：Wind

第八章 高股息投资的随笔漫谈

高股息投资并非一成不变的公式,而是需要投资者深入理解公司价值的多维度表现,并结合市场环境和个人投资理念进行综合判断。我们将分享其对股票投资和高股息策略的一些非结构化的观点,包括公司价值判断的若干标准、新"国九条"对证券市场和公司分红的影响、保险资产配置行为对股息资产的影响,以及对当前高股息和超长债行情的思考。

第一节 再论公司价值判断与个股选择

掌握不同行业的特性可以帮助投资者更高效地抓住企业经营的关键信息,并作为组合行业配置的参考。而真正落实到投资层面,还需要针对公司与个股展开研究,本节我们重点探讨对公司价值判断的若干标准,供读者参考。

一、公司价值的表现形式

当我们谈到公司价值,不同视角的投资者会有几种不同的理解。作为信用债特别是高收益债投资者,最关注的莫过于公司的"清算价值",即假设最坏的情况发生,公司现有资产能否按公允价值变现来偿还贷款或其他负债,并以此对公司债券进行折价估算。

而对于股票投资者来说,价值的形态就比较多样了。

第一种形态是市场价值,也就是"市场先生"对特定公司股票给出的报价,这个报价隐含了市场众多参与者对公司价值的预期和共识,但"市场先生"的脾气总是阴晴不定的,"市场先生"习惯性的线性外推可能会让企业在困难时遭遇极其低廉的报价,而在高光时刻又会得到一个"他们坚信此番盛世将会长久"的高报价。因此预测和追逐市场价值都是一件困难的事,归根结底这只是市场短期投票的结果。

第二种形态是账面价值,概念与清算价值接近,但状态定位为正常经营存续期的企业，且考虑的是股东权益对应的资产价值。对应的是公司的净资产，以格雷厄姆为代表的"烟蒂股"策略，便是把市值显著低于净资产的上市公司作为主要投资标的，分散买入等待公司估值修复的一种方法。但单纯基于账面或清算价值去投资有一些局限性：只关注公司当前静态的价值状态，而企业动态经营和未来的变化没有被考虑。

第三种形态是内在价值，根据巴菲特给出的定义：企业在其经营生命周期内获得全部现金流的贴现值。这是一个相对动态的概念，既要考虑当下企业的盈利能力，又要对未来做出预判，而是涉及预测和判断，必然是主观的，因此不同投资者对同一家公司也会得出不同的内在价值结论。

这里我们不妨把上市公司和人力资本做一个简单的对比，把一个人职业生涯能获得的所有现金流进行贴现，作为"人力资本的内在价值"。笔者在初入职场时听到受用的一句忠告莫过于"收入多少不重要，能不能学到东西最重要"。这是因为收入多寡代表的当前职场创造现金流的能力，但只有"学到东西"才会让这种能力变得更强和可持续。随着自身经验的积累，职场人士能够让自己获得更大的发展空间（创造更高现金流收入的能力），而越是在职业发展的早期，人的可塑性越强，所处的具体位置相对没那么重要（当前收入），而能否获得长期更强的职场竞争力（学到东西）最重要。

二、高价值企业的特征

沿着人力资本内在价值的判断思路，我们能更容易地理解企业高价值的特征属性，进而有效地判断其内在价值（见图8-1）。

图8-1　高价值企业的特征总结

1. 巨大的市场空间

首先，生意想要越做越大，必然对应着更大的收入规模与终端需求，特别是与当下的市场规模相比，远期可以想象的市场空间仍然比较小，这也意味着整个行业可以越做越大，企业只要跟上同行的水平就可以自然地分一杯羹。

符合这个标准的行业一般是和社会发展与产业进步的长期趋势相契合，因此需求有望持续增长的赛道，就笔者个人的观察，举例如下：

第一，随着中国人口结构老龄化趋势，老年人口绝对数量和占比都在显著增加，同时高年龄阶层一般经济实力较强，因此相关的"养老经济"未来便可以看到较大的空间，如养老院、养老医疗保健、商业养老金、老年陪护等产业。

第二，高房价带来的高生育成本，导致年轻人结婚的意愿变弱，单身独居占比提升，叠加"圈子社交"的活跃度下降，因此与"宅经济"相关的外卖、游戏、在线视频对应的终端需求将会增加。

第三，随着居民收入水平的提升，对应的消费水平也在不断升级，这种升级不但是购买商品价格和质量的升级，同时是需求的升级。根据马斯洛需求金字塔理论，居民的消费重点将从塔基的生存性需求转向自我实现类需求，而与之相关的教育类、体验类消费比例将会提升。

第四，独生子女一代逐渐成家立业，但这代人的动手能力相对较差，能够降低在家操作和动手难度的"懒人经济"应运而生，如预制菜解决了需要采买和洗菜问题，扫地机器人解决了洗拖地板问题，等等。

2. 优良的生意特性

不可否认的是，生意是分三六九等的。好的生意模式往往具有很强的"躺赢"属性，例如写出一本畅销书，或者拥有一项专利，对于作者而言相关成果边际复制的成本几乎为0，但每多一名读者/使用者，就能获得一份收入。但也有很多职业，要投入大量的时间和精力才能获得收入，甚至在付出的过程中还会以牺牲身体健康为代价，很显然这就不属于好的"个人商业模式"。

好的生意模式如高端白酒和消费奢侈品，一是具有很高的品牌溢价，消费者忠诚度极高，愿意支付大幅超过其成本的价格来购买；二是行业面临的潜在竞争少，很难被科技进步所颠覆；三是盈利的现金质量好，且维持生意运转不需要大额的资本开支，因而能够产生源源不断的自由现金流。

差的生意模式如影视剧和航空，前者业绩的波动极大且难以预测，同时受到影院排片、广电审核政策、季节性因素等的影响，存在太多人力不可控的因素，且一部影片成功之后还难以持续复制（拍续集），因为艺人和导演可能会要求涨片酬（但动漫人物不会，这也是迪士尼成功的原因），因此制片公司其实能持续积累下的东西很少；后者则是固定资产投入极高，还没见到收入就要买飞机、铺航线，一旦遇到空难或者其他特殊情况直接歇业，成本端受原油价格影响不可控，经营模式也非常复杂。

3. 价值扩张阶段

企业的经营往往有一定的周期性，从长周期的角度看，当前低渗透率比较低的行业往往处于其价值扩张的初级阶段，这也意味着未来有望通过不断扩大的市场份额获得增量价值。而行业本身已经处于成熟期甚至衰退期的企业，市场已经难以出现进一步扩容，企业的价值增量（ROE 提升）只能通过获取竞争对手的存量份额（提升收入/周转率），或者通过持续改善经营效率降低生产成本（提升利润率）来实现。

这里我们扩展讨论下价值创造和扩张的内涵，原麦肯锡董事蒂姆科勒在其著作《价值评估》中明确揭示了公司价值创造的两个根本驱动力，即以高于融资成本（WACC）的资本回报率（ROE 或 ROIC）实现增长，并且最终转化为自由现金流。如果企业的资本回报率低于融资成本，那么增长反而代表着毁灭价值，这种情况下增长越快对企业内在价值的伤害越大。此外，如果资本回报最终无法转化为自由现金流，则意味着公司维持正常运作要持续投入现金，而无法让股东获得现金回报，仅仅维持"账面盈利"，那么这种增长同样是破坏性的。

因此判断企业价值扩张的具体阶段，最核心的是判断：第一，基于企业经营和成长的周期，资本回报率能否提升或维持在相对较高的水平？第二，在不稀释或拖累资本回报率的前提下，企业的净资产能否持续增厚？这两点公司往往都是长期大牛股的必要条件。

4. 较长的经营存续期

爱因斯坦曾经说过，复利是人类的"第七大奇迹"，对于投资者而言实现复利的核心，一是控制回撤，二是投资的可持续性。而企业的经营存续期正是对其价值创造时间维度的判断。试想一家企业短期业绩非常优秀，但没过几年可能就会停业，那积累的价值实际是比较有限的。历史上许多曾经卓越的企业没能长期持续，比如柯达胶卷、长虹、苏宁等。有的是因为被技术进步迭代所颠覆，有的则是故步自封没有跟上时代的潮流。

而在经营上能够长期可持续的企业也具有一些共性特征：核心产品或业务对应的终端需求在可视的时间范围内几乎是永恒存在的，如消费端的衣食住行、医疗、教育等；行业内技术替代的效应比较弱，如高端白酒的酿造工艺延续千百年；企业不需要持续的资本投入便可以实现业务的正常运转和业绩增长，不依赖负债经营；弱周期性特征，不会遇到意料之外的景气波动就不会"突然死亡"。

5. 集中度提升的格局

竞争格局的不同是直接决定企业潜在超额利润的重要因素，例如完全垄断行业中企业更容易"榨取"消费者的剩余价值，而完全竞争行业中则是产品同质化，供给端竞争激烈导致常态化的价格战。而从动态视角看，对企业而言最理想的格局则是从完全竞争向完全垄断的演化过程，随着龙头企业逐步形成差异化的优势，行业的市场集中度会持续提升，优秀的高价值企业可以获取更高的市场份额。

而这种集中度可以持续提升的竞争格局，背后反映的其实是某一类生意优良的特性，如产品定位容易进行差异化设计，先发优势不容易被竞争对手赶超，技术优势不容易被模仿，等等。而这些又被称为企业的"护城河"。

6. 护城河与定价权

护城河的本质是企业经营中形成的竞争优势，在产品定价上有明显的自主权，客户的重置成本一般较高，而转化到财务绩效表现上则是较高毛利率水平。常见的竞争优势主要包括：

第一，低成本优势。如某企业通过上下游产业一体化的整合有效降低了生产成本，或通过某项技术研发提高了经营效率，或具有更低成本的融资渠道和能力。

第二，客户黏性。一般表现为客户选择替代产品的麻烦程度较大，如某商业软件公司的产品已经被客户的工程师使用习惯，贸然更换其他软件大大增加了技术人员的培训成本。

第三，品牌效应。可能源于企业长期更高的广告费用投入或长期用户端积累的质量口碑，进而转化为产品端更高的品牌溢价。

第四，技术优势。来源于企业长期高强度的研发投入，在专业领域形成了一定的技术壁垒，显著提升了经营效率。

第五，先发优势。企业较早地进入某一新兴的业务领域，而提前布局的基础设施、制度建设和人才培养并不容易在短期内被复制或超越。

第六，牌照优势。许多行业具有较高的准入壁垒和非市场化资源等，导致没有某些特许经营条件的潜在竞争者难以进入。

当然，不同维度的竞争优势在不同的行业里会反映出深浅不一的护城河，这就需要投资者结合具体行业的经营特性来辩证看待。

7. 优秀的管理层

组织与文化，几乎是企业最重要的无形资产，而其决定性的因素还是企业的管理层。根据笔者观察，优秀的企业管理团队一般具有如下特征：

第一，产业布局的前瞻性。管理团队是否对公司的业务布局在短期、中期和长期维度都有清晰的规划，以及时间上的衔接性？当短期利益和长期利益发生冲突时如何进行权衡？商业上的成功和产业上的进步如何兼顾？当遇到市场变化时能否及时调整？

第二，较强的战略执行力。光有规划还不行，在实施的过程中可能遇到各种困难和突发状况，这时能否在组织层面统一思想，积极有为？制度和激励是否能与目标相匹配？

第三，专注本业。许多企业家在本业遇到发展瓶颈时，或非主营业务看上去"钱景"更好的时候倾向于进行多元化转型，从历史案例来看企业因为盲目进行业务多元化而加速价值毁灭的案例不胜枚举。相比之下，更务实，专注于主营业务，把业务做深做透的管理层更行稳致远。

第四，创新能力。商业社会总是在不断的变化当中，包括技术革新，管理和营销模式创新，消费者行为变迁等。一个具有学习型组织基因的管理层能够通过不断创新经营方式（基于本业的前提下），及时适应市场、终端需求和商业逻辑的变化，唯有如此才能长期立于不败之地。

第五，靠谱的商业道德。前文提到过 ESG 因子选股的重要标准之一，对员工、客户、上下游合作伙伴及投资者都尽职尽责的企业才是真正的好公司，换言之，伟大的公司都是能够实现多方共赢的，而不是仅仅追逐自身利益的，却以牺牲相关方利益为代价。特别是在二级市场，股票的大幅波动带来的利益是巨大的，当管理层道德上存在瑕疵时，往往能力越大越伤害投资者。

第二节 新"国九条"对证券市场和公司分红的影响

一、新"国九条"1+N 系列文件概览

2023 年国务院印发《关于加强监管防范风险推动资本市场高质量发展的若干意见》（以下简称新"国九条"），证监会（4 条已发布的配套政策 +1 条加强退市监管 +6 条具体制度规则公开征求意见）和各交易所（上交所 7 条、深交所 6 条、北交所 6 条针对多项业务规则公开征求意见）同步发布相关配套文件，涉及

提高上市条件、规范减持、严格退市标准等方面，汇总如下（见图 8-2）。

图 8-2 《关于加强监管防范风险推动资本市场高质量发展的若干意见》

二、对证券市场影响简析

1. 新"国九条"行文要点

历史上，前两次"国九条"的发布均对 A 股市场产生了显著的正面影响。2004 年的"国九条"确立了解决股权分置问题的基本原则，提出了重视资本市场投资回报等措施，为后续的市场繁荣奠定了基础。2014 年的"新国九条"则进一步推动了资本市场的健康发展，促进了多层次资本市场体系的建设，为 A 股市场带来了新的活力。

2023 年新"国九条"出台时，正值中国经济转型升级的关键时期。如图 8-3 所示，从"推进资本市场改革开放和稳定发展"（2004 年）到"进一步促进资本市场健康发展"（2014 年），再到"加强监管防范风险推动资本市场高质量发展"（2024 年），新"国九条"围绕强监管、防风险、促高质量发展主线，构建"1+N"政策体系，剑指加快建设安全、规范、透明、开放、有活力、有韧性的资本市场。①强化退市制度，头部大市值公司有望获得中长期资金青睐。

②明确加大对分红优质公司的激励力度,多措并举推动提高股息率,建议增强分红稳定性、持续性和可预期性。③明确提高主板、创业板上市标准,完善科创板科创属性评价标准,从源头提高上市公司质量,市场长期赚钱效应可期。

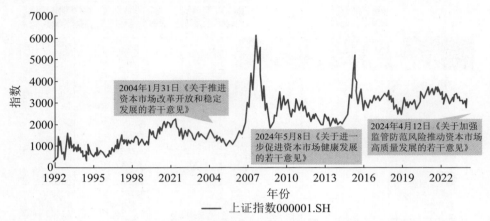

图 8-3 历史上三次新"国九条"对上证指数走势影响

资料来源:东吴证券

新"国九条"行文围绕"总体要求;严把发行上市准入关;严格上市公司持续监管;加大退市监管力度;加强证券基金机构监管,推动行业回归本源、做优做强;加强交易监管,增强资本市场内在稳定性;大力推动中长期资金入市,持续壮大长期投资力量;进一步全面深化改革开放,更好服务高质量发展;推动形成促进资本市场高质量发展的合力"九大关键主线。相比此前"国九条",新"国九条"特征体现在:①充分体现资本市场的政治性、人民性。强调要坚持和加强党对资本市场工作的全面领导,坚持以人民为中心的价值取向,更加有效保护投资者特别是中小投资者合法权益。②充分体现强监管、防风险、促高质量发展的主线。要坚持稳为基调,强本强基,严监严管,以资本市场自身的高质量发展更好服务经济社会高质量发展的大局,以及此前中央金融工作会议精神。③充分体现目标导向、问题导向。特别是针对 2022 年 8 月以来股市波动暴露出的制度机制、监管执法等方面的突出问题,及时补短板、强弱项,回应投资者关切,推动解决资本市场长期积累的深层次矛盾,加快建设安全、规范、透明、开放、有活力、有韧性的资本市场。值得注意的是,证监会发布官微开通了读者精选留言功能,一方面体现了重视中小投资者诉求,另一方面也可以侧面表征中小投资者对新"国九条"的期待。

新"国九条"提出,未来 5 年,基本形成资本市场高质量发展的总体框架。

投资者保护的制度机制更加完善。上市公司质量和结构明显优化，证券基金期货机构实力和服务能力持续增强。资本市场监管能力和有效性大幅提高。资本市场良好生态加快形成。到 2035 年，基本建成具有高度适应性、竞争力、普惠性的资本市场，投资者合法权益得到更加有效的保护。投融资结构趋于合理，上市公司质量显著提高，一流投资银行和投资机构建设取得明显进展。资本市场监管体制机制更加完备。到 21 世纪中叶，资本市场治理体系和治理能力现代化水平进一步提高，能够建成与金融强国相匹配的高质量资本市场。

2. 强化退市制度，头部大市值优质公司有望获得青睐

强化退市制度，严把"出口关"，降低"壳资源"价值。证监会同日发布的《关于严格执行退市制度的意见》（以下简称《退市意见》）通过严格退市标准，削减"壳"资源价值，拓宽多元退出渠道，加强退市公司投资者保护。在证监会的答记者问中，发言人使用了加大对"僵尸空壳"和"害群之马"出清力度、削减"壳"资源价值等字眼，体现了决心。第一，严格强制退市标准。一是严格重大违法退市适用范围，调低 2 年财务造假触发重大违法退市的门槛，新增 1 年严重造假、多年连续造假退市情形。二是将资金占用长期不解决导致资产被"掏空"、多年连续内控非标意见、控制权无序争夺导致投资者无法获取上市公司有效信息等纳入规范类退市情形，增强规范运作强约束。三是提高亏损公司的营业收入退市指标，加大绩差公司退市力度。四是完善市值标准等交易类退市指标。第二，进一步畅通多元退市渠道。完善吸收合并等政策规定，鼓励引导头部公司立足主业加大对产业链整合力度。第三，削减"壳"资源价值。加强并购重组监管，强化主业相关性，加强对"借壳上市"监管力度。加强收购监管，压实中介机构责任，规范控制权交易。从严打击"炒壳"背后违法违规行为。坚决出清不具有重整价值的上市公司。第四，强化退市监管。严格执行退市制度，严厉打击财务造假、内幕交易、操纵市场等违法违规行为。严厉惩治导致重大违法退市的控股股东、实际控制人、董事、高管等"关键少数"。推动健全行政、刑事和民事赔偿立体化追责体系。第五，落实退市投资者赔偿救济。综合运用代表人诉讼、先行赔付、专业调解等各类工具，保护投资者合法权益。

三地交易所积极响应证监会《关于严格执行退市制度的意见》中加强退市的号召。本次三地交易所退市制度调整后，整体退市要求基本实现取齐。在重大违法和规范类强制退市标准方面，三地交易所基本保持一致。在规范市值标准等交易类退市指标，沪深交易所适当提高主板 A 股（含 A+B 股）上市公司的市值退市指标至 5 亿元。上交所考虑到科创板公司较主板在上市条件、发展阶段和收

入规模及投资者适当性方面有较大差异，科创板公司市值标准不变，仍然为3亿元。这一调整，将有助于充分发挥市场化退市功能，有效推动上市公司提升质量和投资价值。从北交所来看，在交易类和财务类强制退市标准的股票交易连续计算时间、营业收入退市标准等个别指标阈值及市值退市的适用范围等方面有所差异，主要是基于北交所服务创新型中小企业的市场定位进行了适应性调整。

3. 鼓励中长期资金入市，优化投资市场环境

新"国九条"提出要大力推动中长期资金入市，大力发展权益类公募基金，优化险资权益投资政策环境，完善社保、基本养老保险基金投资政策，鼓励银行理财和信托资金积极参与资本市场。"7·24政治局会议"后，证监会协同多部委，号召以保险资金为代表的长期资金积极入市。"7·24政治局会议"指出"活跃资本市场，提振投资者信心"，展现了对资本市场的高度重视和殷切期望。此后，证监会同各部委积极从投资端、融资端、交易端等方面综合施策。2023年9月，金融监管总局发布《关于优化保险公司偿付能力监管标准的通知》，明确引导保险公司支持资本市场平稳健康发展。对于保险公司投资沪深300指数成分股，风险因子从0.35调整为0.3；投资科创板上市普通股票，风险因子从0.45调整为0.4。2023年10月末，财政部刊发《关于引导保险资金长期稳健投资 加强国有商业保险公司长周期考核的通知》，拉长考核久期。保险公司尤其是寿险公司，面临负债业务久期长、资产负债匹配难度大、战略执行定力要求高等特点，本次调整有望培育行业主体"前人栽树后人乘凉"长期稳健的经营与管理理念，利好行业长期健康发展。2024年年初证监会召开2024年系统工作会议，强调大力推进投资端改革，推动保险资金长期股票投资改革试点加快落地，完善投资机构长周期考核，健全有利于中长期资金入市的政策环境，促进投融资动态平衡。

4. 加大鼓励分红力度，多措并举提升投资者的获得感

新"国九条"明确加大对分红优质公司的激励力度，多措并举推动提高股息率，建议增强分红稳定性、持续性和可预期性。新"国九条"提出强化上市公司现金分红监管。对多年未分红或分红比例偏低的公司，限制大股东减持、实施风险警示。加大对分红优质公司的激励力度，多措并举推动提高股息率。增强分红稳定性、持续性和可预期性，推动一年多次分红、预分红、春节前分红。

5. 从源头提高上市公司质量，期待市场长期赚钱效应显现

新"国九条"明确提高主板、创业板上市标准，完善科创板科创属性评价标准。上交所进一步突出主板大盘蓝筹特色，适度提高净利润、现金流量净额、营业收入和市值等指标，并支持和鼓励"硬科技"企业在科创板发行上市。深交所

同步完善创业板定位相关要求，进一步从促进新质生产力发展要求出发，明晰创业板"三创""四新"的把握逻辑和标准，适度提高反映创新企业成长性的相关指标。

沪深主板和创业板同步提高标准，科创板和北交所未发生变化。从严把发行上市准入关、从源头上提高上市公司质量、有效保护中小投资者合法权益等现实需要看，目前沪深主板和创业板的上市条件存在不适应性，主要是财务指标偏低，部分申报企业利润规模较小、抗风险能力偏弱，上市后业绩容易出现较大波动；其他相关指标综合性不足，引导企业申报合适板块的作用还不够充分。沪深交易所在深入研究基础上，修订相关规则，完善上市条件和板块定位要求，增强其适应性和引导功能。需要指出的是，目前科创板和北交所的上市门槛标准并没有发生变化。

笔者认为适当提高主板、创业板上市门槛是当下进一步优化注册制的必要且紧迫之举。虽然我们进行了注册制改革，但当前市场仍然无法理性为上市公司价值定价，倒逼监管层提高门槛，筛选上市公司并把控上市节奏。需要等保荐机构、中介机构、投资机构等各方形成"以投资者为中心"的共识和市场生态，帮助中小投资者筛选真正有价值的公司，方能放宽监管入口门槛。新"国九条"进一步完善发行上市制度、强化发行上市全链条责任、加大发行承销监管力度三方面发力。2024年4月12日，沪深交易所就《股票发行上市审核规则》征求意见，提高上市条件。例如，最近3年累计净利润指标从1.5亿元提升至2亿元，最近一年净利润指标从6000万元提升至1亿元。上市条件和板块定位是资本市场服务实体经济、支持企业科技创新、推动高质量发展的重要制度安排，这亦是在推进股票发行注册制改革的过程中，交易所设置多元上市标准，优化发行条件，增强板块覆盖面的必要之举。未来，上交所主板、深交所主板、科创板、创业板和北交所有望形成错位竞争，这些举措将促进不同板块的差别化定位和协同发展，健全多层次资本市场体系。

第三节　保险资产配置行为对股息资产的影响

一、保险资金配置股票现状分析

1. 低利率环境下再配置收益率显著承压，存量非标高收益资产集中到期

长端利率趋势性下行，增加险企权益收益增强动力。2023年，国内经济恢复性复苏，但内生动力不足，需求仍然疲弱，海外地缘政治不确定性加剧。市场表现来看，二季度后权益市场明显走弱，8月后加速下行，各板块间延续极致结构性行情；以10年期国债为代表的利率中枢水平整体下行，从2020年前3.0%中枢震荡下行至当前2.3%附近（见图8-4），同时信用风险隐患依然较大。险企如何应对低利率时代的权益战术资产配置是摆在各保险机构首席投资官的重要课题。同时近年来理财产品收益率持续下行（见图8-5），从2018年初5.0%附近一路震荡下行至当前2.8%左右，面临一定压力。在国内经济转型升级、金融市场改革深入推进、长期利率中枢下移的新形势下，以保险资金为代表的中长期资金加快发展权益投资正当其时。

图8-4 长端利率呈现趋势性下行

资料来源：Wind

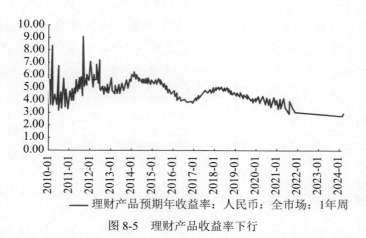

图8-5 理财产品收益率下行

资料来源：Wind

预计到 2025 年仍有大量非标到期再配置压力。近年来，险企有大量存量高利率固定收益类资产到期，而优质投资资产较为稀缺，保险公司面临逐年提升的再配置压力。2013 年保险债权投资计划的发行由备案制调整为注册制，发行效率显著提升，推动 2013—2017 年非标资产的投资快速增长。而 2018 年资管新规后非标业务受到长期严监管，优质非标资产的供给极为稀缺。可投非标资产收益率大幅下降，导致非标资产到期后再投资压力显著提升。我们以中国平安披露的非标债权资产结构和收益率分布为例，2017 年年末公司非标名义投资收益率为 6.0%，平均期限为 7.47 年，剩余到期期限为 4.55 年；而截至 2023 年中期，资管新规调整规范后，债权计划及债权型理财产品名义投资收益率为 4.98%，平均期限为 6.78 年，剩余到期期限为 3.88 年，由于名义投资收益率包括存量业务贡献，我们预计当期再配置收益率已经降至 2.5% 左右。拉长期限来看，名义投资收益率、期限和剩余到期期限均在逐年下降。从结构来看，非银金融行业与不动产行业占比下降最为明显，分别从 2017 年末的 31.6% 和 17.9% 下降至 17.4% 和 12.8%。

2. 新准则下面临机遇与挑战：可供出售金融资产科目被取消，FVOCI 权益工具仍在积极探索布局

上市险企从 2023 年 1 月 1 日起，同步实施《企业会计准则第 25 号——保险合同》（后文简称 IFRS17）、《企业会计准则第 22 号——金融工具确认和计量》（后文简称 IFRS9）两个新准则。

新准则下企业的会计利润波动性加强。IFRS9 下，原 AFS（可供出售金融资产）科目被取消，大量股票被计入 FVTPL（以公允价值计量且其变动计入当期损益）科目，放大了当期净利润波动。例如，企业以赚取差价为目的从二级市场购入的股票、债券和基金等，或者发行人根据债务工具的公允价值变动计划在近期回购的、有公开市场报价的债务工具，表明企业持有该金融资产或承担该金融负债的目的是交易性的。我们以 A 股上市险企为例，2023 年上半年合计二级市场股票投资余额为 1.054 万亿元，若持仓下跌 10%，在假设 50% 分红险占比下，对当期净利润影响为 527 亿元，金额较大。金融资产划分方式由管理层意图判断转变为业务模式和现金流量模式，金融企业过去通过可供出售金融资产（AFS）进行盈余管理的可操性降低。不过需要注意的是，由于非交易性 FVOCI-权益工具处置时不可转损益，直接转留存收益，企业在投资初期将慎重划分。FVTPL-权益工具比例或将大幅提升，利润波动性提升。

上市险企仍在积极探索 FVOCI（以公允价值计量且其变动计入其他综合

损益）科目认定和布局，但幅度不大。我们以 A 股上市险企为例，1H23 合计 FVOCI 权益工具中股票余额为 2367.59 亿元，在股票持仓占比为 22.46%，由高至低分别为平安（67.05%）、人保（31.25%）、太保（14.08%）、新华（5.85%）和国寿（0.03%），认定比例并不高。

新准则下，FVOCI-权益工具是把"双刃剑"。FVOCI-权益工具虽然可以平抑短期股票公允价值波动对利润表的冲击，但无法兑现标的资产持续上涨带来的资本利得，面临利润成长性与稳定性的权衡。根据准则要求，只有不符合交易性金融资产的权益工具投资才可以指定为 FVOCI 权益工具；非交易性权益工具投资一经指定为 FVOCI 权益工具，不得撤销。从净利润管理角度看，若追求净利润的稳定性，应适度增加 AC 和 FVOCI 资产的比例；若追求净利润的弹性，应增加 FVTPL 的资产比例。

3. 不同类型机构配置权益策略显分化

大型寿险公司配置股票比例相对更高。根据《中国保险资产管理业发展报告（2023）》，185 家保险公司调研数据显示，2022 年年末，从细分资产来看，现金及流动性资产占比 4.3%，银行存款占比 8.5%，债券占比 42.2%，股票占比 7.5%，公募基金（不含货基）占比 5.4%，股权投资占比 7.8%，债权投资计划占比 5.5%，组合类保险资管产品占比 5.1%，信托计划占比 5.7%，境外投资 2% 左右。2020—2022 年间，利率债占比上升 6.2 个百分点，组合类产品（固收类）上升 0.9 个百分点；信用债、信托计划、股票占比分别下降 3.1、2.1、1.2 个百分点。此外，2022 年年末寿险公司配置利率债比例更高，产险、再保险偏向于配置信用债，保险集团配置股权类资产比例更高。寿险公司中，超大型、大型寿险配置利率债和股票比例更高，中型寿险配置债权投资计划、信托计划更高，小型寿险配置信用债、组合类固收类产品、债权投资计划比例更高。产险公司中，大型、中型产险配置信用债更高，小型产险配置银行存款（含流动性资产）和固收类组合类产品更高。

对于负债成本较低的大型险企，低利率环境下，高股息资产的相对优势逐步显现。当前 10 年期国债到期收益率仅为 2.3% 左右，随着前期非标资产到期和新增保险负债成本走低，4.5% 左右的绝对股息率水平"类债"个股逐步受到险资青睐，但需要注意"高股息"的价值陷阱，中长期盈利展望的稳定性和派息政策的持续性相比当下的股息率水平更重要。新准则下，原可供出售金融资产科目被取消，大量股票被计入 FVTPL 科目，放大当期净利润波动，头部险企仍在探索 FVOCI 科目认定和布局。

但是对于负债成本较高的中小险企，配置高股息 FVOCI 资产的难度来自两方面。一是股票为体现大类资产配置下收益增强要求，承担一定资本利得要求，部分中小机构绝对收益率考核要求仍为大个位数甚至两位数要求，绝对股息策略或难以满足绝对收益率要求。二是根据财政部对权益工具投资为"非交易性"判断要求——取得相关金融资产的目的并非主要是为了近期出售或回购。根据我们和会计事务所沟通，实务中往往 6 个月不能交易。值得注意的是，公募基金需直接计入 FVTPL 一定程度上降低了 FOF 配置的积极性。

二、保险机构配置偏好的潜在变化："稳股息"比"高股息"可能更重要

股票类投资被认为是一种收益增强型的大类资产配置方向。从 2017 年至 2020 年保险资金的投资收益来源来看，呈现多样化。以 2020 年为例，首先是债券投资收益占比最高，达 2940.6 亿元，其次是股票投资和长期股权投资分别为 1866.5 亿元和 1416.9 亿元。在 2017 年至 2020 年，银行存款和债券投资的年收益额均呈现稳定增长的趋势。与此不同的是，股票投资和证券投资基金的年收益额波动较大。特别是在 2018 年市场陷入熊市时，股票和证券投资基金的收益率分别为 -1.8% 和 -0.1%。从投资收益率的角度来看，股票、证券投资基金和长期股权投资的收益率普遍高于银行存款和债券。然而，在市场波动时，股票和证券投资基金具有较高的风险，而长期股权投资得益于成本法和权益法的后续计量，收益率表现相对稳定。

不过 2020 年以后权益市场波动加大，A 股板块间轮动加剧，增加了险资这类长期资金获取超额收益的难度。根据《中国保险资产管理业发展报告（2023）》统计，2020 年综合收益率在 6% 以上的险企共有 135 家，仅有 4 家收益率为负；2021 年，境内上市权益负收益的险企增至 24 家，但 6% 以上收益率的险企仍有 86 家；而到了 2022 年，综合收益率在 0 以下的险企达到 56 家，仅有少数险企的收益率为正。2020 年沪深 300 指数收益率为 23.45%，2021 年为 -5.2%，到 2022 年已跌至 -21.6%。由此可见，在熊市下，险资权益投资获取超额收益仍然较大。

作为近年来股票市场重要增量资金，险资重仓流通股行业主要集中于银行、房地产、公用事业、食品饮料和通信等行业（见图 8-6）。当前，保险资金是 A 股权益市场核心增量资金来源，主要是稳定的保费现金流"弹药"供给和低利率环境下储蓄型业务"保本"优势的显现。我们根据 Wind 统计 A 股上市公司 2023 年三季报中披露的前十大流通股名单，选出含有保险公司和旗下产品的个

股并进行统计和梳理，发现 2023 年第三季度末险资 A 股重仓流通股申万（一级行业）分布主要集中在银行、房地产、公用事业、食品饮料和通信等行业，持仓产品数主要集中在电子、机械设备、电力设备、计算机和医药生物等行业，2023 年 9 月 30 日时点平均动态股息率（近 12 个月）为 3.88%，合计持仓市值为 4907.3 亿元。按 2023 年第三季度末持仓市值排序来看，险资 A 股重仓流通股前十个股分别为招商银行、兴业银行、浦发银行、民生银行、长江电力、中国联通、华夏银行、金地集团、邮储银行和保利发展。

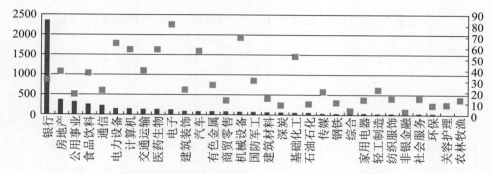

图 8-6　保险资金分行业的持仓情况

资料来源：Wind

三、保险增量资金投资的展望

资本市场环境是保险资产配置必须面对和考量的现实约束，险资长期入市与权益市场长牛是共荣共生且互为前提的。

四、股基投资余额配置比例变化

当前险资配置权益比例处于历史中枢上方。根据相关数据，截至 2023 年年末，保险行业资金运用中配置股票和基金比例为 12.0%，余额为 33 274 亿元。我们预计其中股票和基金比例约为 65% 和 35%。2013 年 4 月以来的平均余额为 12.5%。2016 年实施"偿二代"后由于权益因子消耗占比提升，险资配置股基余额波动性明显降低，呈现围绕中枢周期性波动的特征。

从保险资金股票及基金投资仓位占比与沪深 300 指数变化图来看，"偿二代"实施后，险资股基占比余额相对稳定。尤其在 2015 年，市场经历了一波牛市，险资的股票基金配置比例和沪深 300 指数同时达到阶段性顶部。然而，2016 年后，随着"偿二代"政策的实施，根据股票的涨跌幅度设定不同特征因子，保险公司对上市公司股票的配置动力震荡下行。2017 年以白马股为代表的权重板块持续走出超额收益，险资股基余额占比维持历史中枢上方，2018 险资股基占比大幅走低系全年分子因 A 股熊市持续走低。2021 年初险资明显逆势减仓，因估值过高所致，此后核心资产迎来板块性下跌。2022 年 5 月和 11 月，险资逆势加仓，并迎来市场阶段性明显反弹。

五、增量资金预测

险资长期入市与权益市场长牛是共荣共生且互为前提的，伴随着低利率环境和居民金融资产再配置，保险资金未来仍有长足发展的空间。我们预计，低利率环境和竞品理财表现低迷背景下，居民挪储行为仍将延续，险资可以发挥积聚长期资金的作用，通过投资促进债券和股票市场发展，促进资本市场结构优化，增强资本市场的内在稳定性。

保险资金新增资金入市测算，我们预计股票投资余额稳中有升。中性假设下，我们预计 2024 年至 2026 年，保险资金运用余额期末增速分别为 8.0%、7.5% 和 7.0%，股基余额占比分别为 12.5%、13.0% 和 13.5%，逐年提升至 2030 年 15.0% 左右，期末股基余额为 3.74 万亿元、4.18 万亿元和 4.64 万亿元，其中股票投资余额分别为 2.24 万亿元、2.51 万亿元和 2.78 万亿元。

险资入市增量 OCI 资金测算，我们预计未来三年增量配置金额接近千亿元。根据我们中性（当年股基增量的 20%）测算，2024 年至 2026 年，行业 OCI 增量配置资金为 817 亿元、882 亿元和 929 亿元。

第四节 对高股息和超长债行情怎么看

本节为笔者在 2024 年 3 月在中信证券资本市场论坛的交流纪要整理的，供读者参考。

近期股债类属资产中，短期动量效应最强，表现最好的莫过于 30 年国债和高股息红利类股票了。对于 30 年国债行情，市场上有竞争力的解释包括：①LPR 非对称调整超预期；②保险保费增长开门红，配置力量强；③空头被逼仓，短期交易行为的变化。对于高股息行情的主流解释包括：①风险偏好低，避险类资金的风格切换；②中低速增长下，投资者偏好从规模扩张型企业转变为稳健经营型企业；③央企市值考核下的估值范式切换。

一、股票久期论被证伪了吗？

2020年开始市场上流行的"股票久期"概念，大致意思是成长股由于预期现金流分布偏后端，而价值股增速较慢，远期现金流占比反而较低，因此在利率下行的行情中一般成长股会跑得更好。而本轮行情中，多数高股息资产属于稳定经营但低增长的价值股（即相对短久期资产），但在利率持续创新低的过程中，这类股票反而跑出了显著的超额收益。

笔者认为，股票久期论其实是DCF估值的省略版解释，本身并没有问题，只是没有考虑远期现金流预期的"可靠程度"和股票的"实际剩余期限"，即在风险偏好收缩、预期悲观的情况下，投资者对成长股的预期增速（不断下修的盈利预测）和永续经营假设（转债信用风险重估）产生了怀疑，转而追求确定性和业绩兑现度。因此成长股被认为是久期不够长（不符合永续假设）和确定性不够高（业绩不达预期概率大）的资产，反而价值股成了长久期高确定性资产。

另外，由于市场分割的普遍存在，很多账户并不能同时进行股票和债券的投资，因此只能买股的投资者自然会把高股息作为债券资产的平替选择。

二、股债对冲论被证伪了吗？

海外资本市场比较流行的股债对冲范式，一般是用利率敏感型股票和超长期利率债来构建投资组合。按照这个标准，境内的利率敏感型股票主要是保险和银行了，前者在利率下行中容易产生"利差损"，面临较大的再投资压力；后者则是负债黏性强于资产黏性（资产端的市场化程度更高），同时在衰退预期下还伴随着资产质量恶化的问题。

然而本轮行情走势显然让以上论断被证伪，2024年以来银行指数（8841352）绝对回报10%，保险指数（8841413）近7%，不但相对沪深300指数超额明显，甚至银行指数还强于高股息策略指数（931053）。笔者倾向于认为，在缺乏基本面主线的情况下，市场标签化定价的倾向非常强，但凡沾上了"红利低波""高股息"这类概念，不管基本面如何都能有所表现，以至于连固收分析师都开始推高股息转债了。

单看30年国债相对其他债券的强势表现，可能是符合股债对冲理论的。在境外市场，超长债天然存在的对冲需求（替代股指衍生品）会持续压低期限利差，甚至出现倒挂的情况，倒是与现在利率曲线的平坦化趋势相吻合。

三、高股息和超长债的相对价值？

从 2024 年的收益率来看两类资产差距不大，30 年国债的波动更小，持有体验更好。越来越多的权益投资人开始关注超长债的机会，这可能也源于对高股息投资机会关注的"外溢效应"，毕竟从理论上看，DCF 估值和利率定价的本质是一致的，核心要素就是这几个：期限、折现率、现金流结构，或许还有确定性。

如果单纯押注短期利率的方向性变化，超长债无疑是更好的工具，因为期限、现金流结构和确定性基本可认为没有变化，只考虑折现率就行；高股息需要考虑的因素就比较多了，也因此大家对股票做 DCF 时默认的折现率大多是 8% 起步，专业的说法叫风险溢价。

如果更多考虑长期的风险收益特征，不妨拿 A 股确定性最强的红利票——长江电力来举例，由于长电的承诺分红率在 70%，取 2023 年报业绩数据，对应 190 亿元初始现金流，同时假设 3% 的增长中枢，按照当前 6200 亿元市值倒推，对应的折现率大概是 5.9%，显著低于大家常识下的 WACC。笔者认为，长期来看高股息最重要的投资价值就来自于此，即随着 CAPEX 持续减少，分红率承诺及公司经营稳定性提升带来的"折现率重估"，股票的定价范式逐步趋近于信用债（长电存量的 10 年信用债收益率 2.74%，低于股息率 50BP，高于 10 年期国债 40BP）。

参考文献 | REFERENCE

[1] 谢尔登·纳坦恩伯格. 期权波动率与定价 [M]. 韩冰洁, 译. 北京: 机械工业出版社, 2014: 15-99.

[2] 盖伦·D. 伯格哈特. 国债基差交易 [M]. 王玮, 译. 北京: 机械工业出版社, 2016: 79-92, 187.

[3] 安东尼·克里森兹. 债券投资策略 [M]. 林东, 译. 北京: 机械工业出版社, 2016: 192-243.

[4] 余家鸿, 吴鹏, 李玥. 探秘资管前沿: 风险平价量化投资 [M]. 北京: 中信出版社, 2018: 155-215.

[5] 王舟. 妙趣横生的国债期货 [M]. 北京: 机械工业出版社, 2017: 65-112.

[6] 戎志平. 国债期货交易实务 [M]. 北京: 中国财政经济出版社, 2017: 223-298.

[7] 董德志. 投资交易笔记 [M]. 北京: 中国财政经济出版社, 2011: 77-178, 202-279.

[8] 李杰. 公司价值分析 [M]. 北京: 光明日报出版社, 2015: 223-298.

[9] 李杰. 股市进阶之道 [M]. 北京: 铁道出版社, 2014: 25-98.

[10] 王成, 韦笑. 策略投资 [M]. 北京: 地震出版社, 2012: 123-197.

[11] 申银万国策略团队. 策略投资方法论 [M]. 太原: 山西人民出版社, 2014: 124-217.

[12] 弗兰克·J. 法博齐. 固定收益证券手册 [M]. 北京: 中国人民大学出版社, 2005: 114-225.

[13] 保罗·皮格纳塔罗. 财务模型与估值 [M]. 刘振山, 张鲁晶, 译. 北京: 机械工业出版社, 2014: 55-216.

[14] 徐亮. 子弹与哑铃组合的抉择: "躺平"还是"出圈" [R]. 北京: 德邦证券研究所, 2021: 2-10.

[15] 尹睿哲. 债市博弈论 [R]. 北京: 招商证券研究所, 2021: 15-77.

[16] 肖志刚. 投资有规律 [M]. 北京：机械工业出版社，2020：22-98.

[17] 周金涛. 涛动周期论 [M]. 北京：机械工业出版社，2017：77-88.

[18] 李斌，伍戈. 信用创造、货币供求与经济结构 [M]. 北京：中国金融出版社，2014：123-298.

[19] 李斌，伍戈. 货币数量、利率调控与政策转型 [M]. 北京：中国金融出版社，2016：23-78.

[20] 孙金钜. 读懂上市公司信息：中小盘研究框架探讨 [M]. 北京：经济日报出版社，2018：12-45.

[21] 吴劲草. 吴劲草讲消费行业 [M]. 北京：机械工业出版社，2022：12-38.

[22] 王剑. 王剑讲银行业 [M]. 北京：机械工业出版社，2021：15-28.

[23] 龙红亮. 债券投资实战 [M]. 北京：机械工业出版社，2018：114-128.

[24] 刘婕. 信用债投资分析与实战 [M]. 北京：机械工业出版社，2022：14-27.

[25] 华泰固收研究张继强团队. 固收分析框架 [R]. 北京：华泰证券研究所，2021：16-72.

[26] 中金固定收益研究团队. 中国债市宝典 [R]. 北京：中金公司研究部，2020：15-99.

[27] 刘郁，田乐蒙. 中国可转债投资手册 [M]. 北京：中国经济出版社，2021：22-54.

[28] 燕翔，战迪. 追寻价值之路 [M]. 北京：经济科学出版社，2021：10-48.

[29] 徐高. 金融经济学二十五讲 [M]. 北京：机械工业出版社，2021：15-28.

[30] 吕品. 基于投资视角的信用研究：从评级到策略 [M]. 北京：中国金融出版社，2019：35-58.

[31] 高善文. 经济运行的逻辑 [M]. 北京：中国人民大学出版社，2013：11-55.

[32] 彭文生. 渐行渐近的金融周期 [M]. 北京：中信出版社，2017：35-77.

[33] 保罗·D.索金，保罗·约翰逊. 证券分析师进阶指南 [M]. 刘寅龙，刘振山，译. 北京：机械工业出版社，2018：16-57.

[34] 詹姆斯·J.瓦伦丁. 证券分析师实践指南 [M]. 王洋，译. 北京：机械工业出版社，2018：25-58.

[35] 三浦展. 第四消费时代 [M]. 北京：东方出版社，2014：24-64.

[36] 李录. 文明、现代化、价值投资与中国 [M]. 北京：中信出版社，2020：44-67.

[37] 李利威. 一本书看透股权架构 [M]. 北京：机械工业出版社，2019：14-27.

[38] 何华平. 一本书看透信贷 [M]. 北京：机械工业出版社，2017：34-57.

[39] 唐朝.手把手教你读财报[M].北京：中国经济出版社，2015：14-27.

[40] 古斯塔夫·勒庞.乌合之众[M].冯克利，译.北京：中央编译出版社，2011：113-134.

[41] 吴军.浪潮之巅[M].北京：人民邮电出版社，2013：144-187.

[42] 爱德华·钱塞勒.资本回报·穿越资本周期的投资[M].陆猛，译.北京：中国金融出版社，2017：244-267.

[43] 尤安·辛克莱.波动率交易：期权量化交易员指南[M].王琦，译.北京：机械工业出版社，2017：34-97.

[44] 王民盛.华为崛起[M].北京：台海出版社，2013：44-67.

[45] 纳西姆·尼古拉斯·塔勒布.反脆弱[M].雨珂，译.北京：中信出版社，2014：55-67.

[46] 安蒂·伊尔曼恩.预期收益[M].钱磊，译.上海：格致出版社，2018：54-117.

[47] 刘世锦.从反危机到新常态[M].北京：中信出版社，2016：44-76.

[48] 阿莫·萨德.利率互换及其衍生品[M].梁进，李佳彬，译.上海：上海财经大学出版社，2013：34-59.

[49] 周黎安.转型中的地方政府[M].上海：格致出版社，2017：55-66.

[50] 安东尼·克里森兹.债券投资策略[M].林东，译.北京：机械工业出版社 2014：245-265.

[51] 理查德·C.格林诺德，雷诺德·N.卡恩.主动投资组合管理[M].李腾，杨柯敏，刘震，译.北京：机械工业出版社，2014：14-36.

[52] 霍华德·马克斯.投资最重要的事[M].孙伊，译.北京：中信出版社，2012：114-164.

[53] 琳达·哥乔斯.产品经理手册[M].戴维依，译.北京：中国财政经济出版社 2007：113-136.

[54] 路德维希·B.钦塞瑞尼，金大焕.证券组合定量管理[M].韩立岩，译.北京：中国财政经济出版社，2011：124-136.

[55] 兰小欢.置身事内[M].上海：上海人民出版社，2021：55-136.

[56] 伊查克·爱迪思.企业生命周期[M].王玥，译.北京：中国人民大学出版社，2017：74-96.

[57] 查尔斯·施瓦布.投资：嘉信理财持续创新之道[M].高源，译.北京：中信出版社，2021：74-86.

[58] 蒂姆·科勒. 价值评估：公司价值的衡量与管理 [M]. 高建，译. 北京：电子工业出版社，2007：55-86.

[59] 金观涛，刘青峰. 兴盛与危机：论中国社会超稳定结构 [M]. 北京：法律出版社，2011：55-76.

[60] 史蒂文·卓布尼. 黄金屋：宏观对冲基金顶尖交易者的金之道 [M]. 郑磊，译. 北京：机械工业出版社，2013：24-39.

[61] 麦基尔. 漫步华尔街 [M]. 骆玉鼎，彭晗，译. 北京：机械工业出版社，2008：115-127.

[62] 滋维·博迪，亚历克斯·凯恩，艾伦·马库. 投资学 [M]. 朱宝宪，译. 北京：机械工业出版社，2018：57-123.

[63] 大卫·F. 史文森. 机构投资的创新之路 [M]. 张磊，译. 北京：中国人民大学出版社，2015：105-126.

[64] 渔阳. 乱世华尔街 [M]. 北京：中国人民大学出版社，2011：14-236.

[65] 邱国鹭. 投资中最简单的事 [M]. 北京：中国人民大学出版社，2014：22-119.

[66] 叶城. 价值投资入门与实战 [M]. 北京：金城出版社，2020：74-126.

[67] 乔尔·蒂林哈斯特. 大钱细思：优秀投资者如何思考和决断 [M]. 王列敏，朱真卿，郑梓超，等译. 北京：机械工业出版社，2020：34-153.

[68] 丹·哈林顿. 哈林顿在现金桌：如何玩好无限注德州扑克 [M]. 孙培源，译. 成都：成都时代出版社，2014：14-199.

[69] 迈克尔·刘易斯. 说谎者的扑克牌：华尔街的投资游戏 [M]. 孙忠，译. 北京：中信出版社，2007：24-126.

[70] 顽石. 同业鸦片 [M]. 北京：中信出版社，2014：29-89.

[71] 彼得·林奇，约翰·罗瑟查尔德. 彼得·林奇的成功投资 [M]. 刘建位，徐晓杰，译. 北京：机械工业出版社，2007：32-86.

[72] 乔治·索罗斯. 金融炼金术 [M]. 孙忠，译. 海口：海南出版社，2016：34-76.

[73] 沃伦·巴菲特. 巴菲特致股东的信 [M]. 杨天南，译. 北京：机械工业出版社，2004：44-56.

[74] 本杰明·格雷厄姆. 聪明的投资者 [M]. 王中华，黄一义，译. 北京：人民邮电出版社，2010：35-127.

[75] 罗伯特·S. 克里切夫. 高收益债券实务精要 [M]. 马海涌，刘振山，译. 北京：机械工业出版社，2013：44-67.